U0583604

集人文社科之思　刊专业学术之声

集 刊 名：非洲研究
主办单位：浙江师范大学非洲研究院
主　　编：刘鸿武　周　倩

AFRICAN STUDIES

编辑委员会

主　　编：刘鸿武　周　倩

执行主编：单　敏

编　　委（以姓氏拼音为序）：

曹忠明	陈明昆	冯绍雷	顾建新	郭宪纲	贺　萌
贺文萍	金灿荣	李鹏涛	李绍先	李新烽	李智彪
罗建波	林松添	刘贵今	刘鸿武	楼世洲	梅新林
秦亚青	舒　展	舒运国	万秀兰	王　珩	王缉思
王逸舟	徐　步	徐　辉	徐伟忠	徐丽华	徐　薇
许镜湖	杨　光	杨洁勉	杨立华	张　明	张宏明
张建珍	张忠祥	钟伟云	朱威烈		

责任编辑（以姓氏拼音为序）：

胡　洋	李雪冬	宁　彧	欧玉芳
沈玉宁	宛　程	王　珩	杨　惠

编辑部

地　　址：浙江师范大学非洲研究院

电　　话：0579-82287076

E-mail：fzyjbjb2016@126.com

2023年第2卷（总第21卷）

集刊序列号：PIJ-2018-294

中国集刊网：www.jikan.com.cn/ 非洲研究

集刊投约稿平台：www.iedol.cn

中文社会科学引文索引（CSSCI）来源集刊
《中国学术期刊影响因子年报》统计源期刊
AMI（集刊）核心集刊
中国学术期刊网络出版总库（CNKI）收录
集刊全文数据库（www.jikan.com.cn）收录

2023 年第 2 卷
（总第 21 卷）

非洲研究

AFRICAN
STUDIES

浙江师范大学非洲研究院 ｜ 主 办

刘鸿武 周 倩 ｜ 主 编

单 敏 ｜ 执行主编

社会科学文献出版社
SOCIAL SCIENCES ACADEMIC PRESS (CHINA)

目 录

政治与国际关系

经济与发展

社会文化与教育

中非合作

政治与国际关系

非洲研究　2023 年第 2 卷（总第 21 卷）
第 3—20 页
SSAP ©，2023

域外行为体打击几内亚湾海盗的现状及深化路径

贺　鉴　王筱寒

【内容提要】几内亚湾已取代索马里成为海盗犯罪的新热点。几内亚湾海盗严重影响了全球能源贸易以及海上交通运输安全，基于维护和巩固海洋经济利益、维护自身安全稳定、提升影响力等多重考量，包括联合国、欧盟在内的国际组织以及欧美大国在内的域外行为体通过军事合作和完善机制建设等途径打击海盗，取得了一定成效，但也面临能力有限、认知差异、国际国内执法困境等挑战。展望未来，域外行为体应进一步形成打击海盗的多元化共同体意识，提升多方合作打击海盗的能力，完善相关法律政策，有力维护地区海洋安全形势稳定，推动构建"几内亚湾安全共同体"。

【关键词】域外行为体；几内亚湾；海盗；国际合作

【作者简介】贺鉴，云南大学"一带一路"研究院、国际关系研究院、非洲研究中心教授，主要研究方向为国际问题综合研究、海洋法与海洋政治；王筱寒，云南大学国际关系研究院博士研究生，主要研究方向为国际海洋政治（昆明，650091）。

几内亚湾是世界上重要的能源区域，也是极为重要的战略通道和海上运输通道。自 2013 年起，几内亚湾就已经取代索马里海域，成为非洲发生海盗袭击事件最多的海域。[①] 近年来，几内亚湾毒品交易、非法捕

---

① "IMB Piracy and Armed Robbery Against Ships：Annual Report 2015"，ICC-IMB，January 2016，p. 5，https://www.maritimecyprus.com/wp-content/uploads/2016/02/2015-annual-imb-piracy-report-1.pdf.

捞、石油盗窃等海上犯罪问题越发凸显，与海盗活动形成恶性循环，威胁国际海上航路安全，成为全球海洋治理的难点问题，引起国际社会的普遍担忧。国际合作打击几内亚湾海盗成为学界和业界的关注焦点。学界采用经济学和管理学的分析工具对几内亚湾海盗的产生原因、现状、特点、活动空间及演变特征等方面进行了研究。① 学界已取得的研究成果为全面认识国际合作打击几内亚湾海盗问题提供了重要基础。略有遗憾的是，现有研究的对象不全面，重点关注海盗自身及其所产生的负面影响，聚焦于域内行为体主导的打击海盗进程，对域外行为体参与打击海盗行为关注甚少。参与打击几内亚湾海盗的域外行为体主要指几内亚湾以外的国际行为体，是指能够独立地参与国际事务、独立承担国际责任和义务的实体，主要包含主权国家和国际组织。其特征为：必须具有一定的行为能力；必须具有自身的特殊利益；必须具有一定的独立性和自主性；必须拥有相对稳定或固定的组织形式，并拥有一定的政治经济实力。② 域外行为体从不同程度上参与打击几内亚湾海盗，在军事联合演习、执法和政策协调领域做出了贡献。对几内亚湾海盗问题最为关注的域外行为体是西欧和美国，两者都毗邻大西洋，几内亚湾是其对非贸易的核心航运通道，而法国、英国、葡萄牙等西欧国家还是几内亚湾沿岸国的前宗主国，这些国家与几内亚湾沿岸国家有着特殊的历史联系和利益纽带。③ 本文试图以包括联合国（UN）、欧盟（EU）和国际海事组织（IMO）在内的国际组织和欧美大国在内的域外行为体打击几内亚湾海盗为研究对象，分析其合作动因、合作现状以及深化路径。

一　域外行为体打击几内亚湾海盗的动因

域外行为体合作打击几内亚湾海盗，基于维护和巩固其在几内亚湾

---

①　详见李晶、黄熙森、唐彧《中国—西非海上通道海盗活动空间演变特征及其治理》，《大连海事大学学报》（社会科学版）2021 年第 2 期；陈厚忠、黄晶晶、严新平《基于模糊证据理论的航道安全性评价》，《中国航海》2009 年第 4 期；A. Kamal-Deen，"The Anatomy of Gulf of Guinea Piracy"，*Naval War College Review*，2015，68（1），pp. 93 - 118。

②　宋新宁、陈岳：《国际政治学概论》，中国人民大学出版社，2000，第 49~50 页。

③　黎文涛：《几内亚湾海上安全问题及其多层级治理》，《现代国际关系》2021 年第 7 期，第 29 页。

海洋经济利益、提升其在西非影响力以及维护船员生命安全等多重考量。

（一）维护和巩固域外行为体的海洋经济利益

美国、欧盟等域外行为体在几内亚湾面临共同的海上通道安全威胁，其在海上贸易领域存在共同收益，因此域外行为体有意愿加强协调，共同打击几内亚湾海盗。一方面，几内亚湾海盗袭击事件频发损害了航运安全，导致几内亚湾海上安全威胁日益严重，影响到对海洋的和平利用，破坏了区域和全球安全，域外行为体面临共同的海上通道安全威胁。几内亚湾海盗对域外行为体的利益构成了集体挑战，严重威胁了各行为体在非海洋经济利益。日内瓦安全政策中心（GCSP）2022年发布的报告显示，海盗行为每年对几内亚湾沿岸国家造成超过5亿美元的损失，53%的航运公司已经缩小业务规模。① 另一方面，域外行为体在海上贸易领域存在共同收益。几内亚湾沿岸国家凭借石油出口获取高额利润的同时，美国、欧盟等域外行为体也能在几内亚湾获取最大经济利益。美国能源信息署（EIA）的数据显示，2022年美国从尼日利亚进口石油3841.9万桶，从加纳进口2053.4万桶，从加蓬进口70.8万桶，满足了美国约30%的需求。② 对于欧盟而言，几内亚湾不仅可以满足欧盟能源需求，还能够帮助减少欧盟对俄罗斯的天然气依赖。因此，域外行为体加强合作打击几内亚湾海盗，有利于维护自身在几内亚湾的海洋经济利益。

（二）提升域外行为体在西非影响力的需要

几内亚湾成为欧美大国博弈的新焦点，欧美大国参与打击几内亚湾海盗合作，意在提升其在西非影响力，更有效地参与几内亚湾大国博弈。几内亚湾既是重要的能源区域，也是重要的战略通道和海上运输通道。几内亚湾石油和天然气资源丰富，其探明的石油储量和天然气储量分别占到世界的4.5%和2.7%，石油产量占到非洲石油总产

---

① Thomas Greminge and Nayef Al-Rodhan, "Maritime Security: Piracy in the Gulf of Guinea", GCSP Policy Brief, No. 1, November 2022, p. 7, https://dam.gcsp.ch/files/doc/policy-brief-1-maritime-security? _gl = 1 * 3fo6j0 * _ ga * ODc1ODEyMDkzLjE2ODA1OTM4NTY. * _ ga_ Z66DSTVXTJ * MTY4MTAwMTY0My4zLjEuMTY4MTAwMTczNC4wLjAuMA.

② Energy Information Administration, "Monthly Imports Report", EIA-814, March 31, 2023, https://www.eia.gov/dnav/pet/hist/LeafHandler.ashx? n = pet&s = mttimusni1&f = a.

量的 60%。① 几内亚湾航线具有特殊性，几内亚湾航线所在的西非航线是非洲和全球进行石油和矿产贸易的主要海上通道，是连接印度洋和大西洋地区最重要的全球航运路线之一，也是连接西非与美国、欧盟等其他地区进出口的主要动脉，具有替代地中海—红海—西印度洋航线的重要特性。② 因此，欧美大国将几内亚湾作为地缘政治争夺的舞台，通过为几内亚湾沿岸国家提供海上安全公共产品，提升在西非的影响力。共担打击几内亚湾海盗的责任对域外行为体具有重要意义，不仅可以向世界昭示各方动用海上力量维护海上利益、海上航行和海洋通道安全的决心、意志和能力，还能增进彼此政治互信。例如，欧盟提出打击海盗应尊重西非国家自主性，与其发展平等伙伴关系，增强了欧非政治互信。③ 又如，特朗普政府时期，美国对非影响力从上升转为下降，拜登政府则积极调整对非态度和政策，④ 参与联合国框架和非盟框架下的打击海盗合作，这是美国"遏华"战略的重要内容，以"阻止中国在非洲大西洋沿岸扩展影响力"为首要任务。⑤ 美国意在强化地缘竞争，扭转其在非影响力下滑的态势，维护美国海上航行和海洋通道安全。另外，海盗猖獗破坏了几内亚湾海运安全，妨碍人道主义救援物资的运送，也使多方行为体在非存在感减弱。鉴于此，为了更好地维持在西非的影响力，欧美大国都积极参与打击海盗行动。

（三）维护域外国家船员生命安全的需要

与索马里海盗不同，几内亚湾海盗更易对域外国家的船员生命安全产生威胁。索马里海盗多是劫持船只和船员以向政府或相关人士索取赎金，船员生命安全遭到威胁的可能性较低，而几内亚湾海盗多以抢劫原

---

① Morcos Pierre, "A Transatlantic Approach to Address Growing Maritime Insecurity in the Gulf of Guinea", Center for Strategic and International Studies, February 1, 2021, https://www.csis.org/analysis/transatlantic-approach-address-growing-maritime-insecurity-gulf-guinea. Accessed 2023-4-5.

② 黎文涛：《几内亚湾海上安全问题及其多层级治理》，《现代国际关系》2021 年第 7 期，第 28 页。

③ F. N. Suh, "The European Union and Counterterrorism in the Gulf of Guinea", *The Journal of Territorial and Maritime Studies*, 2019, 6 (2), p. 60.

④ 拜登上台后，积极调整对非态度和政策，宣布追加 8000 万美元重新实施特朗普时期提出的"繁荣非洲"倡议。

⑤ 马汉智：《美国加大对非洲军事介入意欲何为》，《光明日报》2022 年 7 月 3 日，第 8 版。

油和掳人勒赎为目的，可能带走、伤害他们认为"最重要的人质"。国际海事局（IMB）发布的 2021 年度海盗报告显示，全球绑架/赎金（掳人勒赎）均发生在几内亚湾沿岸 5 个国家，涉及 7 起海盗事件，其中贝宁受伤船员有 20 人，圣多美和普林西比有 15 人，加蓬有 11 人，赤道几内亚有 6 人，加纳有 5 人。[①] 该报告还指出，几内亚湾的绑架事件尤其危险，80% 以上海盗的武器装备以枪支为主，对域外国家来往船只上的船员生命安全具有较大威胁。加之域外国家船只和人质的赎金更高，被绑架的域外国家公民比例不断上升，从 2015 年的 38% 上升到 2020 年的 89%。[②] 多个域外国家船员在途经几内亚湾海域时遭受海盗袭击，造成大量人员伤亡。2013 年 10 月 23 日，一艘名为"C-Retriever"的石油供应船在尼日尔三角洲布拉斯市附近遭到海盗袭击，两名美国海员被海盗袭击。[③] 2021 年 12 月 13 日"Tonsberg 号"5550-TEU 集装箱船在赤道几内亚附近遭到海盗袭击，6 名来自波兰、乌克兰的船员被绑架。[④] 另外，由海盗引起的疾病、毒品和非法贸易等问题不断蔓延，也对域外国家的公民生命安全、本土生态安全造成消极影响。鉴于此，出于维护域外国家各自公民生命安全的需要，各相关行为体亟须加强合作以打击海盗。

二　域外行为体打击几内亚湾海盗的主要举措

海盗问题成因复杂，打击海盗不能仅靠海上军事力量行动，还需要通过执法和政策协调共同发挥作用。[⑤] 加强军事合作、执法协调以及完善

---

① "2021 Annual IMB Piracy Report", ICC-IMB, January 2022, p. 13, https://www.icc-ccs. org/reports/2021_ Annual_ IMB_ Piracy_ Report. pdf.

② Katja Lindskov Jacobsen, "Pirates of the Niger Delta: Between Blue and Brown Water", UN-ODC, June 2021, p. 23, https://www.unodc.org/res/piracy/index_ html/UNODC_ GMCP_ Pirates_ of_ the_ Niger_ Delta_ between_ brown_ and_ blue_ waters. pdf.

③ "Pirates Kidnap Two U. S. Sailors off Nigerian Coast-Sources", Reuters, Ocotober 24, 2013, https://www.reuters.com/article/us-nigeria-piracy-idUSBRE99N0GT20131024. Accessed 2023 - 3-19.

④ Mikhail Voytenko, "5550-TEU Container Ship Attacked, 6 Crew Kidnapped, Gulf of Guinea UPDATE", Fleetmon, December 13, 2021, https://www.fleetmon.com/maritime-news/2021/ 36529/5550-teu-container-ship-attacked-6-crew-kidnapped-/. Accessed 2022-3-12.

⑤ Max Boot, "Pirates, Then and Now: How Piracy Was Defeated in the Past and Can Be Again", *Foreign Affairs*, 2009, 88 (4), p. 100.

沿海国家海洋安全政策，是打击几内亚湾海盗所公认的一般方式。[①] 国际合作打击几内亚湾海盗取得了一定成效。国际海事组织 2021 年度报告指出，2021 年几内亚湾共发生 37 起海盗事件，占全球海盗事件的 26%，是自 1995 年以来的历史最低值。[②]

（一）国际组织为合作打击海盗提供政策支持

包括联合国、欧盟、国际海事组织等在内的国际组织积极推动几内亚湾打击海盗合作机制的完善，为合作打击几内亚湾海盗提供宏观性的法律和政策指导。《联合国海洋法公约》《制止危及海上航行安全非法行为公约》《国际船舶和港口设施保安规则》是域外行为体合作打击几内亚湾海盗的基本遵循，其对海盗行为的定义也直接影响着国际社会打击海盗的行为。

联合国安全理事会通过多项打击几内亚湾海盗的决议。2011 年联合国安理会通过第 2018 号决议，2012 年通过第 2039 号决议，其成为国际社会维护几内亚湾海上安全的基础性法律文件。[③] 在两个决议推动下，2013 年国际海事组织通过了名为《预防和打击几内亚湾海盗、武装抢劫和海上非法行为》的 1069（28）号决议。[④] 另外，联合国安理会通过不断召开和参加几内亚湾沿岸国家正式或非正式会议，促进国际社会在打击海盗方面的交流合作。2012 年 3 月，联合国代表参加了在贝宁举行的打击海盗高层会议，以进一步加强和协调各地区的打

[①] 详见 Adeniyi Adejimi Osinowo, "Combating Piracy in the Gulf of Guinea", Africa Center for Strategic Studies, February 2015, https://africacenter. org/wp-content/uploads/2016/06/ASB 30EN-Combating-Piracy-in-the-Gulf-of-Guinea. pdf; K. Best, "The Development of Piracy Law in West Africa & the Institutions Underpinning Counter-Piracy Efforts", *International Human Rights Internship Working Paper Series*, 2015, 3 (10), pp. 3–31; 刘子玮《几内亚湾海盗问题研究》，《亚非纵横》2013 年第 2 期。

[②] "2021 Annual IMB Piracy Report", ICC-IMB, January 2022, p. 8, https://www.icc-ccs. org/reports/2021_ Annual_ IMB_ Piracy_ Report. pdf.

[③] "Resolution 2018: On Acts of Piracy and Armed Robbery at Sea off the Coast of the States of the Gulf of Guinea", UNSC, S/RES/2018 (2011), October 2011, https://www. refworld. org/docid/4ee8a2972. html. Accessed 2021–12–18.

[④] Samuel Oyewole, "Suppressing Maritime Piracy in the Gulf of Guinea: The Prospects and Challenges of the Regional Players", *Australian Journal of Maritime & Ocean Affairs*, 2016, 8 (2), p. 136.

击海盗行动。^① 2016 年 4 月，联合国安理会当月轮值主席国中国与安哥拉、塞内加尔等国家共同召开了主题为"巩固西非和平：几内亚湾海盗和海上武装抢劫"的公开辩论会，为域外行为体加强打击海盗合作提供了交流合作平台。

欧盟出台一系列安全政策文件积极参与几内亚湾打击海盗合作，在军事合作中侧重提供资金支持，加强几内亚湾沿岸国家能力建设。欧盟于 2014 年 3 月出台《欧盟几内亚湾战略》，继该战略之后，欧盟于 2015 年 3 月通过《欧盟几内亚湾 2015~2020 年行动计划》，该文件阐述了欧盟成员国参与打击几内亚湾海盗的现状，并阐明了进一步的行动及其实施范围，设定了五年内欧盟参与几内亚湾安全治理的 67 项行动和战略目标。2018 年 6 月，欧盟出台《欧盟海洋安全战略行动计划》（修订版），对几内亚湾海洋安全合作提出了要求，旨在确保欧盟自身海洋政策得以顺利实施。^② 2023 年 3 月，欧盟推出升级版《欧盟海洋安全战略》及"行动计划"，强调欧盟将加强与伙伴国在几内亚湾等战略关切区域的海洋安全合作。欧盟委员会成立联合研究中心，专门负责海盗、海事意识和风险项目，为当地和国际决策者收集和提供海事监视信息。^③ 欧盟通过资金支持在几内亚湾实施军事培训项目，参与几内亚湾打击海盗事务。例如，欧盟在其关键海上航道项目（CMR）框架下启动"几内亚湾关键海上航线计划"（CRIMGO），向贝宁、喀麦隆等 7 个几内亚湾国家提供 450 万欧元，用以培训海岸警卫队，搭建跨国、跨机构信息分享平台。^④

2003 年以来国际海事组织与西非和中非海事组织（MOWCA）合作建立了"综合海岸警卫队功能网络"，鼓励成员国通过共享区域信息和战

---

① Freedom C. Onuoha, "Piracy and Maritime Security in the Gulf of Guinea: Nigeria as a Microcosm", Al Jazeera Centre for Studies, June 12, 2012, p. 7, https://studies. aljazeera. net/ sites/default/files/articles/reports/documents/201261294647291734Piracy%20and%20Maritime% 20Security%20in%20the%20Gulf%20of%20Guinea. pdf.

② 赵雅婷:《欧盟参与几内亚湾安全合作：现状、特征与问题》,《当代世界》2019 年第 9 期, 第 57 页。

③ Cristina Barrios, "Fighting Piracy in the Gulf of Guinea: Offshore and Onshore", European Union Institute for Security Studies, May 2013, p. 3, https://www. iss. europa. eu/sites/default/files/EUISSFiles/Brief_ 20. pdf; João Côrte-Real, "Maritime Security in the Gulf of Guinea, Threats, and Challenges", *Negócios Estrangeiros*, 2022 (22), pp. 61-72.

④ "New EU Initiative to Combat Piracy in the Gulf of Guinea", EU Commission, January 2013, https://ec. europa. eu/commission/presscorner/detail/en/IP_13_14. Accessed 2021-12-13.

略协调机制打击海盗和其他非法海上活动。另外，截至 2021 年 7 月，包括波罗的海国际航运公会（BIMCO）在内的约 350 个组织机构签署《几内亚湾打击海盗宣言》（The Gulf of Guinea Declaration on Suppression of Piracy），一致同意部署综合国家安全和水道保护基础设施建设，共同打击几内亚湾海盗行为。①

（二）欧美大国在打击海盗进程中发挥主导作用

欧美大国在域外行为体参与打击几内亚湾海盗进程中发挥主导作用，引领构建几内亚湾合作机制，推动几内亚湾沿岸国家提升打击海盗能力。

"七国集团—几内亚湾之友"（G7++FoGG）将几内亚湾沿岸国家涵盖其中，其机制核心为西方国家。自 2013 年成立以来，G7++FoGG 发挥了动员作用，每年该集团召开部长级会议，商讨打击几内亚湾海盗的机制和合作方案。② 英法合作建立了几内亚湾海上贸易领域感知（MDAT-GOG）和几内亚湾海上贸易信息共享中心（MTISC-GOG），向几内亚湾沿岸国家海事行动中心和国际刑警组织提供信息。③ 英美共同支持建设"区域海上感知能力"（RMAC）项目，于 2014 年和尼日利亚海事管理局与安全局（NIMASA）以及尼日利亚空军合作，建立卫星监视中心（SSC），跟踪尼日利亚水域的所有船只，并能识别每艘船只的 IMO 编号，对区域海上感知能力项目进行了有效补充。

美国多次参与几内亚湾海盗问题的相关国际会议，制定打击海盗战略。2004 年美国欧洲司令部（EUCOM）举行首次几内亚湾海上安全合作的磋商会议，来自几内亚湾沿岸国家的代表出席会议；2006 年美国欧洲司令部在贝宁举行了几内亚湾海事安全与保障（Maritime Safety and Security）会议，该会议旨在采取切实、全面和可持续的战略，以应对几内亚湾海事安全与保障的挑战，并促进区域合作，共同打击几内亚湾海盗。这些会议不仅吸引了非洲高层参与，还吸引了联合国、欧盟、北约等国

---

① Mette Kronholm Fraende, "Industry's Support for Piracy Declaration Rises to Nearly 350 Signatures", BIMCO, June 29, 2021, https://www.bimco.org/news/priority-news/20210629---gog-piracy-declaration-press-release. Accessed 2023-3-15.

② Garba Badaru, "Maritime Security in the Gulf of Guinea with Emphasis on Nigeria", Ph.D. Dissertation, Malmö: World Maritime University, 2022, p.26.

③ Adeniyi Adejimi Osinowo, "Combating Piracy in the Gulf of Guinea", Africa Center for Strategic Studies, February 2015, p.4, https://africacenter.org/wp-content/uploads/2016/06/ASB30EN-Combating-Piracy-in-the-Gulf-of-Guinea.pdf.

际组织参与，这种具有较高"姿态"的参与旨在实现美国海洋安全目标，降低海盗对其海上航行安全的影响力。2022 年 1 月 19 日，美国等许多域外利益相关者出席了"几内亚湾海事协作论坛/共识和消除冲突"（GOG-MCF/SHADE）第 4 次全体会议，肯定了短期打击海盗取得的成效，并制定了新的合作战略。美国非洲司令部（AFRICOM）致力于加强在几内亚湾的海上安全战略建设，旨在通过提供多国和平支持行动所需的特定训练和装备来提高非洲军队的能力。

法国与几内亚湾沿岸的所有法语非洲国家都有防务协定和合作关系。[①] 法国与几内亚湾沿岸多国签署双边防务协定，通过必要的军事合作保障法国在几内亚湾安全利益。2011 年法国启动了"几内亚湾海上安全支持"（ASECMAR）项目，并为其设立"优先团结基金"（Priority Solidarity Fund），帮助贝宁、多哥和加纳制定国家海上安全战略，改进海岸警卫队工作，并加强这三个邻国之间的协调合作。[②]

（三）联合军事演习与培训是主要干预举措

联合军事演习和军事培训是欧美大国通过军事合作打击几内亚湾海盗的主要举措。美国多次主导推动几内亚湾沿岸国家进行打击海盗军事演习，强化与几内亚湾沿岸国家的军事关系。目前，美国主导建立的"非洲合作站"框架内有多个军事演习，其中，在几内亚湾举行的"共同特快"军事演习旨在提高几内亚湾沿岸国家维护海上安全的能力，共同打击几内亚湾日益猖獗的包括海盗袭击在内的海上犯罪。[③] 由尼日利亚主办的"共同特快 2012"军演规模比由喀麦隆主办的"共同特快 2010""共同特快 2011"军演规模更加庞大，美国海军派出数艘舰艇参与此次军演，其中包括首次造访几内亚湾的奥利弗·哈泽德·佩里级（The Oliver Hazard Perry class）导弹护卫舰"辛普森号"（USS Simpson），其目标是

① Shaun Gregory, "The French Military in Africa: Past and Present", *African Affairs*, 2000, 99 (396), p. 438.

② United Nations, "Security Council 6723rd Meeting", February 27, 2012, p. 10, https://www.securitycouncilreport.org/atf/cf/%7B65BFCF9B-6D27-4E9C-8CD3-CF6E4FF96FF9%7D/Guinea%20S%20PV%206723.pdf.

③ 张建波、蒋安全:《美欧拟借反海盗之名扩大在西非地区军事存在》，中新网，2012 年 3 月 2 日，https://www.chinanews.com.cn/gj/2012/03-02/3712884.shtml，最后访问时间：2023-4-4。

扩大在该地区的军事存在。[①] 自 2011 年起，美国每年在几内亚湾主导开展"奥班盖姆快车"（Obangame Express）多国军演，这是几内亚湾最大的多国海上军事演习，目前已有 30 多个国家参与，加强了域外行为体与域内国家的海上安全合作。[②] "奥班盖姆快车 2022"军演由 32 个国家共同参与，旨在加强区域合作，加强关于海域意识（MDA）、信息共享实践和战术拦截的专业知识培养，以提高参与国打击海上非法活动的集体能力。[③] 另外，美国也积极支持几内亚湾海上安全演习，如 2012 年 9 月美国参加了由多哥和贝宁海军发起的"热追击"（Hot Pursuit）军事演习。[④]

由于与该地区的历史和经济联系，欧洲国家也积极参与几内亚湾海上军事演习，加强打击海盗合作。法国在加蓬、塞内加尔已经预先部署部队，自 20 世纪 90 年代以来通过"Corymbe"行动，法国海军每年在几内亚湾部署军舰，并组织 3~4 次区域性演习。[⑤] 2013 年起法国开展一年一度的"非洲尼莫"（Africa Nemo）多国军演，2020 年的"非洲尼莫"演习汇集了来自 14 个国家的 30 艘舰艇和飞机，美国也参与其中。[⑥] 2018 年 12 月，在美国及西班牙海军的配合下，法国与几内亚湾沿岸 14 个国家首次开展长达一周的海上军事演习，这是法国参与雅温得海事安全架构

---

① Freedom C. Onuoha，"Piracy and Maritime Security in the Gulf of Guinea：Nigeria as a Micro-cosm"，Al Jazeera Centre for Studies，June 12，2012，p. 10，https：//studies. aljazeera. net/sites/default/files/articles/reports/documents/201261294647291734Piracy%20and%20Maritime%20Security%20in%20the%20Gulf%20of%20Guinea. pdf.

② "The Gulf of Guinea：The New Danger Zone"，International Crisis Group，December 2012，p. 19，https：//icg-prod. s3. amazonaws. com/195-the-gulf-of-guinea-the-new-danger-zone. pdf.

③ "International Exercise Obangame Express 2022 Set to Begin"，U. S. Navy Office of Informa-tion，March 6，2022，https：//www. navy. mil/Press-Office/News-Stories/Article/2956920/in-ternational-exercise-obangame-express-2022-set-to-begin/. Accessed 2022-3-12.

④ Devotha Edward Mandanda and G. U. O. Ping，"The Gulf of Guinea Piracy：Impact and Effec-tiveness of Control Measures"，*Journal of Law, Policy and Globalization*，2016（55），p. 119.

⑤ Morcos Pierre，"A Transatlantic Approach to Address Growing Maritime Insecurity in the Gulf of Guinea"，Center for Strategic and International Studies，February 1，2021，https：//www. csis. org/analysis/transatlantic-approach-address-growing-maritime-insecurity-gulf-guinea. Accessed 2023-4-5.

⑥ Morcos Pierre，"A Transatlantic Approach to Address Growing Maritime Insecurity in the Gulf of Guinea"，Center for Strategic and International Studies，February 1，2021，https：//www. csis. org/analysis/transatlantic-approach-address-growing-maritime-insecurity-gulf-guinea. Accessed 2023-4-5.

的重要成果，维护了法非海洋安全利益，为打击海盗做出了贡献。① 英国、意大利、法国和尼日利亚等域内国家海军自 2021 年 3 月 20 日起在尼日利亚经济中心拉各斯开展为期 5 天的大型联合军事演习行动，旨在打击几内亚湾海盗和其他非法海上活动。② 另外，英国于 2012 年派出两艘皇家海军巡逻舰"无畏号"（HMS Dauntless）和"罗孚号"（HMS Rover）沿几内亚湾进行了巡逻，2021 年英国皇家海军巡逻舰"特伦特号"（HMS Trent）在几内亚湾进行安全巡逻，帮助几内亚湾沿岸国家开展一系列联合演习和训练，以加强联系并制定未来在该地区的行动计划。作为与几内亚湾沿岸国家共同应对几内亚湾海盗威胁的重要方式，合作打击海盗的军事演习短时间内对海盗起到了威慑作用，维护了地区安全与稳定。

欧美大国帮助几内亚湾沿岸国家进行海洋领域的军事培训合作，进一步提高了几内亚湾沿岸国家打击海盗能力。美国通过"非洲应急行动培训和援助"（ACOTA）、"非洲伙伴倡议"（APS）、"非洲海洋执法伙伴关系计划"（AMLEP）以及"国际军事教育与训练"（IMET）项目加强非洲海军和非洲海上安保建设，提高几内亚湾沿岸国家海上部队之间的互通性。美国海军通过"非洲伙伴倡议"捐赠船只并在尼日利亚进行培训，通过在几内亚湾沿岸国家建立雷达、无线电设备和自动识别系统来提高其打击海盗的能力。③ 2012 年 3 月，美国驻喀麦隆大使馆为来自加蓬、尼日利亚和喀麦隆的国防人员提供海盗和反恐方面的培训。④ 2019 年 7 月美国海军先锋级（The Spearhead-class）运输船"卡森城号"（USNS Carson City）为加纳、科特迪瓦、尼日利亚等国海上船只提供军事维修培

---

① "EU Maritime Security: Exercise in the Gulf of Guinea Strengthens Coordination in the Fight against Piracy and Criminal Activity at Sea", EU Websites, November 27, 2021, https://www. eeas. europa. eu/eeas/eu-maritime-security-exercise-gulf-guinea-strengthens-coordination-fight-against-piracy-and_ en. Accessed 2023-4-5.

② 《美欧非多国海军在几内亚湾就打击海盗开展大型联合军事演习》，中国驻赤道几内亚共和国大使馆经济商务处，2021 年 3 月 30 日，http://gq. mofcom. gov. cn/article/jmxw/202103/20210303048571. shtml，最后访问时间：2023-4-5。

③ 曹峰毓：《几内亚湾海盗问题及其治理》，《西亚非洲》2016 年第 7 期，第 91 页。

④ Samuel Oyewole, "Suppressing Maritime Piracy in the Gulf of Guinea: The Prospects and Challenges of the Regional Players", *Australian Journal of Maritime & Ocean Affairs*, 2016, 8 (2), p. 138.

训和医疗援助等服务，提升其应对海盗的能力。[①] 2021 年美国海岸警卫队与尼日利亚海军开展海上军事执法培训，并将其作为两国打击海盗系列合作的一部分。2021 年 7 月和 9 月，美国海岸警卫队、陆军特种部队与尼日利亚海军达成合作，进行与打击海盗和提高海事执法能力相关的交流训练。[②] 法国多次帮助几内亚湾沿岸国家进行军事培训，通过提供 80 万欧元支持"几内亚湾海上安全支持"项目，通过军舰驻扎方式在几内亚湾训练当地海军，以此达到威慑海盗的目的。通过加强军事培训，欧美大国帮助几内亚湾沿岸国家加强海军建设，提升了其应对海盗风险防范的能力。

三　域外行为体打击几内亚湾海盗面临的挑战

（一）域外行为体协调打击海盗的能力受限

域外行为体参与合作打击几内亚湾海盗的战略目标和优先事项存在协调困境，可能引发地缘政治竞争。域外行为体参与打击几内亚湾海盗的战略目标和战略利益存在分歧，这主要表现为法国与英美之间的分歧。欧美国家与几内亚湾邻近，由于特殊的殖民历史，其是打击海盗最为重要的域外力量。在十多个几内亚湾沿岸国家中，法语非洲国家的数量相对较多。基于此，法国意图在几内亚湾打击海盗事务中占据主导位置，推动法语非洲国家成为地区安全机制的领导者是其战略目标。[③] 法国为了战略利益参与打击几内亚湾海盗活动不仅仅是出于经济和历史原因，本质上是为了保持法国在非的领导地位。为此，法国在许多场合成功地推动了欧盟对该地区发展的倡议。例如，法国通过谈判与科特迪瓦、马里

---

① "U. S. Navy Sends Second Ship to Gulf of Guinea, Promoting Progress Through Partnership", U. S. Naval Forces Europe-Africa, July 2, 2019, https://www.c6f.navy.mil/Press-Room/News/News-Display/Article/1893447/us-navy-sends-second-ship-to-gulf-of-guinea-promoting-progress-through-partners/. Accessed 2021-12-15.

② "U. S. Army Special Forces Conclude Training with Nigeria Navy Special Boat Service", U. S. Embassy & Consulate in Nigera, July 12, 2021, https://ng.usembassy.gov/u-s-army-special-forces-conclude-training-with-nigeria-navy-special-boat-service/. Accessed 2021-12-13.

③ 黎文涛：《几内亚湾海上安全问题及其多层级治理》，《现代国际关系》2021 年第 7 期，第 32 页。

和中非共和国达成了防务协议，在稳定几内亚湾冲突方面发挥了巨大的作用。法国还明确宣布尼日利亚的极端组织"博科圣地"对其在几内亚湾的利益构成威胁，并向尼日利亚提供援助，以打击该组织的敌对活动。① 2015 年，美国设立专门的非洲司令部旨在制衡其他国家在非洲日益扩大的影响力。随着非洲司令部在几内亚湾的存在日益强化，美国的军事力量和潜在的战略目标不可忽视，美国在域外行为体中有望占据最高领导地位，与法国展开竞争，加剧了打击海盗合作的不稳定性。另外，还有其他国家可能会挑战法国在几内亚湾的优势地位，例如，由于英国在几内亚湾仍然有非常重要的战略利益需要保护，英国也会对法国的优势地位构成威胁。② 多年来，英国一直通过加纳武装部队参谋学院，为其专属经济区管理提供能力建设服务，并将几内亚湾海上贸易信息共享中心驻扎于加纳。总之，欧美大国拥有较强的打击海盗的军事能力，但由于地缘政治竞争加剧，彼此之间的合作意愿有所减弱，因此欧美大国打击海盗的能力与其合作意愿的匹配程度较低。

由于域外行为体之间缺乏有效的协调，其打击海盗合作机制的有效性有待提升。几内亚湾打击海盗的相关机制繁多，虽各有侧重，但仍存在成员和议题相互重叠的问题。这种缺乏协调的情况有可能重复职能和工作，从而降低项目的有效性。例如，美国和欧盟可能同时开展多个项目，若缺乏沟通协调，则会使尼日利亚和加纳等受益国陷入两难境地。③此外，各机制间还存在竞争，如何协调好各类机制的关系，是当前打击海盗的重中之重。

（二）域内国家打击几内亚湾海盗存在认知差异

尽管几内亚湾沿岸国家通过西非经共体、中非经共体、几内亚湾委员会等机构制定了合作战略，但几内亚湾沿岸国家之间也存在打击海盗的立场分歧。经济实力较弱的国家担心像尼日利亚这样的地区大国会利用合作为自己谋利，导致域内国家差距进一步拉大，压缩弱国的发展空

---

① Kamal-Deen Ali, *Maritime Security Cooperation in the Gulf of Guinea: Prospects and Challenges*, Publications on Ocean Development, Brill E-book, 79, 2015, pp. 372-377.

② Kamal-Deen Ali, *Maritime Security Cooperation in the Gulf of Guinea: Prospects and Challenges*, Publications on Ocean Development, Brill E-book, 79, 2015, pp. 379-381.

③ "The Gulf of Guinea: The New Danger Zone", International Crisis Group, December 2012, p. 239, https://icg-prod. s3. amazonaws. com/195-the-gulf-of-guinea-the-new-danger-zone. pdf.

间。几内亚湾沿岸国家与域外行为体合作的意愿较弱。其中，尼日利亚是影响几内亚湾整体合作意愿最为关键的国家，因为尼日利亚既是几内亚湾最有希望的政治和经济改革所在地，也是几内亚湾海盗问题产生根源所在地。[①] 尼日利亚在该地区能源贸易中的霸主地位使域外行为体难以实现有效的区域跨境合作，这主要是因为几内亚湾 80% 以上的海上犯罪，特别是在公海，都是针对能源贸易的。[②] 几内亚湾沿岸国家普遍认为，域外行为体的参与削弱了他们的主权，并且几内亚湾沿岸国家不能容忍外部海军干预其领海，不能在主权问题上做出妥协。尼日利亚不仅认为外国力量在其水域的存在削弱了其权力，而且还认为这种安排等同于要求将其国家安全交由外国决策。[③] 此外，几内亚湾沿岸国家部分领导人对非洲司令部持抵制和怀疑态度，认为非洲司令部将会推动美国与西非关系日益军事化，煽动西非恐怖袭击。[④] 因此，几内亚湾沿岸国家较为抵制包括外国海军或者外国武装私人海上安全部队在内的国际行为体进入其水域并提供帮助，这对域外行为体合作打击海盗造成了主要挑战。[⑤]

（三）域外行为体面临执法合作困境

几内亚湾海盗涉及参与方各国执法合作，相较于索马里海盗整体状况更加复杂。公海绑架是海盗行为，各国海军与海上武装都有权执法解救被害船只，但在各国领海的绑架则是强盗犯罪，只有海域主权国家有权执法。因此，海盗惩治面临国际法和国内法的法律政策协调困境。

① J. Stephen Morrison, J. Stephen Morrison and David L. Goldwyn, "A Strategic U. S. Approach to Governance and Security in the Gulf of Guinea", CSIS Task Force on Gulf of Guinea Security, July 1, 2005, p. 4, https://csis-website-prod. s3. amazonaws. com/s3fs-public/legacy_files/files/media/csis/pubs/0507_gulfofguinea. pdf.

② Raymond Adibe et al. , "Energy Hegemony and Maritime Security in the Gulf of Guinea: Rethinking the Regional Trans-border Cooperation Approach", *Review of African Political Economy*, 2019, 46 (160), pp. 336−346.

③ Kamal-Deen Ali, "Maritime Security Cooperation in the Gulf of Guinea: Prospects and Maritime Security Cooperation in the Gulf of Guinea: Prospects and Challenges", Ph. D. diss. , Wollongong: University of Wollongong, 2014, p. 412.

④ Felix Vincent Nnamani, "United States' Africa Command and Maritime Security in the Gulf of Guinea, 2007−2020", *Journal of Contemporary International Relations and Diplomacy*, 2022, 3 (2), p. 507.

⑤ John-Clark Levin and Luke O'Connell, "The Changing Nature of Piracy in International Relations", *The Brown Journal of World Affairs*, 2015, 22 (1), p. 269.

国际法在打击海盗立法方面存在缺陷。国际社会主要通过《联合国海洋法公约》和《公海公约》等国际条约条款对合作打击海盗采取相关行动。但这两部海洋法律条约尚未对相关的海盗行为及海上犯罪行为做出明确规定，且滞后性大，在海盗事件发生后进行打击为时已晚。此外，打击海盗只局限于公海领域，其他国家并不能参与发生在临海国专属经济区内的打击海盗行为。以上种种对打击海盗力度和范围造成了不利影响。

域外行为体合作打击海盗面临法律政策协调困境。海盗活动在几内亚湾得以持续进行，与几内亚湾沿岸国家不同立法政策直接相关，在该地区很难实行统一立法、执法。事实上，正如贝斯特强调，处理西非海盗问题的法律文书"要么不发达、过时，要么根本不存在"。① 几内亚湾沿岸国家极少拥有足够健全以有效起诉海盗的法律框架，其国内司法系统薄弱，缺乏收集和移交证据的程序。贝宁受海盗威胁较大，该国法律就存在对海盗的定义过时、《海商法》（Maritime Code）管辖权与《联合国海洋法公约》不兼容、对海盗审理流程烦琐等问题。在几内亚湾打击海盗的协调机制和协调中心合作不力的情况下，域外行为体面临更加复杂的法律政策协调困境，其他国家海军及武装安保很难直接、及时进入几内亚湾实施打击海盗行动，导致无法形成高效的打击海盗机制。

同时，海上私人安保公司相关立法也并不规范。私人安保公司在海洋领域的安保管理更为复杂，例如，域外行为体海上安保公司运营的船舶需要通过船舶船旗国、其所经过水域的港口、沿海国以及其公司注册国的一系列复杂的法律法规，费时费力。如何在相关法律法规和监管下开展公司业务，挑战巨大。

四 域外行为体合作打击几内亚湾海盗的深化路径

随着几内亚湾海域海盗问题愈演愈烈，欧美大国和联合国等国际组织加强打击海盗合作，初步构建起一个官方与非官方相结合的多元立体

---

① K. Best, "The Development of Piracy Law in West Africa & the Institutions Underpinning Counter-Piracy Efforts", *International Human Rights Internship Working Paper Series*, 2015, 3 (10), p. 12.

安全治理架构。展望未来，域外行为体应形成打击海盗的多元化共同体意识，提升协调能力，完善各层级法律制度政策，推动构建"几内亚湾安全共同体"。

（一）形成合作打击海盗的意识

域外行为体应以尊重域内国家合作意愿、扩大共同利益为主线，强化打击海盗责任共担，帮助几内亚湾沿岸国家减少合作认知差异，形成打击海盗的多元化共同体意识，推动构建"几内亚湾安全共同体"。具体而言，一是欧美大国应充分尊重几内亚湾沿岸国家领导人的意见，在几内亚湾沿岸国家的意愿和主导下开展。美国非洲司令部在实施行动时，应充分征求非洲领导人的意见，例如，在对几内亚湾沿岸国家进行武器出售、援助、军事演习等海洋安全行动之前，应向相关非洲国家提出申请。欧盟在打击几内亚湾海盗时应在当地国家的意愿和主导下开展，域外国家则应各司所长，采取帮扶性举措，提升安全能力，实现地区东道国与域外行为体的良性互动。[①] 总之，欧美大国应尊重几内亚湾沿岸国家的合作意愿，就几内亚湾打击海盗问题进行积极的多边对话，构建新的合作理念。

二是强化打击海盗的国际责任共担。应反对"搭便车"思维，域外行为体应同域内国家共同承担与其利益相匹配的责任，共同承担打击海盗、维护全球海洋可持续发展的责任。域外行为体应开展教育援助项目，帮助几内亚湾沿岸国家树立法治观念，普及教育，培养更稳定的公民社会秩序，以此提升民众的受教育水平和文化程度，降低几内亚湾民众加入海盗组织的意愿。另外，强化打击海盗的治理合作。欧美大国拥有前沿的数字技术，可通过加强互联网信息服务综合治理，提升非洲网络安全防护水平。建立服务器网络预警体系，以此阻止招募海盗，同时欧美大国应从保护、发现、响应等方面加强关于海盗的网络管理合作，重点防止该信息流入海盗一方。

（二）提升域外行为体打击海盗的协调能力

一方面，要着重提升域外行为体之间的沟通协作能力。首先，域外

---

① 赵雅婷：《欧盟参与几内亚湾安全合作：现状、特征与问题》，《当代世界》2019 年第 9 期，第 60 页。

行为体之间应建立清晰的沟通渠道，发挥联合国的主导和协调作用，就打击海盗达成共识。欧美大国应该严格遵守国际法和联合国安理会关于打击海盗的相关决议，相互配合，明确合作义务。其次，应建立打击海盗的域外数据信息共享平台，获得区域内全面准确的信息。例如，国际海事局应该推动建立区域性的信息共享中心，各缔约方通过实时的信息反馈来应对海盗犯罪威胁，结合以往数据，为各自船只提供智力支持和实施方案。再次，欧美大国有必要建立一支专门打击海盗的联合部队。作为利益攸关方，欧美大国应完善并协调各自海军和海岸警卫队的责任划分，减少重复或不必要的训练。欧美大国或可分编实行分区护航，根据几内亚湾沿岸国家不同海盗的聚集特点，实施不同的分区策略，对情报和通信等信息进行互联互通。最后，成立域外行为体的打击海盗信息资源共建共享协会，定期交流分享打击几内亚湾海盗的经验，有的放矢地进行合作。总之，要加强欧美大国政府间的协作，将合作重点置于打击海盗能力培养方面。

另一方面，域外行为体也应继续通过多种途径增强域内国家的打击海盗能力。就联合国而言，应继续向几内亚湾供应打击海盗的相关公共产品。其一，对西非经济贫困国家经济发展加以援助。向西非国家提供最优惠政策，向利比里亚等最不发达国家提供贷款和免关税政策，推动西非国家有效发展国家经济和区域经济，增强西非国家的谈判能力和可持续发展能力，为合作打击海盗提供资金支持。其二，对域内国家进行技术援助，建立技术援助中心。联合国主管非洲事务的助理秘书长玛莎·阿马·阿克亚·波比（Martha Ama Akyaa Pobee）强调，虽然几内亚湾沿岸国家应承担打击海盗和海上抢劫的主要责任，但由于其缺乏能力，联合国中部非洲区域办事处和西非萨赫勒区域办事处应继续向几内亚湾沿岸国家提供必要的政治和技术援助。[①] 在联合国的技术援助下，建立技术示范中心，派遣航运技术培训人员，为打击海盗提供技术支持，推动海洋安全的人才培养。

---

① United Nations, "Assistant Secretary-General Martha Ama A. Pobee, Remarks to the Security Council on the Situation of Piracy and Armed Robbery at Sea in the Gulf of Guinea and Its Underlying Causes", November 22, 2022, https://dppa. un. org/en/effective-national-and-regional-strategies-to-tackle-governance-and-security-challenges-will-be. Accessed 2023-3-15.

（三）完善各层级法律制度政策

域外行为体要制定好中长期境外安保规划，共同推动完善相关国际法中关于海盗罪的有关规定。联合国大会是完善相关法律政策的重要机制平台，在遵循联合国大会相关决议的基础上，欧美大国应继续就国际法打击海盗合作进行补充与完善，尤其是对海盗罪的定义、审判和执行做出明确而合理的规定，对海盗进行强有力的法律管辖与惩治。具体内容可以在《联合国海洋法公约》和《公海公约》的不断完善过程中有所体现。几内亚湾沿岸国家也应充分利用联合国这一国际性组织平台，在各项大会上多提出修改和完善《联合国宪章》的意见和建议，从《联合国宪章》文本的修改和完善上，规制"扩大解释"行为，增强《联合国宪章》维护国际和平的效力。

域外行为体应提升对几内亚湾沿岸国家法律政策的监视能力、应对能力和执法能力。建立处理海盗和海上抢劫起诉的专门法院，逮捕和起诉海盗以减少海盗威胁。加快惩治海盗罪的司法进程，健全衔接顺畅、权威高效的工作机制。加快引渡进程，加大在不同司法管辖区对海上犯罪的惩罚力度，填补和完善几内亚湾沿岸国家的法律条文中关于几内亚湾海盗的内容，阻止海盗在沿海边界获得更宽大的待遇。司法人员应与海事执法机构共同培训，以便加快和规范证据收集和保存的过程，以促进公平和有效的审判。海上安保公司相关立法须加强监管。欧美大国应与几内亚湾沿岸国家的政府和行业合作，由政府协调相关力量，有效整合企业和社会力量，分享海上安保公司制定国家标准的经验教训和最佳实践。同时，推动几内亚湾沿岸国家早日建立起高效的安全预警和信息分享网络，实现各行为体在几内亚湾合作打击海盗的良性互动，维护地区海洋安全形势稳定，推动构建"几内亚湾安全共同体"。

【责任编辑】王珩

非洲研究　2023 年第 2 卷（总第 21 卷）
第 21—36 页
SSAP ©，2023

塞西时期的埃及地区外交：压力、进程与效果[*]

刘　云

　　【内容提要】　本文主要分析塞西担任总统以来埃及地区外交的背景、在阿拉伯地区以及非洲的外交实践。"阿拉伯之春"后内部经济和政治不稳定、周边功能失调国家的局势对埃及外交政策产生了巨大的影响。埃及由于严重的经济危机，与海湾合作委员会国家，尤其是与沙特阿拉伯、阿联酋、科威特和巴林保持牢固的联系与合作非常重要。塞西总统及其团队为完全恢复埃及在阿拉伯世界的领导地位而做出的努力，不仅影响了中东的力量平衡，而且还影响了北非与撒哈拉以南非洲的国际关系局势。

　　【关键词】　埃及；外交政策；塞西；阿拉伯国家；非洲
　　【作者简介】　刘云，浙江师范大学非洲研究院教授，主要研究方向为非洲历史与非洲国际关系（金华，321004）。

　　几个世纪以来，埃及一直处在国际交往和国际贸易的十字路口。埃及是阿拉伯文化复兴的摇篮，其知识分子和学术机构是中东社会和文化发展的核心；[①] 目前埃及的军事力量可以说是阿拉伯国家中最强大的军事力量；埃及的人口超过 1 亿人，是中东人口最稠密的国家。所有这些因素使埃及成为中东和非洲地区的强国。经历了"阿拉伯之春"的埃及，国内政治经济形势发生了重大变化，地区和国际经济、政治、安全环境

---

　　*　本文系国家社会科学基金项目"非洲伊斯兰主义思潮的历史渊源和发展演变研究"（20BSS028）的研究成果。

　　①　O. T. Kavi, "Islamic Movements in the Middle East, Egypt as a Case Study", *Journal of International Affairs*, Vol. 6, No. 4, 2001-2002.

也经历了新的动荡。2013 年 7 月领导军方推翻穆尔西政府，又于 2014 年
6 月当选为埃及总统的阿卜杜勒·法塔赫·塞西（Abdel Fattah el-Sisi），
在新的内外形势下调整了埃及的外交政策。本文讨论塞西时期埃及对阿
拉伯世界和非洲的地区外交，并分析这种地区外交政策的成就与问题。

一　塞西上台后埃及外交面临的国际与国内压力

　　一个国家的外交政策通常是为了实现国内政策中的既定目标，根据
区域环境和全球国际环境局势而制定的。埃及的外部压力和内部压力是
其制定外交政策必须考虑的因素。塞西总统上任以来所做的外交政策决
定，主要从解决严重的内部政治经济问题出发，旨在重塑埃及作为阿拉
伯世界和非洲地区强国的形象并重建西方国家对埃及的信心。

（一）塞西政府面临的国际压力

　　塞西领导的军方迫使民选总统穆尔西下台，使得长期关注埃及的欧
洲舆论一片哗然，民主和人权等价值观问题重新成为埃欧关系争论的焦
点。2013 年 8 月 18 日，欧洲理事会赫尔曼·范龙佩主席和欧盟委员会主
席杜朗·巴罗佐发表联合声明，呼吁埃及结束暴力、恢复和解对话、回
归民主。为了向埃及军方施压，欧盟宣布对原先的近 50 亿欧元贷款和捐
助进行"持续评估"，从而事实上终止了 2012 年开罗经济大会上达成的
几乎所有合作或援助项目。[1] 欧洲几乎是立刻通过旅游警告来打击埃及经
济，以迫使埃及政府让步。自英国外交和联邦事务部 2013 年 8 月发出对
埃及旅游的警告后，[2] 意大利、法国、德国、西班牙、爱尔兰、丹麦等多
国相继出台旅游警告。此举使得逐渐回暖的埃及旅游业瞬间受挫。2012
年旅游业开始复苏后埃及游客达 1150 万人次，但旅游警告发出后游客暴

---

[1]　Radoslaw Fiedler, "Financial and Trade Instrument in the European Union's Policy towards E-gypt", in Anna Potyrala, Beata Przybylska-Maszner and Sebastian Wojciechowski, eds., *Relations between the European Union and Egypt after 2011 - Determinants, Areas of Co-operation and Prospects*, Berlin: Logos Verlag Berlin GmbH, 2015, p. 51.

[2]　"Egypt Travel Warning to 40,000 British Tourists", *Sky News*, UK, August 16, 2013, http://news.sky.com/story/egypt-travel-warning-to-40000-british-tourists-10437104. Accessed 2017-9-6.

跌，导致全年游客只有 950 万人次。2014 年，访埃游客总数继续走低，全年只有约 700 万人次。2013 年埃及旅游业税收只有 59 亿美元，不足 2012 年的六成。① 旅游业受创，使埃及经济雪上加霜。

美国也对通过军事手段推翻民选总统穆尔西表示不满，并做出了相应的外交反应。事件发生后，奥巴马要求审查事件是否会影响美国与援助有关的法律。② 美国政府还召回了驻埃及大使，并于 2013 年 7 月 24 日停止了交付援助埃及的 4 架 F-16 战机，以表明美国政府对持续的镇压行动感到不满。8 月 15 日，奥巴马对埃及政府杀害数百名穆斯林兄弟会抗议者做出了回应。他谴责埃及政府的行为并取消了将于 9 月举行的美埃"光明星"联合军事演习。③ 美国暂停了所有直接涉及埃及政府的经济援助计划，宣布将向埃及收取延付的 F-16 战机的费用。④ 美国还在 10 月初暂停交付援助埃及的阿帕奇直升机、鱼叉导弹、M1A1 坦克部件、F-16 战斗机以及 2.6 亿美元的民用援助。

与西方关系的恶化严重打击了埃及经济，塞西政府必须努力在国际舞台上重塑埃及的国家形象，以及重建美国、欧盟和西方国家对埃及在稳定中东政治局势中作用的信心，从而恢复西方的援助，吸引西方的投资者和游客。要想重新确立埃及作为阿拉伯世界领导者的地位和在阿以和平进程中的重要作用，寻求更广泛的国际合作机会变得非常重要。塞西总统上台后，埃及面临地区和国际层面的许多新的挑战，他也希望奉行更加平衡和宽松的外交政策，增加和扩展埃及在全球的选项，从而在某种程度上减少对美国的依赖。

---

① Matt Smith, "Egypt Tourist Numbers to Rise 5-10 pct in 2014-Minister", Reuters, September 11, 2014, https://www. reuters. com/article/egypt-tourism/egypt-tourist-numbers-to-rise-5-10-pct-in-2014-minister-idUSL5N0RC3CF20140911. Accessed 2016-5-6.

② Barack Obama, "Statement on the Situation in Egypt", Speech, White House, Washington, D. C., July 3, 2013, https://obamawhitehouse. archives. gov/the-press-office/2013/08/15/remarks-president-situation-egypt. Accessed 2016-3-6.

③ Steve Holland and Jeff Mason, "Obama Cancels Military Exercises, Condemns Violence in Egypt", Reuters, August 16, 2013, https://www. reuters. com/article/us-egypt-protests-obama/obama-cancels-military-exercises-condemns-violence-in-egypt-idUSBRE97E0N020130816. Accessed 2015-7-13.

④ Mark Landler and Thom Shanker, "Leaving Military Aid Intact, U. S. Takes Steps to Halt Economic Aid to Egypt", *New York Times*, August 18, 2013, http://www. nytimes. com/2013/08/19/world/middleeast/leaving-military-aid-intact-us-takes-steps-to-halt-economichelp-to-egypt. html. Accessed 2017-4-8.

（二）塞西政府面临的国内政治经济压力

2013 年 7 月 3 日，埃及军方领导人塞西认为政府未能解决国内的政治冲突，宣布取消穆尔西的总统职位，随即拘禁关押了穆尔西及其追随者，7 月 10 日又对 300 名穆斯林兄弟会领袖和成员发出了逮捕令并禁止他们出境。2014 年 6 月 3 日，塞西以 96.91% 的得票率战胜对手左翼政治家哈姆丁·萨巴希，赢得总统选举。塞西政府必须努力稳定国内政治局势并促进中东和北非地区的安全，其外交政策也必须为促进这一目标实现而展开。

直到塞西政府上台，埃及的社会经济问题也没有解决，缺乏就业机会仍然是一个迫切的问题，年轻人特别是大学毕业生的失业率仍然很高。"阿拉伯之春"事件引起的政治动荡使经济问题更加严重。高通胀率、高额公共债务、失业率上升、粮食和其他基本商品价格上涨，使人民的生活水平仍在下降。因此，新政府上台的首要任务就是实施经济复苏计划。自从掌权以来，塞西强调私人投资的重要性。他的政府提出了"财政、货币和汇率政策领域的一系列宏观经济改革，以及旨在重新界定国家和私营部门之间关系的法律改革"。① 国外的援助和投资对埃及恢复经济非常关键。因此，埃及严重依赖海湾阿拉伯国家的资金，如沙特阿拉伯、阿拉伯联合酋长国（阿联酋）和科威特，它们赠予埃及政府约 200 亿美元。世界银行指出，这种现金流入"有助于当局稳定经济，部分满足国家的能源和粮食需求"。②

（三）塞西时期埃及的国内安全压力

穆巴拉克倒台之后，在西奈半岛的"圣战"分子变得更加强大，其原因有很多，其中包括大量的"圣战"领导人从埃及监狱逃脱或被释放。推翻穆尔西的政变后，恐怖活动激增。2014 年 11 月对"伊斯兰国"宣誓效忠的"圣殿守护者"（Ansar Bayt al-Maqdis），成为西奈半岛最强大的激

---

① Amr Adly，"Will the March Investment Conference Launch Egypt's Economic Recovery?" Carnegie Middle East Center，Washington，D. C.，March 5，2015，http://carnegie-mec.org/2015/03/05/will-march-investment-conference-launch-egypt-s-economic-recovery/i3hj. Accessed 2016-12-20.

② World Bank，"Egypt Overview"，October 1，2014，http://www.worldbank.org/en/country/egypt/overview. Accessed 2016-12-20.

进组织。虽然恐怖袭击主要集中在人烟稀少的西奈半岛，但对尼罗河谷地区越来越多的攻击增加了人们对恐怖活动从西奈半岛溢出的担忧。恐怖袭击对埃及经济已经产生了影响，作为埃及经济增长的主要驱动因素的旅游业衰落。

埃及位于中东、北非和东非之间，这使其成为国际毒品贸易的枢纽。可卡因和大麻从西非和北非偷运到埃及，来自阿富汗和东南亚金三角的海洛因贩运者借道东非向埃及过境。① 越来越多的非法文物贸易在埃及开展，其中许多是非法从埃及运出的，并在欧洲市场出售。这种古董销售的收入可能会资助北非的"圣战"组织。② 周边国家的动荡也会威胁埃及的安全。卡扎菲倒台后，大量的武器流入民间，其中许多武器走私到埃及西奈半岛的恐怖组织手中。2014 年利比亚内战再次爆发，"伊斯兰国"在利比亚甚嚣尘上，甚至与西奈半岛的"圣战"组织相互勾连，使埃及面临更大的安全威胁。

虽然恢复西奈半岛的安全与和平，对塞西总统是一项艰巨挑战，但对埃及地区强国身份的构建，对塞西政府统治地位的巩固大有裨益。打击伊斯兰极端主义及削弱其在西奈半岛的影响是至关重要的。恢复西奈半岛的安全、联合外部力量共同打击恐怖主义也是埃及外交政策的战略目标。

二 塞西时期埃及外交进展

为恢复和发展经济、解决埃及紧迫的社会问题和安全问题，同时恢复埃及在阿拉伯世界以及非洲的地区强国地位，塞西时期的埃及对阿拉伯世界和非洲开展了积极的外交活动。在地区外交中，埃及主要发展与海湾国家的关系，以获得发展经济所需的资金援助；加强与尼罗河流域国家的合作，保证埃及获得足够的尼罗河水；打击西奈半岛的恐怖主义，

---

① Nada El-Kouny, "Outcast: Egypt's Growing Addiction Problem", Ahram Online, June 25, 2015, http://english. ahram. org. eg/NewsContent/1/151/133715/Egypt/Features/Outcast-Egypts-growing-addiction-problem-. aspx. Accessed 2016-10-21.

② Alistair Dawber, "Spanish Police Break up Criminal Gang Smuggling € 300,000 Egyptian Antiquities That Could Have Been Used to Fund Jihadists", Independent (U. K.), February 3, 2015.

发挥埃及在阿以和平问题上的关键作用；同时，埃及作为地区大国，非常重视利用国际组织发挥地区甚至国际影响力。

（一）积极发展与阿拉伯国家的关系

埃及拥有的苏伊士运河是欧洲和亚洲之间的直接海运通道，这使埃及在国际贸易中占据重要地位。当前世界上将近 20% 的石油都来自波斯湾，其中相当一部分是通过苏伊士运河运输的。为了通过这个重要海运通道出口石油，海湾国家向埃及提供了双边援助和直接投资，同时海湾国家还吸收了大量的埃及劳工。如果波斯湾地区发生冲突或动荡，埃及很容易受到影响。因此，在整个中东地区的事务中，海湾地区的稳定已逐步发展为埃及最高级别的外交政策优先事项之一。

确立和保持在阿拉伯世界的领导地位，加强与海湾国家的经济与外交联系是埃及构建其地区强国地位的重要环节。因此，塞西上台后十分重视发展与阿拉伯国家的关系。塞西总统执政第一年的国事访问次数是穆罕默德·穆尔西总统执政一年的两倍。这些受访国家大多是阿拉伯国家。这反映了塞西渴望埃及在阿拉伯世界发挥强国作用。在本地区彰显军事实力是埃及作为地区大国的重要表现。作为与阿拉伯国家合作的主动行动的一部分，塞西总统于 2015 年 3 月提议成立联合阿拉伯武装部队，以打击该地区的伊斯兰极端主义。该提议很快获得了沙特阿拉伯、约旦、科威特、巴林和阿拉伯联合酋长国的支持。2015 年 3 月 29 日，在开罗举行阿盟首脑会议的最后一天，其他阿拉伯国家的领导人也同意建立联合武装部队。联合武装部队将包括 4 万名精锐士兵，驻扎在开罗或利雅得，配备战斗机、军舰和轻型装甲装备。该项目至今尚未实施，还有许多阿拉伯国家不愿意加入联合阿拉伯武装部队。① 埃及寻求在厄立特里亚建立一个军事基地，显然是为了加强其在红海和曼德海峡的存在，这两个地区在历史上一直是埃及主导的地区。为此，埃及于 2017 年 1 月组建了南方舰队司令部（Southern Fleet Command）。埃及海军总司令说，在该地区充斥着对埃及国家安全的威胁和挑战之际，南方舰队司令部及其新组建的海军编队提供了一个强大的盾牌，阻止任何可能胆敢侵犯埃及

---

① "Arab Leaders Agree to Form Joint Military Force to Combat Jihadis in Region", *The Guardian*, March 29, 2015, https://www.theguardian.com/world/2015/mar/29/arab-leaders-agree-to-form-joint-military-force-to-combat--jihadis-in-region. Accessed 2017-11-6.

领海的人。①

　　埃及由于发生严重的经济危机，需要与海湾合作委员会（GCC）国家，尤其是与沙特阿拉伯保持牢固的联系与合作。沙特阿拉伯不仅是埃及经济领域的主要赞助者，而且是其政治上的盟友，这一点对埃及打击穆斯林兄弟会等伊斯兰主义反对派尤其重要。沙特认为穆斯林兄弟会对其统治构成威胁。埃及特别需要与海湾合作委员会国家的合作及其财政支持，所以它与阿拉伯联合酋长国、科威特和巴林的经济合作也很重要。海湾合作委员会国家的财政援助使埃及得以稳定外汇储备。② 尽管埃及和一些海湾合作委员会国家，特别是沙特阿拉伯和卡塔尔，在叙利亚和也门内战等问题上持不同立场，但这并没有妨碍埃及与海湾合作委员会国家的合作。

　　从 2011 年起，埃及就获得了波斯湾君主国的优惠贷款，以及从这些国家进口石油的总额达 300 亿美元。③ 穆尔西政府被推翻后，阿拉伯联合酋长国于 2013 年 7 月 9 日表示将向埃及提供 30 亿美元援助，其中包括 10 亿美元的赠款和 20 亿美元的无息贷款。沙特阿拉伯也宣布向埃及提供价值 50 亿美元的援助，其中包括 10 亿美元的赠款、20 亿美元存在埃及中央银行的无息存款和价值 20 亿美元的石油。科威特则提供价值 40 亿美元的援助。④ 波斯湾国家对穆斯林兄弟会与中东各国伊斯兰反对派的联系耿耿于怀，穆尔西解职后，此番援助显示了它们对穆斯林兄弟会下台的支持。2015 年 3 月的一次投资峰会上，沙特阿拉伯、科威特、阿联酋和阿曼共同认捐 125 亿美元，以促进埃及经济发展。⑤ 除此之外，对于石油君

---

① "Arab Leaders Agree to Form Joint Military Force to Combat Jihadis in Region", *The Guardian*, March 29, 2015, https://www.theguardian.com/world/2015/mar/29/arab-leaders-agree-to-form-joint-military-force-to-combat--jihadis-in-region. Accessed 2017-11-6.

② "Egypt: The Economy Is Gathering Strength", IMF Country Focus, September 26, 2017, https://www.imf.org/en/News/Articles/2017/09/25/na092617-egypt-the-economy-is-gathering-strength. Accessed 2017-12-8.

③ "Egypt Looks for Help Where It Can Get It", *Stratfor Worldview*, November 17, 2016, https://worldview.stratfor.com/article/egypt-looks-help-where-it-can-get-it. Accessed 2018-3-15.

④ Simon Henderson, "Gulf Aid to Egypt and U.S. Policy", Washington Institute of Near East Policy, July 10, 2013, http://www.washingtoninstitute.org/policy-analysis/view/gulf-aid-to-egypt-and-u.s.-policy. Accessed 2017-5-3.

⑤ "Gulf States Offer \$ 12.5 Billion in Aid to Egypt", *Al Arabiya*, March 13, 2015, http://english.alarabiya.net/en/business/economy/2015/03/13/Saudi-announces-4-billion-aid-package-to-Egypt.html. Accessed 2017-9-11.

主国而言，与埃及的合作也有非常重要的经济意义，因为埃及为它们的投资敞开了大门，同时与埃及合作可以加强抗衡伊朗的力量。

尽管这些国家的财政援助对于稳定埃及经济和国家预算起着决定性的作用，但塞西总统声明要保持埃及外交政策的独立，并抵制试图影响和迫使埃及在外交政策上屈服于沙特阿拉伯的企图。他没有屈服于沙特阿拉伯在叙利亚战争方面的压力，沙特与埃及之间的关系变得有些紧张。2016 年 10 月，联合国安理会就叙利亚问题进行投票。埃及当时是否决了联合国安理会决议并支持俄罗斯立场的四个国家之一，从而使自己偏离了沙特要求停止对反叛者控制的阿勒颇地区进行空中袭击的立场。在联合国安理会投票表决的一个月后，沙特阿美石油公司（简称"沙特阿美"）宣布将暂停向埃及供应石油。沙特阿美于 2017 年 3 月恢复了向埃及的石油供应。位于红海的两个岛屿蒂兰和萨纳菲尔的未决法律地位，也使埃及与沙特的关系出现龃龉。沙特国王萨勒曼 2016 年 4 月 11 日访问埃及期间，要求将这些岛屿移交给沙特阿拉伯。塞西总统根据海上边界协议，打算将这些岛屿移交给沙特阿拉伯。但埃及民众举行了示威活动，抗议塞西总统归还这些岛屿，要求就此事进行全民公投。相比之下，埃及与科威特和阿拉伯联合酋长国的合作颇为顺利。2016 年 11 月，科威特同意自 2017 年 1 月 1 日起每月向埃及提供 200 万桶石油，还计划提供成品油。另外，阿拉伯联合酋长国以优惠条件为埃及提供了大量现金赠款和贷款。①

在与阿拉伯世界的关系中，埃及对叙利亚、利比亚、伊拉克和巴勒斯坦四个政治动荡国家的立场非常重要。关于叙利亚内战，埃及与西方国家的立场不一致，尽管埃及不是这场战争的主要外来参与者，但埃及选择支持巴沙尔·阿萨德政权。早在 2013 年 7 月，埃及和叙利亚就决定恢复在穆尔西和穆斯林兄弟会统治期间被破坏的与阿萨德政权的良好关系。②面对利比亚局势的失控，塞西政府始终支持利比亚军队的前司令哈利法·哈夫塔尔将军。埃及要求联合国取消对利比亚的武器禁运，以便

---

①　"Egypt Looks for Help Where It Can Get It", *Stratfor Worldview*, November 17, 2016, https://worldview.stratfor.com/article/egypt-looks-help-where-it-can-get-it. Accessed 2017-9-3.

②　Oren Kessler, "Egypt Picks Sides in the Syrian War, How Sisi Learned to Love Assad", *Foreign Affairs*, January 12, 2017, https://www.foreignaffairs.com/articles/syria/2017-02-12/egypt-picks-sides-syrian-war. Accessed 2018-6-3.

其武装力量可以打击极端主义和"伊斯兰国"。①

　　塞西任总统以来一直重视恢复以色列与巴勒斯坦人之间的和谈，以制定公正和全面的解决方案，保证巴勒斯坦人有权在巴勒斯坦建立独立国家。2014 年 7 月，以色列对加沙地带发动突袭，造成巴勒斯坦上千人伤亡。在埃及的积极斡旋下，以色列和"哈马斯"在 8 月底达成了停火协议。2016 年 5 月 17 日，塞西公开表示，埃方愿在巴以和谈过程中发挥斡旋作用，以推动和谈取得成功。7 月 10 日，为商讨和推动巴以和谈等问题，埃及外长舒凯里先后访问约旦河西岸地区和以色列。

　　尽管"哈马斯"是穆斯林兄弟会的分支，被国际社会视为恐怖组织，但 2016 年底以来，塞西政府与"哈马斯"的关系开始缓和，埃及准许经过拉法口岸过境的巴勒斯坦人数增加。"哈马斯"领导人哈尼亚也在 2017 年 1 月访问埃及。埃及还主动推动两个对立的巴勒斯坦集团——"法塔赫"与"哈马斯"之间的和解。自特朗普担任美国总统以来，塞西总统和其他埃及政治人物与美国、巴勒斯坦和以色列领导人举行会晤，讨论了中东和平进程。② 2017 年 12 月 6 日美国总统承认耶路撒冷为以色列不可分割的首都，塞西总统立即回应，并警告称特朗普在破坏中东和平进程，该地区局势复杂化。③

　　埃及与苏丹的关系也是埃及与阿拉伯世界关系的重要组成部分。最近几年埃及与苏丹发生的事件，以及自 1995 年以来未解决的埃及与苏丹之间有争议的领土哈拉伊卜三角区问题，使双方关系多年紧张。但后来，苏丹与埃及的合作似乎开始好转。2016 年 10 月，苏丹总统奥马尔·巴希尔（Omar al-Bashir）应埃及总统之邀参加了 1973 年阿以战争 43 周年纪念活动，甚至被授予埃及最高军事奖章西奈之星。然而，相互关系中的蜜月并没有持续很长时间，2017 年初旧冲突再次死灰复燃，苏丹在 4 月要求埃及移交对哈拉伊卜三角区的控制权。苏丹政府采取强硬立场可能

①　"Two Years of Foreign Policy under Al-Sisi: Reaching Out and New Options", *Daily News E-gypt*, June 8, 2016, https://dailynewsegypt.com/2016/06/08/two-years-foreign-policy-al-si-si-reaching-new-options/. Accessed 2018-8-3.

②　Adam Rasgon, "Sisi Reiterates Commitment to Israeli-Palestinian Peace during Abbas Visit", *The Jerusalem Post*, November 7, 2017, https://www.jpost.com/Arab-Israeli-Conflict/Sisi-re-iterates-commitment-to-Israeli-Palestinian-peace-during-Abbas-visit-513555. Accessed 2018-3-3.

③　"Jerusalem: Trump Move Prompts Negative World Reaction", *BBC NEWS*, December 7, 2017, http://www.bbc.com/news/world-middle-east-42250340. Accessed 2018-9-6.

是因为在苏丹与沙特阿拉伯、美国的关系改善之后，区域力量平衡向有利于苏丹的方向转变。但是，埃及拒绝放弃对有争议领土的控制，使双方关系陷入紧张。结果，苏丹对埃及公民进入苏丹的签证附加条件，并以受到污染为借口禁止进口埃及水果。苏丹总统还指责开罗向南苏丹供应武器和弹药。反过来，埃及指责苏丹庇护穆斯林兄弟会成员。①

（二）埃及在非洲舞台上的角色回归

长期以来，非洲各国普遍面临巨大的军事政变的挑战，频繁发生的军事政变，使得非洲国家对于成员国发生的军事政变持"零容忍"的态度。在"非洲联盟"（简称"非盟"）创立时期，非洲各国就通过章程规定，任何一个成员国只要通过违宪的方式推翻民选政府，都会被暂停成员国资格。2013年7月初，在埃及国内军方将总统穆尔西"罢黜"仅仅两天之后，总部位于埃塞俄比亚首都亚的斯亚贝巴的非盟发表官方声明称，暂停埃及的成员国资格，并禁止埃及参加非盟组织的一切活动。

在非盟决定暂停埃及参与非盟的活动之后，埃及政府做出了不懈的努力，以改善其形象，确保埃及回归非洲大家庭。虽然非盟的"开除令"对埃及国内的影响有限，但是非盟作为一个地区性的国家联盟，埃及被中止会员国资格还是对"后穆尔西"时代的埃及临时政府造成了巨大的外交压力。埃及对于非盟的"开除"进行了两方面的回击，一方面，埃及临时政府司法部部长宣布，拒绝接受非盟暂停埃及成员国资格的决定，埃及驻非盟特使也第一时间表示反对，埃及外交部更是威胁将撤回埃及在非盟其他下属组织的工作人员，并主动切断同非盟的一切联系，断绝给予"非盟"的所有资金支持。埃及的表态可谓咄咄逼人，并没有在公开场合显示出对"非盟"表态的让步和屈服。

另一方面，埃及也适时地派出了特使前往非盟总部亚的斯亚贝巴，进行了一系列的外交活动，并希望埃塞俄比亚等在非盟内部具有影响力的国家能够协调有关各方，促使非盟早日撤回决定。因此，埃及外交部门通过埃及在非洲各国的大使馆做了大量工作，试图与所有非洲国家建立联系，鼓励非洲国家在区域和国际论坛中支持埃及，并澄清"6月30

---

① Maged Atef, "Egypt and Sudan's Escalating Border Dispute", *Foreign Affairs*, May 15, 2017, https://www.foreignaffairs.com/articles/egypt/2017-05-15/egypt-and-sudans-escalating-border-dispute. Accessed 2019-3-4.

日革命"的性质。非盟委员会主席祖玛也在不同场合表示，只要埃及国内能够恢复秩序并进行民主选举，那么非盟将会考虑恢复埃及的成员国资格。非盟在做出"开除令"之后不足一个月内就接受了埃及特使的要求，"顺水推舟"地派代表团访问了埃及。这种安排显示出非盟事实上已经接受了"后穆尔西"时代埃及国内的政治现实。非盟希望通过"开除"埃及成员国资格，一方面来表达自己对于军事政变的"零容忍"态度，而另一方面则希望督促埃及临时政府早日恢复国内秩序，并且早日重启埃及的民主进程。非盟派出毛里塔尼亚前总理穆罕默德·勒米尼·乌尔德·桂吉（Mohamed Lemine Ould Guig）率领的代表团，对2014年5月埃及总统选举进行了观察与监督，并于2014年6月8日派特使参加了塞西总统的就职典礼。2014年6月17日，埃及成功恢复了非盟成员国的身份。

埃及渴望重返非洲圈，这不仅突出了它的非洲根源，而且突出了它的利益与非洲大陆密不可分。让埃及在非洲大陆发挥积极作用受到了所有非洲国家的欢迎。

2016年1月，在埃塞俄比亚首都亚的斯亚贝巴举行的非洲外长会议上，埃及首次作为北非地区代表获得未来三年非盟和平与安全理事会成员国资格。埃及的胜利是其在非洲大陆的历史性的领导作用的框架下取得的，特别是在和平与安全以及促进稳定的问题上，以及预防和解决非洲的冲突问题上，埃及都发挥过领导作用。此外，在同时具备非洲联盟和平与安全理事会的成员资格与联合国安理会的成员资格的情况下，在危害非洲大陆和平与安全的问题上，埃及有权代表非洲大陆与安全理事会进行联系。同样，这种联系也将积极帮助消除非洲在联合国安理会内部的障碍，特别是安全理事会约70%的工作与非洲议题有关，联合国维和行动与非洲联盟和平和安全议程之间也关系密切。

自塞西执政以来，埃及一直热衷于加强与非洲各国的关系，积极参与非洲的联合行动。2014年6月，塞西总统参加了在赤道几内亚首都马拉博举行的非洲联盟首脑会议；2016年1月，参加了在亚的斯亚贝巴举行的非盟首脑会议以及其他首脑会议和活动。埃及的这些努力源于其对所有非洲国家共同命运的长期和根深蒂固的信念，以及对实现和平与稳定做出必要努力，以解决非洲大陆争端的重要性的认识。

同样，在2015年1月至2016年底举行非洲联盟首脑会议期间，埃及被授予非洲气候变化国家元首和政府委员会（CAHOSCC）协调员一职，为期两年，并且从 2014 年至 2016 年，埃及担任非洲环境部长会议主席，任期两年。此外，在 2015 年 1 月亚的斯亚贝巴非洲发展新伙伴关系指导委员会第三十二届会议期间，塞西总统再次当选为指导委员会副主席，并连任两年，截至 2017 年。同样，埃及于 2015 年 6 月在沙姆沙伊赫举办了三个区域经济共同体（东南非经济共同体、南部非洲发展共同体、东非共同体）峰会，有 26 个非洲国家的国家元首和政府首脑参加，这些国家涵盖的市场超过非洲大陆国内生产总值的 58%，价值约 1.3 万亿美元，占非洲总人口的 57%。此外，沙姆沙伊赫首脑会议最重要的成果之一，是三个共同体成员国的国家元首和政府首脑签署了《三方自由贸易区协定》，这将有助于增加这些国家之间的贸易活动，除了开放更多的市场、提升竞争力以及加快基础设施发展进程外，还将增加投资流量，这将使该地区成为非洲大陆经济和商业一体化领域的先驱。[①]

（三）改善与尼罗河流域国家的关系

地理因素是决定埃及国家安全认知的最重要和最关键的因素。埃及位于非洲大陆和亚洲大陆交会处、地中海和红海之间，依靠流经 10 个国家的尼罗河进行灌溉，这种地理位置使得埃及注定要与外界进行广泛而深入的接触。这种与外界的密切联系性使得埃及容易受到外部力量的冲击，也形成了埃及在对外关系中的稳定、安全和平衡的模式。2011 年，埃塞俄比亚政府宣布将投资 43 亿美元在靠近埃塞俄比亚和苏丹边境的青尼罗河段上修建"复兴大坝"，计划 2017 年建成，建成后将极大缓解埃塞电力缺乏的问题。该计划遭到埃及政府的强烈反对，埃及担心一旦大坝建成，尼罗河下游的水量将大幅减少，可能对埃及经济造成严重影响。由于埃塞俄比亚计划修建复兴大坝及其对开罗的负面影响，埃塞俄比亚在埃及外交政策考虑中占据重要地位。在 2011 年埃塞俄比亚宣布大坝计划后，两国之间的紧张局势开始升级，前总统穆尔西领导的埃及政界人士和各方面领导人的一次会议在埃及电视台进行了现场直播，他们建议武装埃塞俄比亚叛军摧毁大坝。[②] 然而，在塞西的统治下，紧张局势开始

---

① Sherif Fahmy, "A Year after the Tripartite", June 20, 2016, http://www. egypt-business. com/News/details/1625-A-year-after-the-Tripartite-Agreement/42018. Accessed 2018-8-7.

② Liam Stack, "With Cameras Rolling, Egyptian Politicians Threaten Ethiopia Over Dam", June 6, 2013, https://thelede. blogs. nytimes. com/2013/06/06/with-cameras-rolling-egyptian-politicians-threaten-ethiopia-over-dam/. Accessed 2018-4-7.

缓和，因为他宣布埃及和埃塞俄比亚之间将开启新纪元。①

塞西总统在首次参加赤道几内亚非洲首脑会议期间，成功地与埃塞俄比亚总理达成了一项协议，决定成立一个双边联合委员会来消除这一争端。② 此后，双方举行了一系列技术和政治会议。塞西总统还准备访问埃塞俄比亚，以达成一项解决方案，避免减少埃及在尼罗河水中所占份额。相应地，埃塞俄比亚承诺，复兴大坝将不会用于灌溉。2015 年 3 月，苏丹总统巴希尔、埃及总统塞西和埃塞俄比亚总理海尔马里亚姆在喀土穆就埃塞俄比亚在青尼罗河上游建造复兴大坝签署原则宣言。三方同意在不损害各方根本利益的原则上，在复兴大坝蓄水、尼罗河水资源分配等问题上进行协商合作。③ 12 月 29 日，苏丹、埃及和埃塞俄比亚三方在喀土穆结束新一轮关于复兴大坝的会谈，三方签署了关于大坝建设相关细节的框架协议。2018 年 4 月至 2019 年 9 月，埃及、埃塞俄比亚和苏丹三国多次举行三方会谈，讨论有关复兴大坝水资源分配问题，但最终未能达成共识。

关于复兴大坝的谈判目前正在通过三方国家技术委员会的科学和技术路线和通过六方委员会的政治路线两条轨道继续进行，其目的是执行国际专家关于大坝对下游国家影响的方案。这些措施是为了捍卫埃及的水资源利益和安全，并寻找其他方案来保证埃及水资源。此外，这些行动继续跟踪尼罗河流域国家在河道上建立的水利项目，以确保埃及在这方面的水资源不受侵犯或避免损害其权利，并通过提供专门知识促进与尼罗河流域国家在水资源领域的合作。这项合作旨在保护埃及的利益，修订其水政策，并推动进一步的合作，以弥补水资源损失，增加流域国家的河流收入。

在政治层面，塞西于 2015 年初访问了亚的斯亚贝巴，这是 30 年来埃及总统第一次访问亚的斯亚贝巴，在此期间，他与埃塞俄比亚总统、总理和主教，最高伊斯兰事务委员会主席，埃塞俄比亚公共外交代表团，

----

① "One Year of Foreign Policy Under Sisi", June 8, 2015, http：//www. atlanticcouncil. org/？id＝24610：one-year-on-foreign-policy-under-sisi. Accessed 2017-5-6.

② "Egyptian-Ethiopian Negotiations on Renaissance Dam", March 26, 2018, http：//www. sis. gov. eg/Story/121622/Egyptian-Ethiopian-negotiations-on-Renaissance-Dam？ lang ＝ en-us. Accessed 2018-8-9.

③ "Full Text of 'Declaration of Principles' Signed by Egypt, Sudan and Ethiopia", March 2015, http：//english. ahram. org. eg/%20News/125941. aspx. Accessed 2017-7-7.

以及一些商人举行了多次会谈。访问期间，决定将联合双边委员会升级为由总统和总理担任主席的高级联合委员会。此外，埃及与埃塞俄比亚政府合作，设法援救了在利比亚被绑架的 27 名埃塞俄比亚人。[①]

另外，埃塞俄比亚公共外交代表团在埃塞俄比亚议长的带领下于 2014 年 12 月访问埃及，该代表团包括文化、商业、政治以及艺术和新闻等不同领域的 65 名埃塞俄比亚公众人物。他们会见了许多埃及官员，包括总统、外交部部长，以及爱资哈尔大伊玛目和亚历山大主教。2015 年 1 月，埃塞俄比亚主教马蒂亚斯访问了埃及，他访问了亚历山大和开罗的一些修道院和教堂。他还会见了埃及总统和总理，以及亚历山大主教和爱资哈尔大伊玛目。埃塞俄比亚总理于 2015 年 8 月访问埃及，出席新苏伊士运河的竣工典礼。

三　塞西时期埃及地区外交的成就与问题

塞西担任总统以来的埃及外交政策与实践，有成就也有缺陷。塞西外交的成就主要表现在埃及外部压力的缓解，与阿拉伯国家及非洲国家关系的改善；其主要问题表现在与尼罗河流域国家在水资源方面的问题没有妥善解决，与伊朗、土耳其、卡塔尔的关系没有正常化，地区政治动荡与恐怖主义仍然影响着埃及大国作用的发挥。

（一）塞西地区外交的主要成就

埃及具有在国际体系中巧妙地运用各种权力配置以促进自身利益和实现其目标的悠久历史。在结成国际联盟和追求国家利益的过程中，埃及在塞西时期表现出巨大的主动性，并采取了更加平衡的外交政策（尤其是对美国，对沙特阿拉伯也是如此），扩大了全球合作选择。塞西的外交成就包括与波斯湾的石油君主国重建友好关系，特别是与沙特阿拉伯、阿拉伯联合酋长国和科威特的合作，为埃及带来了大量的财政援助，这对恢复埃及经济极为重要。塞西的地区外交成就还包括与以色列继续进

[①]　Mahmoud Mourad, "Egyptian Army Forces Free Ethiopians Held in Libya", Reuters, May 2015, http://uk.reuters.com/article/uk-egypt-libya-ethiopia-idUKKBN0NS18M20150507. Accessed 2017-8-7.

行友好的甚至战略合作；在巴以问题上，埃及主动促成了巴勒斯坦"法塔赫"与"哈马斯"之间的会谈，并于 2017 年 11 月促成双方达成协议以恢复巴勒斯坦权力机构在加沙地带的统治。塞西政府在巴以问题上的外交努力，不但有利于维护巴勒斯坦人的权益，对推动巴以和平进程起了积极作用，同时也为打击西奈半岛的恐怖主义创造了有利的外部环境，有利于埃及国内的稳定与安全。在经济领域，埃及于 2016 年说服国际货币基金组织（IMF）推行一项改革计划，以恢复宏观经济稳定并平衡公共财政，大大减少预算赤字和抑制通货膨胀，减少公共债务并刺激经济增长。

值得一提的是，埃及积极改善与非盟以及非洲国家的关系，进一步加深了埃及与非洲的经济联系，提高了埃及在非洲事务中的强国地位。非洲国家接受了塞西政权并认可了塞西领导下的民主化进程，非盟恢复了埃及的成员国资格，埃及积极参加非盟首脑会议和外长会议，并于 2019 年当选为非盟轮值主席国，为非洲一体化进程发挥了积极作用。埃及曾同时具有非洲联盟和平与安全理事会的成员资格和联合国安理会的成员资格，这样埃及就能在联合国框架内促进非洲的和平与安全议题顺利通过。所有这一切都彰显了埃及在非洲事务中的地区大国的作用。埃及还就水资源问题对尼罗河流域国家展开了积极外交，推动尼罗河流域国家在尼罗河水利用方面积极协商。

（二）塞西地区外交中存在的问题

"阿拉伯之春"以来，利比亚、叙利亚、伊拉克、巴勒斯坦和也门等国家持续不断的冲突所导致的内部问题和该地区局势的不稳定，成为埃及有效执行外交政策的主要障碍。塞西时期的埃及外交方面存在的问题包括与苏丹在哈拉伊卜三角区的领土方面存在冲突；在尼罗河水域分配以及在复兴大坝建设中与埃塞俄比亚的矛盾，虽然相关国家在埃及的推动下进行了多次协商，但至今没有取得实质性效果。在地区稳定，特别是利比亚或叙利亚等国家的局势方面，埃及虽然付出了诸多努力，但成效甚微。与土耳其和伊朗的关系也没有正常化，与卡塔尔的外交关系不仅没有改善，而且由于指控卡塔尔支持恐怖主义而在 2017 年 6 月双方断交。埃及与伊朗的关系已经恶化了 30 多年（在穆尔西总统和穆斯林兄弟会统治期间，这种关系只是短暂改善了）。塞西上台之后，埃及与土耳其的关系也恶化了。埃及多年来一直指责这些国家干涉其国内政策。因此，即使埃及采取了不同的外交姿态，并对这些国家表现出更加友好的态度，也很难实现相互关系的正常化，因为双方关系的现状与各自的国内政治有密切的关系。

巴以和平问题极为复杂，不但在巴勒斯坦内部存在着"法塔赫"与"哈马斯"的严重分歧，地区力量与域外大国的干预也影响着巴以和平进程的走向。沙特一直在与埃及竞争阿拉伯世界的领导地位，把巴以问题作为提高地区影响力的重要支点，不希望埃及在巴以问题上发挥主导作用。美国偏袒以色列的政策，也使塞西支持巴勒斯坦、调解"法塔赫"与"哈马斯"关系的努力受到限制。所有这些，都制约了埃及在巴以问题上做出杰出贡献。

比较埃及外交政策的成就和问题，可以清楚地看到，塞西总统自 2014 年 7 月上任以来在外交政策中做出的决定主要是通过解决众多的内部问题，从而影响西方对埃及的看法并重建西方对埃及的信心，恢复埃及的区域大国角色和国际地位。还可以看出，在某种程度上，塞西总统已经实现了最重要的目标之一，西方国家改变了对塞西总统和埃及政府的态度，并为埃及提供了各种援助，西方国家希望塞西政府能够稳定埃及局势，并对地区局势的稳定做出贡献。塞西总统向阿拉伯国家以及以色列和西方保证，穆斯林兄弟会或任何激进组织都不会在埃及上台，这是西方国家和以色列开始支持塞西领导下的埃及的重要原因。

【责任编辑】宛程

非洲研究　2023 年第 2 卷（总第 21 卷）

第 37—51 页

SSAP ©，2023

1964 年坦噶尼喀和桑给巴尔联合问题再探讨 *

高天宜

　　【内容提要】　对研究东非历史和泛非主义思想而言，坦噶尼喀和桑给巴尔联合是学术界的一个基础问题，其重点是联合的原因、动机及其产生的影响。国内外学术界对于坦桑联合的看法基本围绕"冷战政治"以及"泛非主义思想"两大模式进行讨论，然而这两种观点实则都从结果反推原因，未能解释坦桑尼亚作为非洲延续至今唯一由两个独立主权国家联合组建的新国家的特殊性，同时缺乏对坦桑双方政治领导人动机的深入理解。笔者认为，虽然坦桑双方领导人对于联合有不同的政治目的，但联合既符合双方的政治诉求，也体现了冷战背景下，非洲民族主义思想与泛非主义思想的高度融合，其背后展现出非洲政治思想在这一时期的转折。

　　【关键词】　坦桑联合；冷战政治；泛非主义；尼雷尔

　　【作者简介】　高天宜，中国社会科学院世界历史研究所助理研究员，主要研究领域为非洲政治史、中非关系史、非洲思想史（北京，100101）。

　　1964 年 4 月 26 日，坦噶尼喀与桑给巴尔宣布组建为坦噶尼喀与桑给巴尔联合共和国（United Republic of Tanganyika and Zanzibar）①，坦桑尼亚成为非洲延续至今唯一由两个独立主权国家联合组建的新国家②，其诞

---

　　*　本文系中国社会科学院"青启计划"（编号：2024QQJH083）的阶段性成果。

　　①　1964 年 10 月 29 日，更名为坦桑尼亚联合共和国（United Republic of Tanzania）。

　　②　1958 年，加纳与几内亚在独立后曾组成非洲国家联盟（Union of African States），马里于 1961 年加入，但其象征意义大于现实意义，最终并未合并成一个独立的主权国家。

生不仅是该国历史上的新起点、泛非主义运动史上的一件大事，同时还打破了欧洲人为非洲划分的"国家边界"。[①] 坦噶尼喀与桑给巴尔作为历史上两个从未统一，独立时具有不同政治经济体制、民族构成、宗教状况和对外关系的国家，能够自愿地、和平地合而为一成立联合共和国，实属当代非洲乃至世界政治史上罕有的现象。学术界关于坦桑联合的探讨从未停止，然而，即便是坦桑尼亚最高学府达累斯萨拉姆大学政治系主任巴卡里也不得不承认，"尽管现存大量关于坦桑联合方面的文献及论文，但在探寻其联合主次原因时，仍引发诸多争议与混乱"。[②]

目前，学术界对坦桑联合问题的探讨，主要存在两种观点。第一种观点被广泛认可，笔者称其为"冷战政治决定论"，其主张坦桑联合是冷战背景下的产物。[③] 另一种观点笔者称其为"泛非主义决定论"，由非洲学界及坦桑尼亚官方所宣扬。该观点认为，坦桑联合是坦噶尼喀总统朱利叶斯·K. 尼雷尔（Julius K. Nyerere）为实现泛非主义理想做出的一次尝试，同时对"冷战政治决定论"进行了批判。[④]

本文认为，上述两种观点看似是一场关于坦桑联合"外因"与"内因"的争论，但实则都偏于宏观背景，存在两个问题。第一，两种观点都忽略了坦噶尼喀与桑给巴尔关键历史人物在坦桑联合中所发挥的重要作用；第二，两种观点都未能从 20 世纪 60 年代非洲政治思潮的角度出发，分析为何只有坦桑尼亚一个国家成功地实现了联合。因此，本文主

[①]　John Jingu，"The Union of Tanganyika and Zanzibar：In Search of a Viable Structure"，*African Review*，Vol. 41，No. 1，2014，p. 101.

[②]　Mohammed Bakari，Alexander A. Makulilo，"Between Confusion and Clarity：Rethinking the Union of Tanganyika and Zanzibar after 50 Years"，*African Review*，Vol. 41，No. 1，2014，p. 2.

[③]　实际上，此说法在坦桑尼亚 1964 年联合之初就已产生，威廉·托多夫（William Tordoff）将坦桑联合视为尼雷尔保障坦噶尼喀安全的结果。阿姆里特·威尔逊（Amrit Wilson）则直言坦桑联合由英美联合策划，其为阻止共产主义在东非蔓延的手段。后世学者基本延续这一思路进行分析。参见 William Tordoff，"Politics in Tanzania"，*The World Today*，Vol. 21，No. 8，1965，pp. 351-360；Amrit Wilson，"Revolution and the 'Foreign Hand' in Tanzania"，*Economic and Political Weekly*，Vol. 24，No. 19，1989，pp. 1031-1033。

[④]　坦桑尼亚学术界建制派学者的著作可参见 G. Mwakikagile，*The Union of Tanganyika and Zanzibar: Product of the Cold War?* Pretoria：New Africa Press，2016。西方学界部分学者也对此表示认同，可参见 Ethan Sanders，"Conceiving the Tanganyika-Zanzibar Union in the Midst of the Cold War：Internal and International Factors"，*African Review*，Vol. 41，No. 1，2014，pp. 35-70。

要基于来自坦桑尼亚、美国、英国等国的一手材料，在梳理坦噶尼喀与桑给巴尔各自政治局势发展变化的基础上，力图分析坦噶尼喀与桑给巴尔联合的根本动机，以探究 20 世纪 60 年代坦桑联合的根本原因。

一　学术界两种观点产生的逻辑及问题

对于坦桑联合问题研究的第一种观点"冷战政治决定论"是目前国内外史学界最为常见的说法。该说法的核心逻辑是：坦桑尼亚的联合源于外部冷战大国的干涉，坦桑双方出于安全考虑被迫联合。

该说法又分为两种派别，一派以西方学界为代表，该派认为，坦桑联合的最重要原因在于 1964 年桑给巴尔革命后，坦噶尼喀对桑给巴尔日益增强的社会主义势力感到担忧，认为桑给巴尔将对坦噶尼喀乃至东非构成安全威胁，于是采用联合的方式阻止桑给巴尔进一步发展为真正的社会主义国家。西方世界希望将坦桑联合塑造成冷战政治阶段性的胜利。桑给巴尔在独立前便与社会主义阵营国家接触密切，西方国家将发生革命后的桑给巴尔视为非洲的"古巴"[1] 而迟迟不承认。另外，英国驻桑给巴尔最后一任大使 T. L. 克罗斯特威特（T. L. Crosthwait）在其告别信中认为，"英国迟迟不承认共产主义的影响，导致共产主义影响力的迅速巩固。（坦噶尼喀的）尼雷尔总统促成了桑给巴尔和坦噶尼喀的联合，以破坏桑给巴尔占统治地位的共产主义力量"。[2] 时任美国驻桑给巴尔的领事长弗兰克·C. 卡卢奇（Frank C. Carlucci）在 20 多年后仍然坚信，"坦桑联合计划是由美国驻坦噶尼喀大使威廉·伦哈特（William Leonhart）一手策划的，其目的是使坦噶尼喀摆脱桑给巴尔共产主义的影响"。[3]

---

① 1964 年 1 月 14 日桑给巴尔革命之后，《纽约时报》引用被桑给巴尔革命政府驱逐的记者罗伯特·康利（Robert Conley）的话，"非洲民族主义者并未参与桑给巴尔革命，这可能会让桑给巴尔成为非洲的古巴"。参见 "Havana Radio Monitor Files 1961 - 1968", MS Miami, Series I, Associated Press Corporate Archives, AP17. 2, Box 12, Folder 28, 1964. 1. 14 - 1. 1.

② "Correspondence Respecting Commonwealth Relations", Volume XV, January-December, 1964, Confidential Print Africa, DO - 201 - 15, p. 546.

③ 卡卢奇曾多次参与美国 20 世纪 60 年代在非洲的政治行动。"Ambassador Frank Charles Carlucci", Ⅲ, The Association for Diplomatic Studies and Training, Foreign Affairs Oral History Project, 1997. 4. 1, p. 29.

　　另一派观点恰恰相反，他们将坦桑联合最为重要的原因归于坦桑双方担心西方国家对桑给巴尔进行经济封锁，为阻止西方的干涉，采取联合的方式抵御这种威胁。[①] 在坦桑尼亚国内出版的一套丛书中，坦桑联合同样被描述为确实由外部威胁推动形成，只不过该说法的原因替换成，如果不联合，桑给巴尔总统阿贝德·A. 卡鲁姆（Abeid A. Karume）及桑给巴尔革命委员会则"无法在反革命的危险中幸存下来"。[②]

　　"冷战政治决定论"过于强调国际政治下美苏对抗的冷战因素，将坦噶尼喀与桑给巴尔视为冷战政治在非洲一隅的又一体现。然而，根据档案记载，尼雷尔不止一次提出，桑给巴尔社会主义阵营的阿卜杜拉·巴布（Abdullah Babu）对坦噶尼喀没有威胁。在尼雷尔对巴布的解读中，他认为"巴布首先是非洲人"。[③] 在尼雷尔看来，桑给巴尔作为新政府理应拥有武器，虽然武器是苏联所给予的，但是"我们非洲所有的人都在接近不结盟，有些人来自对（冷战）一方的承诺，有些人则来自另一方"。[④] 由此推之，尼雷尔并不需要单纯针对桑给巴尔的巴布而采取国家联合这样较为激进的方式。冷战并非坦桑联合的根本原因。

　　学界存在的第二种观点称为"泛非主义决定论"。其理论基础在于坦噶尼喀与桑给巴尔之间存在广泛的历史联系，包括"桑给巴尔和坦噶尼喀的大部分地区曾经受桑给巴尔素丹政府管辖"。[⑤]

　　关于这一说法，公开资料最早可追溯至尼雷尔在 1964 年 4 月 25 日国

---

① 较为典型的分析有裴善勤编著《坦桑尼亚》，社会科学文献出版社，2008，第 146~147 页。此外，仍有部分学者尝试通过引用伊恩·斯佩莱（Ian Speller）的论文试图证明这一论点，但斯佩莱的论文明确表示，"坦桑联合的确切原因尚不清楚"。斯佩莱的主要论点是英美在这一时期对非洲施加军事影响的困难，绝非表示英国准备干涉。可参见 Ian Speller, "An African Cuba? Britain and the Zanzibar Revolution, 1964", *The Journal of Imperial and Commonwealth History*, Vol. 35, No. 2, 2007, p. 303。

② M. Maalim, "The Union between Tanganyika and Zanzibar and the Right of Secession under International Law," in Chris M. Peter, Haroub Othman, eds, *Zanzibar and the Union Question*, No. 4, Zanzibar: Zanzibar Legal Services Centre Publication Series, 2006, p. 127.

③ "Ambassador Leonhart's Cable Regarding the Status of Picard and Other Americans Who Were Arrested in Zanzibar", Department of State, U. S. Declassified Documents Online, Gale Group, Inc., CK2349143221, 1964. 1. 17.

④ "Summary of U. S. Ambassador William Leonhart's Discussion with Tanganyikan President Julius Nyerere Regarding a Possible Communist Takeover in Zanzibar", Department of State, U. S. Declassified Documents Online, Gale Group, Inc., CK-2349162141, 1964. 3. 28.

⑤ 〔坦桑尼亚〕朱利叶斯·尼雷尔：《尼雷尔文选》（第一卷），韩玉平译，沐涛校译，华东师范大学出版社，2015，第 215 页。

民议会上对坦桑联合原因的阐述。他认为，"坦噶尼喀和桑给巴尔在地理上和历史上都是睦邻友好国家……坦噶尼喀与桑给巴尔政府决定两国联合，是基于非洲和非洲统一组织的利益。这样做是考虑整体的利益，并没有其他的原因"。[①] 这种说法也成为坦桑尼亚官方至今为止的说辞。在坦桑尼亚学界，长期以来将其视为解释坦桑之间联合的基础。[②]

"泛非主义决定论"的问题在于，它未能解释坦桑尼亚于非洲独立运动大背景下的特殊之处。换句话说，它未能解释非洲迄今为止只有坦桑尼亚为政治联合的国家。

从 20 世纪五六十年代非洲整体的政治想象角度来看，在当时通过跨越殖民地划分的界线建立联邦制的想法并不罕见。库伯曾断言，非洲各国独立运动领导人在摆脱殖民帝国走向独立的问题上，并非所有寻求独立的领袖都考虑建立民族国家。[③] 在泛非主义思潮的影响下，各地区基本上认同一种观点，即尽管领土民族国家体现了摆脱殖民主义走向独立的愿望，但它们也可能造成政治冲突。这种问题的出现，既是因为1945 年在曼彻斯特举行的泛非大会未能对各殖民地的非洲政治家选择独立的方式或未来政治道路进行统一，也因为如果依照殖民者划分的边界进行独立，可能会在非洲独立之后产生政治经济上的"巴尔干化"[④]问题。

所以，如果按照"泛非主义决定论"的逻辑，坦桑联合理应延续东非联邦（East African Federation）的道路，即坦桑联合是东非联邦建设的一部分。[⑤] 然而，这里有一个重要的却被学界忽略的事实，即在坦桑联合

① 〔坦桑尼亚〕朱利叶斯·尼雷尔：《尼雷尔文选》（第一卷），韩玉平译，沐涛校译，华东师范大学出版社，2015，第 216~217 页。

② Richard Mbunda, "The Union and the Zanzibar Statehood Question", *African Review*, Vol. 41, No. 1, 2014, pp. 140-141.

③ 参见 Frederick Cooper, *African in World: Capitalism, Empire, Nation-State*, Cambridge：Harvard University Press，2014, pp. 60-65。

④ 其中最具代表性的例子是法属西非的独立史。法国 1958 年推动"法兰西联邦"取代"法兰西共同体"，使法属西非作为一个政治单位消失，造成法属西非出现类似问题。参见〔肯尼亚〕马兹鲁伊主编《非洲通史（第八卷）：1935 年以后的非洲》，中国对外翻译出版有限公司，2013，第 147~148 页。

⑤ 东非联邦设想最早诞生于 1958 年成立的东非和中非泛非自由运动，其主要目的是将各个殖民地从殖民统治中解放出来，并将地方民族主义视为新兴独立国家的一种严重威胁。尼雷尔是东非联邦的倡导者，但自 1960 年东非联邦正式被提上议程后，这一构想饱受非洲政治界争议，三国的政治领导人也一直无法就东非联邦问题达成共识。

发生半个月前，东非联邦的设想就已经宣告破灭，造成东非联邦破灭的
正是尼雷尔本人。

1964 年 4 月 10 日，肯尼亚、坦桑尼亚、乌干达三方关于东非联邦的
会谈实际上是三国组建东非联邦最后的机会，但这次会议却在尼雷尔的
影响下未能达成协定。肯雅塔曾在 4 月 7 日的内阁会议中表示，"肯尼亚
将提出四国联邦作为第一和最佳选择……如果卡鲁姆未能出席，且未达
成协议，会继续提出三国联邦，为桑给巴尔留有余地……如果三国联邦
未能成立，肯尼亚会提议立即组建肯尼亚—坦噶尼喀联邦"。① 实际上，
从这段话中可以看出肯雅塔的决心。但在此次会议上，坦噶尼喀方面以
威胁退出东非共同市场为由，提出对肯尼亚与乌干达的进口商品设置贸
易壁垒，以保护本国的经济贸易。② 乌干达领袖米尔顿·奥博特（Milton
Obote）认为，"坦噶尼喀似乎认为它可以对肯尼亚和乌干达的商品征收
关税，拥有自己的货币，并冻结两国之间的贸易，同时仍然保持在东非
市场上的一切经济活动，这对乌干达而言绝无可能"。③ 所以，尼雷尔虽
然自称无意退出东非共同市场，但坦噶尼喀贸易壁垒的设立事实上导致
东非联邦经济基础的终结。

如果说，坦桑联合是追寻东非联邦的道路以延续泛非主义思想，那
么，这种逻辑与尼雷尔意图终结东非联邦的事实产生了矛盾。换言之，
尼雷尔从一开始就并没有按照原先构建东非联邦的设想对坦桑进行
联合。

早在 1964 年 2 月 2 日，美国就桑给巴尔革命后的局势向坦噶尼喀大
使提出"十二道问题"，并就这些问题与尼雷尔协商，其中最后一个问题
便是了解"尼雷尔对桑给巴尔与坦噶尼喀之间实行联邦制的看法"。④ 随
后，尼雷尔在与伦哈特的会谈中矢口否认坦桑联合的可能性，并指出
"坦噶尼喀与桑给巴尔政府在政治上关系密切，但双方不存在任何联合的

---

① "Kenya Will Propose a Four-Nation Federation as First Choice", Johnson Library, NSF,
Countries, Kenya, Vol. 1, Department of State, U. S. Declassified Documents Online, Gale
Group, Inc., CK2349360558, 1964. 4. 7.

② "East African Leaders' Talks Open", *Times*, 1964. 4. 11, p. 7.

③ "Differences in East Africa", *Times*, 1964. 4. 13, p. 11.

④ "U. S. Government Expresses Concern about the Deterioration of the Political Situation in Zanzi-
bar, Department of State", U. S. Declassified Documents Online, Gale Group, Inc., CK234
9151397, 1964. 2. 2.

可能性，桑方加入东非联邦的可能性微乎其微"。①

所以，对于 20 世纪五六十年代的非洲而言，以泛非主义的形式，联合各个独立国家是一种常见的政治讨论。然而，东非联邦未能形成的原因，部分可以归于非洲民族主义的兴盛，这股力量不仅反对殖民统治，同时也形成了一种基于新独立国家的身份认同。②

那么，坦桑联合的真实原因究竟是什么？为什么尼雷尔对坦桑联合的想法从 1964 年的 2 月到 4 月产生了巨大的转变？为什么说坦桑联合具有特殊性呢？

二　坦桑双方政治领导人动机

既然 1964 年坦桑联合既非冷战政治因素所决定，也并非泛非主义的结果。鉴于坦桑联合事件是一次小范围的秘密政治行动，当时积极参与其中的冷战大国甚至不知情。那么，这种动机必然从坦桑联合的关键性人物，即坦噶尼喀的尼雷尔与桑给巴尔的卡鲁姆之间探寻。

由于在坦桑联合过程中，主动推动的一方是坦噶尼喀，我们首先要从坦噶尼喀的历史中找出尼雷尔的真实动机。

对于尼雷尔而言，促使其推动坦桑联合的直接原因是坦噶尼喀兵变后产生的泛非主义领导权的问题，其本质是坦噶尼喀"非洲化"问题的延续。

虽然坦噶尼喀的独立相对其他东非国家而言较为顺利，然而，坦噶尼喀独立过程中最大的问题并非与欧洲殖民者的斗争，反而是坦噶尼喀自身的"非洲化"问题。"非洲化"问题的雏形最早从 1956 年尼雷尔在联合国发表的声明便可看出，声明认为，需要"给非洲人和非非洲人官员同样的平等代表权。这不是一个民主制度，但是我们要求把这当作把国家建设为民主国家的一个标志"。③ 在尼雷尔心目中，英国殖民统

① "Cable Regarding U. S. Ambassador William Leonhart's Meeting with Tanganyikan President Julius Nyerere Regarding the Political Situation in Zanzibar", Department of State, U. S. Declassified Documents Online, Gale Group, Inc., CK2349162133, Feb. 3, 1964.

② 参见 Frederick Cooper, *African in World: Capitalism, Empire, Nation-State*, Cambridge: Harvard University Press, 2014, pp. 66-89。

③ 〔坦桑尼亚〕朱利叶斯·尼雷尔：《尼雷尔文选》（第一卷），韩玉平译，沐涛校译，华东师范大学出版社，2015，第 18 页。

治之后坦噶尼喀非洲人与非非洲人之间实现平等，是其独立前的政治奋斗目标。

　　然而，坦噶尼喀非洲化问题在 1958 年之后逐渐恶化。1958 年尼雷尔所代表的坦噶尼喀非洲民族联盟（Tanganyika Africa National Union，简称"坦盟"）赢得大选之后，坦噶尼喀的政治斗争转为坦噶尼喀内部的非洲民族主义党派斗争。坦噶尼喀的非洲国民大会（African National Congress）① 主张驱逐欧洲人与亚洲人，提出建立"非洲人的非洲"（Africa for Africans）。② 这样的主张直指尼雷尔坚持坦噶尼喀内部平等问题。在尼雷尔的思想当中，坦噶尼喀的人权平等并非如殖民政府在议会当中所采用的议会代表制，即平等是建立在"开化"的基础上的理念，采用三族分立的方法。③ 坦盟在赢得 1958 年选举后，以打破"财富和受教育程度被当作衡量人权或公民权的标准"④ 为由，彻底改变英国殖民政府所提出的"种族均势"选举理念。所以，归根结底，尼雷尔希望构建的是一个不以"种族"，以"国民"身份为划分基础的坦噶尼喀。"非洲化"的核心矛盾是如何去定义"非洲人"或"坦噶尼喀人"。

　　1960 年 9 月，尼雷尔讲话时强调："我们抵制了作为独立手段的暴力和违法行为的诱惑。坦噶尼喀人民成为狂热的民族主义者，但没有成为种族主义者。"⑤ 此时，尼雷尔认为"非洲民族主义"与"种族主义"是完全不同的两个层面，民族主义的热情需要建立在法律与理性之上。但在坦噶非国大看来，这种"理性"则建立在政治上与非非洲人分享的基础上。坦噶非国大对坦盟对"非洲民族主义"诠释的批判主要以其组建的责任政府"为均衡权力而将政策倾向于非非洲人"，致使"欧洲人和亚洲人各有 11 个席位，而其余 50 个席位需要选举产生"⑥ 和"建立的新政

---

① 为了与南非著名的非洲国民大会进行区别，简称为"坦噶非国大"。

② Paul Bjerk, "Julius Nyerere and the Establishment of Sovereignty in Tanganyika", Doctor of Philosophy, University of Wisconsin-Madison, 2008, p. 33.

③ 在议会中，殖民政府希望非洲人、亚洲人、欧洲人的席位比例为 1∶1∶1。然而，据估算，1961 年坦噶尼喀大陆非洲人共有 1045 万人，亚洲人有 10.24 万人，欧洲人有 2.23 万人。参见 *Tanganyika Statistical Abstract 1962*, Dar es Salaam: Government Print, 1962, p. 11.

④ 〔坦桑尼亚〕朱利叶斯·尼雷尔：《尼雷尔文选》（第一卷），韩玉平译，沐涛校译，华东师范大学出版社，2015，第 47 页。

⑤ 转引自 Sophia Mustafa, *The Tanganyika Way*, Dar es Salaam: East African Literature Bureau, 1961, p. 128, 这段话在尼雷尔的文选中被删去。

⑥ "Responsible Government for Tanganyika Next Year", *Tanganyika Standard*, Dec. 16, 1959, p. 1.

府不会只为非洲人服务"① 为切入点进行反驳。坦噶非国大将坦盟塑造为
一个"不为非洲人服务却可以为其他种族服务"的党派，其宣扬的观点
很快让坦盟内部出现不同声音。坦噶尼喀的政治斗争，也让尼雷尔在独立
前的 1961 年制宪会议开幕式上不禁感叹，"假设坦噶尼喀早日完全独立的
目标没有遇到问题，那是自欺欺人……我希望成立一个政府，而过去一段
时间的分歧则是民族主义运动与公务员政府之间的矛盾"。② 双方矛盾集中
体现在独立后坦噶尼喀公民的权利划分准则上。尼雷尔对此解释说："如果
在坦噶尼喀我们把公民权和对祖国的忠诚割裂开来，而与肤色结合在一起，
我们不会就此罢手；我们将会继续打破原则，我也听说在这里有人已经这
么做了。我已经听到过好多次，我也注意到'土生土长的非洲人'这一词
语。也就是说，这些人已经开始区分不同的非洲人了。"③

　　由此观之，尼雷尔在独立后一直致力于维护种族平等的理念，但这
种理想使他为自己的选择付出了危险的代价。这种代价最明显的体现是
坦噶尼喀发生于 1964 年 1 月的兵变。兵变的直接原因是士兵对自己的薪
水和政府非洲化政策的不满。尼雷尔在兵变前曾表示，"不论是出于原则
问题的考虑还是出于现实问题的考虑，对坦噶尼喀公民的歧视传统必须
根除"。④ 这实际上预示着坦噶尼喀将修正非洲化政策自实施以来的各项
问题，意图再度放缓非洲化的步伐。

　　正是因为坦噶尼喀兵变，尼雷尔开始反思其政治思想，从原先希望
构建一个"规模越大越好的政治实体"⑤ ——东非联邦，转向对国内激进
非洲民族主义者的妥协。这种妥协体现为党内的激进非洲民族主义者地
位得到了提升。在整个兵变事件中，奥斯卡·坎博纳（Oscar Kambona）
等通常被认为是激进的非洲民族主义者，让坦噶尼喀避免走向像刚果一
样分裂的道路。此后，坎博纳等人的政治地位迅速提升，坎博纳本人甚
至一跃成为坦噶尼喀的第二号政治人物，在坦盟内部拥有仅次于尼雷尔

---

① " 'We Don't Intent to Risk Good Rule' —Kawawa", *Tanganyika Standard*, July 10, 1961,
　　p. 3.

② *Report of the Tanganyika Constitutional Conference*, London：Her Majesty's Stationery Office,
　　1961, p. 12.

③ 〔坦桑尼亚〕朱利叶斯·尼雷尔：《尼雷尔文选》（第一卷），韩玉平译，沐涛校译，华
　　东师范大学出版社，2015，第 87~88 页。

④ 〔坦桑尼亚〕朱利叶斯·尼雷尔：《尼雷尔文选》（第一卷），韩玉平译，沐涛校译，华
　　东师范大学出版社，2015，第 190 页。

⑤ "Mr. Nyerere's Plan for Federation", *Times*, Nov. 9, 1960, p. 7.

的话语权。这些激进的非洲民族主义者也将希望构建一个坦噶尼喀与桑给巴尔联合政府提上日程。[①]

对于卡鲁姆而言，桑给巴尔革命后的领导权归属问题是其推动坦桑联合的根本原因。在联合问题上，桑给巴尔方面支持联合的人寥寥无几，甚至连卡鲁姆自己都再三犹豫。真正让卡鲁姆下定决心选择联合的主要原因，是卡鲁姆与巴布之间存在的政治矛盾。[②] 卡鲁姆在坦桑联合之后，立即采取措施肃清党内政敌，维持自身在桑给巴尔的统治，其主要目标便是驱逐巴布与前乌玛党[③]的势力，将绝大多数前乌玛党成员送往坦桑尼亚大陆。

正是由于尼雷尔与卡鲁姆在对待联合一事上态度的不同，尼雷尔意图向坦噶尼喀的非洲化问题妥协，打造一个泛非主义典型案例，卡鲁姆则是出于其内部政治斗争目的，这使得双方从一开始在对待坦桑联合问题上的态度有着很大差异，这种认知差异的历史积累也是造成当下坦桑尼亚内政问题的政治根源。

三 坦桑联合的历史逻辑

事实上，坦桑联合自一开始并未就国家建设的核心问题达成共识。正如梅森所指出，坦桑的联合"大概率是一次历史偶然事件"。[④] 这种偶然性的联合导致了坦桑尼亚初期面临财政、军事、外交等多方面的混乱。桑给巴尔前总统琼布认为，1964 年的《联合章程》最初只是暂时性的安排，然而这一临时性安排也最终成为宪法的一部分。[⑤]

---

① 坎博纳在坦噶尼喀政府内部坚称，桑给巴尔是坦噶尼喀的一部分，这让尼雷尔也开始认同这一观点。参见 "Zanzibar: The Hundred Days' Revolution", Central Intelligence Agency, esau-28, p. 121.

② 时任中国驻桑给巴尔副馆长的金伯雄在回忆录中也谈道："卡鲁姆为了巩固自己的领导地位，加上通过坦噶尼喀大陆可以保障其国家安全，于是在瞒着巴布的前提下与尼雷尔商讨联合的事情，并迅速通过。"参见金伯雄《我的非洲岁月》，上海辞书出版社，2009，第 59 页。

③ 1964 年 3 月 8 日，桑给巴尔宣布确立一党制，乌玛党党员并入非洲设拉子党。

④ H. Mason, "Asymmetrical States Worldwide", in T. L. Maliyamkono and H. Mason, eds., *A 100 Academics Search for Katiba Bora Tanzania*, Dar es Salaam: TEMA Publishers Company Ltd., 2014, p. 36.

⑤ Jumbe, *The Partner-Ship: Tanganyika-Zanzibar Union: 30 Turbulent Years*, Beltsville: Amana, 1994, p. 31.

即使在如此复杂的历史背景下，坦桑尼亚仍能够继续存在，因此更值得我们深入探究的是，坦桑联合取得成功的历史逻辑。笔者认为，坦桑联合得以成功的历史逻辑可归结于以下三点。

第一，从历史背景而言，坦桑联合是非洲民族主义与泛非主义思想共同推动的结果，其中，非洲民族主义占据更为重要的位置。坦桑联合的历史契机来自桑给巴尔革命，然而，该革命在很大程度上是一次非洲民族主义引导下的革命。① 所以，坦桑联合的核心思路是延续非洲民族主义，认为桑给巴尔属于非洲国家。这是非洲其他意图政治联合地区所不具备的历史原因。在非洲民族主义思想上，主要牵头者是坦噶尼喀的坎博纳。坦盟与桑给巴尔时任执政党的非洲设拉子党（Afro-Shirazi Party）在历史上有着深远的联系。桑给巴尔革命前，非洲设拉子党的资金援助与武器支援主要源于坎博纳的支持，② 坎博纳通过阿尔及利亚与英国伦敦方面为非洲设拉子党成员筹备武器。③ 双方的非洲民族主义联系为彼此合作提供了坚实的历史基础。

第二，从现实政治而言，坦桑联合符合当时尼雷尔与卡鲁姆等人的政治诉求。坦桑联合的契机是桑给巴尔革命后的政治局势。桑给巴尔革命后，虽然非洲设拉子党的执政理念与激进的非洲民族主义者无异，④ 然而，革命中以巴布为主的另一派别逐渐接手革命后桑给巴尔的外交政策，

① 桑给巴尔独立前的政治斗争是桑给巴尔民族主义与非洲民族主义之间的斗争，在一些文献中被解读为"阿拉伯人"与"非洲人"的斗争。这里需要注意的是，桑给巴尔的"阿拉伯"与"非洲"并不单纯指种族属性，更多表达的是政治属性上的倾向。关于对桑给巴尔革命与斯瓦希里文化的分析，可参见高天宜《坦桑尼亚设拉子人身份认同转变及其影响探析》，《历史教学问题》2022 年第 6 期，第 105~114 页。

② 对于尼雷尔是否知道桑给巴尔一事有不同的看法。笔者认为，尼雷尔对桑给巴尔革命一事并不知情，因为桑给巴尔革命之后，肯尼亚和乌干达第一时间承认了桑给巴尔，尼雷尔虽然倾向于非洲政府，但他认为，"政府是被暴力推翻的，这一点不能成为一个有效解决问题的方式"，于是没有第一时间承认桑给巴尔新政权。参见 "Ambassador Leonhart Reports on His Conversation with Nyerere"，CK-2349143211，Gale Group，Inc.，Jan. 13，1964。

③ "A Current Appraisal of the Zanzibar Situation"，Central Intelligence Agency，DOC-0000126868，Feb. 1，1964，p. 2.

④ 巴布认为，非洲设拉子党的政治死结在于"他们的民族主义是种族主义而非政治上的主义"。参见 A. M. Babu，"The 1964 Revolution：Lumpen or Vanguard?" in Abdul Sheriff，Ferguson，ed.，*Zanzibar Under Colonial Rule Eastern African Studies*，London：Ohio University Press，1991，p. 234。

桑给巴尔开始加强与社会主义国家的联系，[①] 在内部几乎架空卡鲁姆的权力。[②] 桑给巴尔党内政治斗争激烈，1964 年 1 月 30 日，曾被桑给巴尔联合政府任命于农业部的苏莱曼·哈提卜（Suleiman Khatib）在向内罗毕和坎帕拉的穆斯林社区通报桑给巴尔发生的事件时谈道："巴布已完全将权力掌握在手中……非洲设拉子党内对巴布的领导持强烈的反对意见。"[③] 对于卡鲁姆而言，趁巴布在外进行国事访问，仓促联合，其主要目的是通过党内斗争将巴布及其党羽排挤出桑给巴尔。对于尼雷尔而言，他所需要的是迅速建立一个得以掌控的联邦来稳固自己的政治地位。在东非联邦问题上，尼雷尔无法等待东非联邦漫无止境的商议，"如果一直等下去，等到各国间的问题都解决了，各国的内政问题也解决了，那任何联邦或任何形式的统一组织就再也成立不起来了"。[④] 在这一时期，尼雷尔认为自己泛非主义领导者的地位受到恩克鲁玛[⑤]与桑给巴尔方面的威胁。对于亟须确立泛非主义领导地位的尼雷尔而言，与桑给巴尔的联合提供了这一解决方案。桑给巴尔成为尼雷尔巩固坦噶尼喀在非洲解放运动当中的领导权以及泛非主义运动话语权[⑥]的一把钥匙。坦桑尼亚学界知名学

① 即使美国前国防部部长卡卢奇也不得不承认，纵然非洲很多国家在进行社会主义道路的建设，但"桑给巴尔的社会主义道路更为明确且有决心"。参见 "Ambassador Frank Charles Carlucci"，Ⅲ，The Association for Diplomatic Studies and Training，Foreign Affairs Oral History Project，Apr. 1，1997，p. 29。

② 赛义夫·谢丽夫·哈马德（Seif Sharif Hamad）曾谈到巴布在 1964 年 2 月私下谈论，"到明年此时，我将成为桑给巴尔总统"。可参见 G. Thomas Burgess，*Race, Revolution and the Struggle for Human Rights in Zanzibar: The Memoirs of Ali Sultan Issa and Seif Sharif Hamad*，Athens：Ohio University Press，2009，p. 193。

③ "Suleiman Khatib, a Civil Servant Formerly Employed as a Field Instructor in the Zanzibar Ministry of Agriculture"，Department of State，Declassified Documents Online，CK - 2349143234，Jan. 30，1964.

④ 〔坦桑尼亚〕朱利叶斯·尼雷尔：《尼雷尔文选》（第一卷），韩玉平译，沐涛校译，华东师范大学出版社，2015，第 219 页。

⑤ 加纳阿克拉电台在 1964 年 1 月 29 日提到坦噶尼喀兵变时谈道："英国殖民主义军队在非洲枪杀非洲人的场面本应被遗忘，但却成为获得独立的坦噶尼喀为恢复军纪而不得不重提的事件。"参见 "Times Scores Call on British Troops"，Foreign Broadcast Information Service，FBIS-FRB-64-021，Jan. 29，1964。

⑥ 坦噶尼喀是英国在中东非地区第一个宣布独立的国家，同时也是南部非洲解放运动的核心地区，在尼雷尔看来，这代表了坦噶尼喀有领导非洲国家走向独立的资质。在 1963 年 5 月 25 日亚的斯亚贝巴的讲话中，尼雷尔强调，"此次会议指导我们决心消除大陆上剩余的殖民主义残余，并决心看到一个以统一声音说话的非洲"。参见 "Text on Nyerere Speech at Summit Parley"，Foreign Broadcast Information Service，FBIS-FRB-63-104，May 25，1963。

者希维吉也认同这一观点：坦桑联合是基于政治实用主义，而不仅仅是泛非主义的愿景。① 尼雷尔便将展现泛非主义领导权的希望寄托在与桑给巴尔联合上。

第三，从实践角度而言，坦桑联合得以维持在于坦方的政治智慧。首先，两国在联合之初对联合的认识具有明显差异。对于包括尼雷尔在内的坦桑尼亚大陆官员看来，桑给巴尔只是享受一种区域性自治。对于卡鲁姆而言，坦桑联合仅仅是其确立桑给巴尔领导权的一种方式。卡鲁姆曾言，"联合是一件外衣，天气冷的时候我就穿上；否则我就脱下它"。② 其次，联合政府初期的组织结构混乱。在《联合章程》之下，坦桑尼亚由坦桑尼亚政府和桑给巴尔政府组成，没有对应的坦噶尼喀政府。希维吉推断，最初的目的是建立三个政府的联邦结构，而不是现如今的两政府模式。③ 从卡鲁姆对待联合问题的认知来看，可以推断出尼雷尔有意模糊联合的概念，使其更符合卡鲁姆的设想，从而维持联合状态。卡鲁姆时代的桑给巴尔与坦桑尼亚大陆之间呈现一个特点：只要卡鲁姆不公开反对坦桑联合一事，尼雷尔默许卡鲁姆在桑给巴尔有着绝对的行政权。这也造就了在卡鲁姆时代，坦桑尼亚作为一个一党制国家，却拥有两个相对独立的政党——坦桑尼亚大陆的坦盟与桑给巴尔的非洲设拉子党。最后，在后卡鲁姆时代，坦方愿意分享权力以维持联合稳定。随着1972 年卡鲁姆遇刺，尼雷尔通过与卡鲁姆继任者琼布的合作，将大陆执政党坦盟与桑给巴尔执政党非洲设拉子党合二为一成立坦桑尼亚革命党（Chama Cha Mapinduzi）。坦桑尼亚学者波西谈道："尼雷尔秘密运用法律手段拓展坦桑尼亚政府在联合事务中的权能，从而实现两国政府之间的紧密融合。"④ 另外，1992 年坦桑尼亚选举改革确保总统候选人及其副手不得来自同一地区，从事实上确保了桑给巴尔的政治权力。⑤

---

① 参见 Issa G. Shivji, *Pan-Africanism or Pragmatism? Lessons of the Tanganyika-Zanzibar Union*, Dar es Salaam：Mkuki na Nyota Publishers，2008。

② G. Thomas Burgess, *Race, Revolution and the Struggle for Human Rights in Zanzibar: The Memoirs of Ali Sultan Issa and Seif Sharif Hamad*, Athens：Ohio University Press，2009，p.211.

③ Issa G. Shivji, *The Legal Foundations of the Union in Tanzania's and Zanzibar's Constitution*, Dar es Salaam：Dar es Salaam University Press，1990，pp.27-28.

④ Japhace Poncian, "Fifty Years of the Union：The Relevance of Religion in the Union and Zanzibar Statehood Debate", *African Review*, Vol.41, No.1, 2014, p.167.

⑤ 坦桑尼亚前总统马古富力 2021 年因病去世，其副总统桑给巴尔人萨米亚·哈桑继任为总统，成为坦桑尼亚历史上第一位女性总统。

由此可以推断，1964 年坦桑联合的主导力量源自坦噶尼喀方，而桑给巴尔方面则呈顺应态势。坦桑联合经历了一次隐秘的政治策略，双方领袖的共同意愿成为该策略实施的主要动因。其中既有基于双方现实政治因素做出决策的因素，同时也显现出联合举措在非洲民族主义与泛非主义思潮中的高度融合。坦桑尼亚的政治智慧成为维系坦桑联合的重要保障。

结　语

作为现如今非洲唯一实现泛非主义理想的范例，坦桑联合可视为民族主义、意识形态、文化之间相互竞争的一个缩影，对这一主题的探讨对推动非洲政治史研究具有重要价值意义。

实际上，学术界无论是"冷战政治决定论"还是"泛非主义决定论"，都有其一定的正确性，但二者都忽视了历史关键人物在行动前的逻辑串联，同时忽略了 20 世纪五六十年代非洲整体的政治背景。

坦桑联合问题涉及的三个历史遗产同样值得学者深思。

首先，对于坦桑联合问题的研究应当避免陷入"因果决定论"的误区，不能简单地将其归结于单一的原因。相反，应当从多个因素相互作用的角度出发，深入挖掘历史的本质，探究坦桑联合的根本原因。只有这样，才能真正理解和把握非洲政治史中的重要事件，为当今非洲及世界政治的发展提供有价值的历史经验和启示。对坦桑尼亚自身而言，官方材料中关于两个政府结构和桑给巴尔身份的探讨问题事关联合的存亡，是"联合捍卫者与分裂者的对抗"。[①] 这也是目前坦桑尼亚官方意识形态下不可变动的守则。所以，坦桑联合在历史方面确实需要进行批判性的认知，双方的联合并非官方意识形态或是冷战政治因素造成的结果，但正如希维吉所言，坦桑尼亚解体并不会解决目前存在的重要问题，反而会造成新的困难。[②] 只有通过否定之否定的认识，才能从辩证的角度来重新解读坦桑联合的历史以及其存在的问题与争议。

---

① Francis Semwaza, "On the Fate of the Nation: Party Politics, Resources and Tanzania's Democratic Experience", *Journal of Pan African Studies*, Vol. 9, No. 9, 2016, p. 148.

② Issa G. Shivji, *The Legal Foundations of the Union in Tanzania's and Zanzibar's Constitution*, Dar es Salaam: Dar es Salaam University Press, 1990, pp. 1-6.

　　其次，应重视对非洲思想史的批判与分析。自 20 世纪 50 年代非洲国家追求独立以来，在泛非主义与民族主义的双重影响下，非洲国家领导人的政治主权思想中一直包含着双重含义——非洲民族主义下的民族主权与作为政治国家的国家行政主权。国家主权意识的唤醒，本质上是非洲政治思想中的"单一民族"与"泛非团结"转变成互为矛盾的个体。所以，坦桑联合之所以被称为历史的"偶然"①，并非暗指坦噶尼喀与桑给巴尔的政治力量交互影响却无规律可循，实则表明在 20 世纪 60 年代，非洲独立国家组建联邦制国家已不太可能。坦桑联合之所以特殊，既有联合之初桑给巴尔局势的特殊性，也有联合之后尼雷尔对于联合实质问题的政治智慧。

　　最后，非洲政治史研究的主体应有所改变，应展现非洲人在其历史中所表现的能动性与思想变动。这种主体并非单纯以"泛非主义"等术语一言以蔽之，造成对规则塑造的依赖与崇拜，应重视史料在历史中的作用。在国内的非洲历史研究过程中，学者们经常强调一点：要从非洲人的角度去看待非洲问题。国内学界所推崇的观点，并非一种宽泛的概念，也并非将官方资料照本宣科般地引用，这种视角需要以切实的当事人视角为出发点，深入资料当中去探寻，并在学术成果中进行批判性的认知，其是将历史回归到人的一种研究方式。

【责任编辑】王珩

---

① H. Mason, "Asymmetrical States Worldwide", in T. L. Maliyamkono and H. Mason, eds., *A 100 Academics Search for Katiba Bora Tanzania*, Dar es Salaam：Tema Publishers Company Ltd., 2014, p.36.

非洲研究 2023 年第 2 卷（总第 21 卷）
第 52—72 页
SSAP ©, 2023

维和行动塑造国家能力？*

——基于刚果（金）的比较案例分析

程子龙

【内容提要】 公共产品、国家能力和解决冲突之间存在线性的逻辑关系。国家能力是供给公共产品的保障，一国政府稳定、公正地供给公共产品可以显著地降低国内冲突复发的风险。联合国维和行动作为一项重要的国际安全公共产品，其建设和平内容的核心逻辑认为通过对"脆弱国家"的能力建设，可以从根本上解决冲突的根源。那么，国际公共产品可以塑造当事国供给公共产品的国家能力吗？通过对在刚果（金）先后执行的联刚特派团和联刚稳定团的比较分析发现，联合国维和行动可以较好地提供临时性的安全、政治秩序保障，扮演临时公共部门的角色，是一种补充性的公共安全产品，而未能很好地塑造当事国的国家能力。其经验教训在于，应将和平环境作为建设和平的前提条件，积极谋求当事国对于行动的支持，界定好维和行动的限度。联合国维和行动应在捍卫好其核心职能的前提下，积极探索基于当事国本土知识的国家发展模式。

【关键词】 联合国；维和行动；公共产品；国家能力；国内冲突

【作者简介】 程子龙，上海政法学院中国－上海合作组织国际司法交流合作培训基地助理研究员，主要研究方向为国际组织与全球治理（上海，201600）。

---

* 本文系国家社科基金青年项目"联合国国际危机调停模式与中国参与路径研究"（20CGJ009）的阶段性研究成果。

　　从公共产品的角度来看，针对国内冲突的和平路径大致可以分为两种。一种是国内公共产品的路径，认为公共产品被充分和公正地供给是国内和平与安全的根本保证。从这一路径出发，有效地供给公共产品是解决和平与安全问题的主要出发点。另一种是国际公共产品的路径，即通过国际社会供给公共产品来解决和平与安全问题。显然，这一路径在冲突当事国无法提供公共产品时发挥作用。国际公共产品既可以作为当事国临时性的替代安排，也存在转化成国内公共产品或塑造当事国自身供给能力的可能性。

　　基于联合国维和行动①作为国际公共安全产品的角度，维和行动可以作为国际公共产品与国内公共产品的有机结合。理论上，联合国维和行动通过执行冲突管控任务可以在当事国冲突期间发挥临时性的安全部门作用，为当事国提供公共安全产品，这对于当事国的国内公共产品而言是补充性的。而联合国维和行动中的建设和平任务，还能够发挥塑造当事国国家能力的作用，促进当事国形成供给国内公共产品的能力。那么，现实中，联合国维和行动是否有效地发挥了这两方面的作用，特别是塑造了冲突当事国供给公共产品的能力？本文旨在通过对在刚果（金）先后执行的联刚特派团和联刚稳定团的比较辨析来寻求一些启示。

---

①　联合国维和行动（Peacekeeping Operation）又被称为联合国和平行动（Peace Operation），主要包括预防冲突（Conflict Prevention）、维持和平（Peacekeeping）和建设和平（Peacebuilding）三个环节。根据加利《和平纲领》的定义，预防冲突是通过"采取行动，防止两方发生争端，防止现有的争端升级为冲突，并在发生冲突时限制冲突的扩大"。狭义的维和行动指两项最为根本的任务：一是制止或遏制战争行动，为和平解决争端创造条件；二是监督落实已达成的协议。维和行动是针对冲突的结束方面发挥作用，是对已经爆发了的冲突进行限制、控制。建设和平是旨在巩固和平和避免重陷冲突的一系列行动。《卜拉希米报告》给出了更为完整的定义，即"在远离冲突的方面进行活动，重新建立和平的基础以及提供工具，让人们能在那些基础上建设不只是无战争的环境"，并指出，"建设和平包括但不局限于使前战斗人员重返民间经济，加强法治（例如对当地警察的训练和改组以及司法和刑法改革）；通过检测、教育、调查过去和现在的侵犯人权状况加强对人权的尊重；提供促进民主发展的技术援助（包括选举援助和支持自由媒体），以获得解决冲突与和解的技巧"。理论上预防冲突、维持和平和建设和平是贯穿和平进程而分阶段进行的线性任务，但现实中三者之间多有重合，边界模糊，联合国更主张将预防冲突和建设和平贯穿于和平行动的始末，三者间已演变为平行任务。下文中除特别说明，则用联合国维和行动这一广义概念代指所有的维和行动内容。

一　公共产品与国家能力之辨

公共产品、国家能力和解决冲突之间存在线性的逻辑关系。在公共产品理论范畴内，一个国家内部的公共产品供给不足或不公是冲突发生和复发的根本解释变量，维持和平行动是影响冲突国家公共产品供给的重要手段。长期的政治和社会经济产品供给不公或不足会导致国民的"怨恨"，导致统治合法性缺失，从而为反政府武装组织的动员和招募打开"机会窗口"，激发国内冲突。[①] 一国政府稳定、公正地供给公共产品可以显著地降低国内冲突复发的风险。持久和平的维持取决于公共产品的供给水平。[②] 签订和平协议并不会直接化解和平息怨恨，怨恨的平息与化解更直接地取决于公共产品的重新供给安排。

（一）联合国维和行动与国家能力塑造

联合国维和行动因其产生的集体安全效益而具备公共产品的属性，是一项重要的国际公共安全产品。[③] 联合国维和行动的任务范围随着国际

---

①　主流研究认为，国内冲突的起因可以归咎于机会、贪婪和怨恨这三类主要因素，详见 James Fearon and David D. Laitin, "Ethnicity, Insurgency and Civil War", *American Political Science Review*, 2003, 97（1）, pp. 75-90; Paul Collier and Anke Hoeffler, "Greed and Grievance in Civil War", *Oxford Economic Papers*, 2004, 56（4）, pp. 563-595; Lars-Erik Cederman, Nils B. Weidmann and Kristian Skrede Gleditsch, "Horizontal Inequalities and Ethnonationalist Civil War: A Global Comparison", *American Political Science Review*, 2011, 105（3）, pp. 478-495。关于国内冲突研究进展的评论和回顾，详见 Christopher Blattman and Miguel Edward, "Civil War", *Journal of Economic Literature*, 2010, 48（1）, pp. 3-57; Lars-Erik Cederman and Manuel Vogt, "Dynamics and Logics of Civil War", *Journal of Conflict Resolution*, 2017, 61（9）, pp. 1992-2016; 卢凌宇《认真对待"怨恨"：公共物品供给与国内冲突的发生》，《世界经济与政治》2013 年第 11 期，第 119~155 页；唐世平、王凯《族群冲突研究：历程、现状与趋势》，《欧洲研究》2018 年第 1 期，第 135~154 页；陈冲《机会、贪婪、怨恨与国内冲突的再思考——基于时空模型对非洲政治暴力的分析》，《世界经济与政治》2018 年第 8 期，第 94~127 页。

②　卢凌宇：《公共物品供给与国内冲突的复发》，《国际安全研究》2018 年第 4 期，第 33~63 页。

③　关于将维和行动界定为国际公共产品，详见 David B. Bobrow, Mark A. Boyer, "Maintaining System Stability: Contribution to Peacekeeping Operations", *Journal of Conflict Resolution*, 1997, 41（6）, pp. 723-748; David B. Bobrow, Mark A. Boyer, *Defensive* （转下页注）

冲突形势和国际和平与安全威胁的变化而不断演进，已经从核心的维持和平阶段向上延伸至冲突预防阶段，向下延伸至建设和平阶段，形成了一条完整的和平进程链条。联合国维和行动作为国际公共安全产品，随着安全市场需求变化而逐渐升级、演变，内容不断丰富。冷战结束后，联合国维和行动开始由以监督国家间停火为主要职责，转变为内战或国内冲突后以监督和平协议的履行为主要职责，以建设和平为导向。维和行动实现了从以军事为核心向以民事为核心的重心变迁，出现了军民协作的局面。维和行动已经从一种"治标"的冲突管理手段演变为"治本"的治理方案，从单维型维和行动向多维型维和行动、综合型维和行动演变。

联合国维和行动在时机选择上对于冲突国家能力有不同的影响，预防冲突是在政治争端出现之后、暴力冲突发生之前，为防止暴力冲突的发生而进行的努力，其目的是尽早发现社会群体间的"怨恨"情绪，并尽可能地对其疏导。至于维和行动，是针对冲突的结束方面发挥的作用，是对已经爆发了的冲突进行限制、控制。这时的维和行动可以较好地发挥提供临时性的安全、政治秩序保障的作用，扮演临时公共部门的角色，是对国内安全公共产品的一种临时性的替代和补充。而维和结束以后需要建设和平来巩固成果，通过建立公平、公正、包容性的制度来化解和转换"怨恨"的根源，或是因"怨恨"而引发冲突的行为动机，这一阶段是对当事国提供公共产品的国家能力进行塑造的过程。

维和行动中建设和平任务的核心逻辑认为通过对"脆弱国家"进行能力建设，可以从根本上解决冲突。维和行动最终从阻止冲突的"消极和平"手段转向了解决冲突的"积极和平"方式。建设和平的"国家能力"建设逻辑是在20世纪90年代末国际干预手段转型的背景下产生的，这里涉及一个"国家"再回归的过程。

冷战结束后，一批政府技能弱化、社会紊乱、陷入或濒临内战的国家涌现，并且爆发了大量的人道主义危机事件。国际社会开始反思国家

（接上页注③）*Internationalism: Providing Public Goods in an Uncertain World*, Ann Arbor: The University of Michigan Press, 2005, pp. 222–269; Hirofumi Shimizu, "UN Peacekeeping as a Public Good: Analyses of the UN Member States' Peacekeeping Financial Contribution Behavior", Ph. D. diss., Iowa State University, 1999, p. 2; Ann Arbor, "An Economic Analysis of the UN Peacekeeping Assessment System", *Defense and Peace Economics*, 2005, 16 (1), pp. 1–18。

主权与人权的关系。在自由主义主导的背景下，人权开始被赋予高于主权的地位，人道主义干预行为被授予道义性的背书，而国家，尤其是未能履行"保护责任"的国家则被视为人道主义灾难的元凶。这些发生人道灾难的"脆弱国家"并未被视为在能力上处于弱势地位，反而被认为相较于其公民，它们过于强大了。这便导致一方面，在 20 世纪 90 年代出现了一系列通过强制手段干涉国家主权的行为；另一方面，国际社会中的一些援助项目和政策也都附加一定的改革条件，限制和削弱了接受国的经济和公共服务能力。① 这一时期的建设和平任务只是对于冲突后国家的简单"修复"，仅停留在快速的选举和市场化经济改革阶段，而对于国家深层次的制度建设则鲜有涉及。

20 世纪 90 年代末，国家再次回归到国际干预目标的中心地位。国家从冲突的根源转向了解决冲突的根源。大量学者认为"国家能力"（state capacity）② 与国内冲突的爆发和复发之间存在一定的负相关性，能力较弱的国家更可能遭遇国内冲突，能力较强的国家通过提高反叛的机会成本显著地降低了内战发生的概率。③ 根据对公共产品理论的理解，国内暴力冲突爆发或复发的原因在于冲突当事国国内长期的公共产品（政治和社会经济物品）供给不均或不足导致了部分民众的"怨恨"，导致统治合法性缺失，从而为冲突打开了机会窗口。当冲突发起方对使用暴力获取的收益大于预期和计算的成本时，暴力冲突发生了。提高冲突当事国的公共产品供给能力和优化供给制度是解决冲突的根源所在。④ 以增强"脆

---

① David Chandler, ed., *The Twenty Years' Crisis, 1997-2017*, New York：Palgrave Macmillan，2017，p. 74.

② 本文关于"国家能力"的界定，参见胡鞍钢、王绍光《中国国家能力报告》，辽宁人民出版社，1993，第 3 页，指"国家将自己的意志、目标转化为现实的能力。国家能力包括：汲取财政能力、宏观调控能力、合法化能力以及强制能力"。卢凌宇在此基础上将国家能力概括为汲取能力、强制能力、行政能力和制度能力。详见卢凌宇《西方学者对非洲国家能力（1970-2012）的分析与解读》，《国际政治研究》2016 年第 4 期，第 102~126 页。

③ Paul Collier and Anke Hoeffler, "Greed and Grievance in Civil War", *Oxford Economic Papers*, 2004, 56 (4), pp. 563-595; James Fearon and David Laitin, "Ethnicity, Insurgency and Civil War", *American Political Science Review*, 2003, 97 (1), pp. 75-90; Mehmet Gurses and T. David Mason, "Weak State, Regime Types, and Civil War", *Civil Wars*, 2010, 12 (1), pp. 140-155.

④ Hanne Fielde and Indra de Soyasa, "Coercion, Co-Optation, or Cooperation?" *Conflict Management and Peace Science*, 2009, 26 (1), pp. 5-20; Baogang Guo, "Political （转下页注）

弱国家" 的国家能力建设为核心职能的建设和平事业开始逐渐成为西方社会解决暴力冲突的主要手段。在 21 世纪的头 10 年里，几乎所有的国际干预议题都把建设和平与国家建设作为一项关键目标。

建设和平作为国家建设的组成部分已经从对冲突后国家的简单"修复"，转化为对"脆弱国家"的彻底改造。建设和平有助于国家机构的恢复、重建，以及对国内公共产品进行供给与分配，间接地塑造了当事国的国家能力。联合国确立了建设和平即国家建设的五项目标——包容性的政治、安全、司法、经济基础、收入和服务，以此指导成员国确定具体优先事项。① 这些指标的具体内容包括解除武装、"复员与返乡，安全部门改革，重建经济和社会基础设施，重建公共行政和法治体系，难民回归与安置、人道主义援助，选举援助，推动制宪、落实和平协议与政治进程，创伤咨询、过渡时期正义与和解等，涉及安全和军事、社会经济发展、人道主义、政治和外交、正义与和解等领域事务，旨在创造稳定、恢复国家机构并解决冲突的社会经济议题"。②

（二）对于建设和平塑造国家能力的测量

建设和平的目标和内容明确体现了国家能力的四个维度，分别为汲取能力、强制能力、行政能力和制度能力。汲取能力是国家动员社会经济资源的能力，强制能力是国家运用暴力手段维护统治的能力，行政能力反映的是国家机器的决策和治理能力，制度能力则体现国家行动的效率和效果。其中汲取能力是其他能力的来源与基础，强制能力极大地依赖汲取能力所提供的大量公共资源。不过，制度能力建设被认为是建立民众对国家的信心和预防暴力冲突的先决条件。《2011 年世界发展报告》和经合组织向捐助方发布的关于在冲突和脆弱局势中支持建设国家的指

（接上页注④） Legitimacy and China's Transition"，*Journal of Chinese Political Science*，2003，8（1），pp.1-16；Carrett Hardin，"The Tragedy of the Commons"，*Science*，1969，162（3859），pp.1234-1248；Michael McBirde，Gary Milante and Stergios Skaperdas，"Peace and War with Endogenous State Capacity"，*Journal of Conflict Resolution*，2011，55（3），pp.446-468.

① 联合国：《冲突后建设和平——秘书长的报告》，A/67/499-S/2012/746，2012 年 8 月 10 日，第 9 页。

② Michael Barnett et al.，"Peacebuilding：What Is in a Name？"*Global Governance*，2007，13（1），pp.49-50，转引自李因才《超越自由主义：建设和平的多元论争》，《国际政治研究》2019 年第 1 期，第 34 页。

导中，强调了制度建设在可持续和平中的核心支柱地位。① 关于国家能力的四个维度及各维度下的具体指标见表 1。

表 1　国家能力维度及其变量

国家能力维度	变量
汲取能力	相对政治能力（Relative Political Capacity，RPC），自然资源（石油、其他矿产）收入占国内生产总值的比例*
强制能力	军费占中央政府支出的比例， 每万人武装力量人数
行政能力	官僚质量（Bureaucratic Quality）变量
制度能力	政体类型， 政权寿命

注：*因为非洲多数国家严重依赖自然资源而成为"食利国家"（rentier state），因此"自然资源收入占国内生产总值的比例"相较于"税收"能更有效地评估国家的汲取能力。但当评估维和行动的目标国家收入是非自然资源依赖型时，将不再使用该指标。

资料来源：关于变量选取的原则具体参考卢凌宇《西方学者对非洲国家能力（1970-2012）的分析与解读》，《国际政治研究》2016 年第 4 期，第 102~126 页。例如，卢凌宇选取"相对政治能力"而不是"税收"作为国家汲取能力的变量是因为税收无法反映政府从非税来源获得的收益；选取"军费占中央政府支出的比例"而不是"军费占国内生产总值的比例"，是因为军费占中央政府支出的比例更为确切地体现了国家对军队的资源投入和重视程度。

评价国家能力各维度的变量旨在发挥彼此之间相互补充的作用，以便评价结果尽可能地客观。"相对政治能力"是从正面来评估国家的汲取能力，而"自然资源收入占国内生产总值的比例"则捕捉资源对国家能力的腐蚀作用。因为军费开支未必等比例地增强军事能力，② 所以用武装力量占比来进一步补充。其中，"相对政治能力"由国内生产总值、税收、农业部门收入、出口额等子指标综合得出；"每万人武装力量人数"以武装力量总人数除以一国总人口数量，并乘一万得出，武装力量包括军队、警察和民兵等。"官僚质量变量"，取值为 0~4，高分表示一国的官僚机构有能力和技术实施有效管治。"政体类型"这个变量测度的是

① 联合国：《冲突后建设和平——秘书长的报告》，A/67/499-S/2012/746，2012 年 8 月 10 日，第 11 页；Edward D. Mansfield and Jack Snyder, *Electing to Fight: Why Emerging Democracies Go to War*, Cambridge, Mass. and London: MIT Press, 2005。

② T. Mason and Dale Krane, "The Political Economy of Death Squads: Toward a Theory of the Impact of State-Sanctioned Terror", *International Studies Quarterly*, 1989, 33（2），pp. 175-198.

政权类型，是制度能力的间接变量，从领导职位的竞争性、开放性、权力是否受限、政治参与的竞争性及其是否受限五方面来评估，分值为 0~11，分值越高，越接近民主政体。"政权寿命"则试图捕捉政治制度能力的结果，因为能力强的制度预期会生存更长的时间。

评估国家能力建设的变量数据来源如下："相对政治能力"变量数据来源于跨界研究合作组织（Transresearch Consortium）的数据库，该数据库采用五个不同的模型来计算各国的相对政治能力，其中模型 1（rpe_agri）[①] 是专门针对发展中国家的计算模型，所以，本文关于相对政治能力的数据取自该模型；"自然资源收入占国内生产总值的比例"取自世界发展指数；"军费占中央政府支出的比例"取自斯德哥尔摩国际和平研究所（SIPRI）的各国军费开支数据库；"每万人武装力量人数"变量数值根据世界发展指数中提供的国家人口、武装人员数量两项数据计算得出；"官僚质量变量"数据来源于政治风险信息集团（Political Risk Service Group，PRSG）制作的国际国家风险指南（International Country Risk Guide，ICRG）数据库政治类 12 个变量之一的官僚质量变量；关于"政体类型"和"政权寿命"变量的数据取自系统和平中心（Center for Systemic Peace）的政体项目（Polity Project）。

基于上述在理论层面对联合国维和行动公共产品属性，及其核心安全职能和衍生的国家能力建设职能的论述，以及国家能力测量框架的建构，本文希望进一步通过实证分析对理论进行检验。在上述维和行动与国家能力建设的辨析以及既有研究的基础上，[②] 本文提出的核心假设为，作为国际公共安全产品的联合国维和行动能大大发挥抑制冲突的作用，

---

① 其模型公式为：$\dfrac{\text{Tax}}{\text{GDP}} = \alpha + \beta_1(\text{time}) + \beta_2\left(\dfrac{\text{Mining}}{\text{GDP}}\right) + \beta_3\left(\dfrac{\text{Agriculture}}{\text{GDP}}\right) + \beta_4\left(\dfrac{\text{Exports}}{\text{GDP}}\right) + \beta_5(\text{OECD}) + \beta_6(\text{Inclusion Dummy}) + \varepsilon$。

② Chiyuki Aoi, ed., *Unintended Consequences of Peacekeeping Operations*, Hong Kong: United Nations University Press, 2007; Raul Caruso et al., "The Economic Impact of Peacekeeping: Evidence from South Sudan", *Defence and Peace Economics*, 2017, 28（2）, pp. 250-270; Mvukiyehe Eric and Sami Cyrus, "Peacekeeping and Development in Fragile States: Micro-Level Evidence from Liberia", World Bank Policy Research Working Paper, No. 8389, March 2018; Adam Day and Charles Hunt, "Distractions, Distortions and Dilemmas: The Externalities of Protecting Civilians in United Nations Peacekeeping", *Civil Wars*, 2022, 24（1）, pp. 97-116; 卢凌宇、王潇茹：《联合国维持和平行动与后殖民国家建构（1980-2015年）》，《国际安全研究》2023 年第 1 期，第 101~128 页。

但不一定能有助于国家能力的提升。下文将对联刚特派团、联刚稳定团，同一国家不同时间段的两个案例进行比较分析。之所以将刚果（金）作为案例，一方面，刚果（金）作为联合国维和行动的"博物馆"，更具代表性；另一方面，就同一国家内不同阶段的维和行动进行长时间段的分析，更能客观地体现维和行动成效。具体操作为，将联刚特派团和联刚稳定团都具有的冲突管控职能作为控制组，将联刚稳定团中新出现的国家能力建设职能作为对照组，以此来识别出维和行动在哪方面更具成效，以及两者之间的关系，并分析其具体原因。当然，本文还对一些干扰因素进行了分析，如联刚稳定团时期出现的极端主义行动和埃博拉疫情等。

二　联刚特派团与联刚稳定团的比较分析

刚果（金）自独立后国内持续多年的族群矛盾和武装冲突导致了大量的人员伤亡，造成了严重的人道主义灾难，并阻碍了国家的社会和经济发展。根据国际救援委员会（International Rescue Committee）的统计，在 1998 年至 2007 年，战争及其连带因素已造成 540 万人死亡，其中最主要的原因是疾病和饥饿。[①] 尽管 2013 年后，刚果（金）内大规模的武装冲突逐渐减少，但东部地区的族群矛盾仍未解决，仍然时而出现小规模的冲突和针对平民的袭击。刚果（金）国内的人道主义危机情况尚无明显改观，2017 年甚至出现了恶化的趋势。刚果（金）国内的人道主义危机引发了国际社会的迫切关注，国际社会采取了多项措施进行干预，防止刚果（金）的人权情况进一步恶化。在所有的国际干预中，联合国维和行动发挥着至关重要的作用。

联合国在刚果（金）的维和行动始于第二次刚果战争后的停火观察任务，之后转向通过选举援助帮助其实现民主过渡以及执行保护平民和国家建设任务，行动形式从联刚特派团转化为了联刚稳定团。联合国组织刚果民主共和国特派团（联刚特派团，MONUC）是在 1999 年签署《卢萨卡停火协定》之后成立的。联刚特派团于 2010 年 7 月由联合国组织刚果民主共和国稳定特派团（联刚稳定团，MONUSCO）接替，旨在更

---

① International Rescue Committee, https://www.rescue.org/country/democratic-republic-congo#what-are-the-main-humanitarian-challenges-in-congo. Accessed 2019-6-9.

好地保护平民并解决联刚特派团在当地出现的问题。具体的发展过程大致可以分为四个阶段：其一，冲突管控和联刚特派团的逐步壮大阶段；其二，支持过渡政府和 2006 年组织普选阶段；其三，过渡后完成稳定任务阶段；其四，成立打击"三月二十三运动"（M23）的干预旅和其他指定武装组织，并推动新的总统选举阶段。

（一）联刚特派团和联刚稳定团的部署

1999 年 7 月 10 日，刚果民主共和国、纳米比亚、卢旺达、乌干达和津巴布韦五国元首以及安哥拉国防部部长在卢萨卡签署协定，旨在停止刚果（金）境内所有交战方之间的敌对行动。刚果争取民主联合会和解放刚果运动的代表拒绝签署该协定。协定中载有关于联合国协同非统组织组建、促成和部署一支"适当的部队"的提议，以确保协定的执行。[①]秘书长根据对形势的判断，认为应该通过三个阶段来部署刚果（金）的维和行动。

第一阶段，向安理会建议将至多 90 名联合国军事联络人员，以及必要的文职和政治、人道主义和行政工作人员，部署到《卢萨卡停火协定》各签署国的首都和军委会的临时总部。首批军事联络员旨在协助联合军委会和各当事方调查指控的违反停火行为；对当事国进行一般性安全评估，为随后的部署提供建议，提供人道主义援助等。[②]与此同时，维和行动部已经与可能提供部队的国家进行了接触，以期评价它们准备提供的军事观察员以及经安理会批准后提供的建制部队的情况。安理会通过第1258（1999）号决议授权了秘书长的提议，首批军事联络员任务期为 3 个月。

第二阶段，部署军事观察员。在尚未得到技术调查组提供确切的关于部署地点的安全情况报告时，鉴于刚果（金）形势紧迫，秘书长提请安理会授权设立联合国刚果民主共和国观察团（联刚观察团），部署至多500 名军事观察员，并提供必要的后勤人员。安理会在技术调查组尚未提供评估报告的情况下，未授权秘书长的提议，只建议秘书长立即采取必要的行政步骤，为至多 500 名联合国军事观察员提供装备，以便将来经安

① 联合国安理会：《秘书长关于联合国在刚果民主共和国境内初步部署的报告》，S/1999/790，1999 年 7 月 15 日，第 3 页。

② 联合国安理会：《秘书长关于联合国在刚果民主共和国境内初步部署的报告》，S/1999/790，1999 年 7 月 15 日，第 5 页。

理会授权后联合国能迅速部署这些人员。[①]

第三阶段，联刚特派团正式成立。自秘书长 1999 年 11 月 1 日提交报告以后，刚果（金）境内的军事和安全情况明显恶化。安理会于 1999 年 11 月 30 日通过第 1279（1999）号决议授权成立联刚特派团，其人员由之前决议中派遣的人员组成，还包括人权、人道主义事务、新闻、政治事务和行政支助领域的多学科人员，又在 2000 年 2 月通过第 1291（2000）号决议授权扩大联刚特派团，包括至多 5537 名军事人员，其中至多 500 名观察员以及一些支助人员。

联刚特派团经过十年的执行期后，刚果（金）的国内形势出现了明显的改观和变化，联合国、刚果（金）政府一致认为联合国在刚果（金）的维和行动需要进行缩编和任务重组的调整。秘书长在向安理会提交的报告中总结了刚果民主共和国在过去十年取得的重大进展，包括结束内战；成功完成过渡，并恢复了国家领土完整；在 2006 年成功举行了民主选举；基础设施发展计划正在进行；刚果民主共和国与东部邻国的关系改善。[②] 即便如此，刚果（金）的武装团体依然威胁着平民的安全，以及南基伍省、北基伍省和东方省部分地区的稳定。解放卢旺达民主力量等武装团体还在继续对平民进行报复性袭击。此外，国家安全机构的一些人员仍然存在严重侵犯人权的行为。与此同时，国家政府在收复的地区内难以恢复权力，地方选举和大选的筹备工作仍然会出现延误情况。针对这些问题，联合国在刚果（金）的维和行动仍有存在的必要，但需要针对新的形势进行调整。

秘书长在 2010 年 2 月 22 日至 3 月 5 日，向刚果（金）派遣了一个多学科的技术评估团，以评估联刚特派团的任务完成情况。技术评估团进而总结了刚果（金）存在的问题。一方面，刚果（金）具有明显的国家能力缺陷。在强制能力上，其武装和警察力量都具有结构混乱和能力不足的问题；在制度能力上，其《宪法》中提到的诸多司法机构尚待建立，民事、军事领域的法官和检察官数量严重短缺，监狱环境条件恶劣。另一方面，刚果（金）存在严重的人道主义危机和侵犯人权现象。其境内仍有大量的流离失所人群；各武装团体，特别是解放卢旺达

---

① 联合国安理会第 1278（1999）号决议，1999 年 11 月 1 日。

② 联合国安理会：《秘书长关于联合国组织刚果民主共和国特派团的第三十一次报告》，S/2010/164，2010 年 3 月 30 日，第 5 页。

民主力量和上帝抵抗军，以及刚果（金）武装力量、国家警察、法国国家情报局人员和其他授任保护平民的官员，继续犯下严重侵犯人权的行为；武装团体继续系统地征召和使用儿童；性暴力仍然是对妇女和儿童的一大威胁。[①]

鉴于此，秘书长提议对联合国在刚果（金）的维和任务进行重组，改组后的任务将"反映当前优先保护平民的需要；承认该国不同地区的不同需要；让国家机构获得尽可能独立运作的空间；让联刚特派团重点完成具有明确战略目标和撤离战略的重大任务，同时应注意建设和平的需要；并在当地条件允许的情况下逐步过渡到更注重建设和平与可行的发展"。[②] 安理会在第 1925（2010）号决议中基本接受了秘书长的提议，认同刚果（金）已进入新的阶段，决定联刚特派团自 2010 年 7 月 1 日起，改成联刚稳定团。[③] 联刚稳定团将把军事力量集中到东部地区，改组后的驻刚果（金）维和行动将收缩其传统的军事职能。联刚稳定团的核心职能将围绕"保护平民"和"实现稳定和巩固和平"两方面。联刚特派团与联刚稳定团的任务比较见表2。[④]

表 2　联刚特派团与联刚稳定团的任务比较

	联刚特派团	联刚稳定团
核心任务	冲突管控	保护平民、政治稳定
职能	安全职能、部分政治职能	安全职能、政治职能、部分发展职能
具体任务	监督停火， 监督撤军， 隔离交战方部队， 战斗人员解除武装、复员和返乡， 排雷行动， 保护和促进人权	在联刚特派团任务基础上，还有： 保护平民， 安全部门改革和其他法治活动， 恢复和扩大国家权力， 选举援助， 强制和平， 协助人道主义援助和疫情管控

资料来源：笔者自制。

---

① 联合国安理会：《秘书长关于联合国组织刚果民主共和国特派团的第三十一次报告》，S/2010/164，2010 年 3 月 30 日，第 9~15 页。

② 联合国安理会：《秘书长关于联合国组织刚果民主共和国特派团的第三十一次报告》，S/2010/164，2010 年 3 月 30 日，第 19 页。

③ 联合国安理会第 1925（2010）号决议，2010 年 5 月 28 日，第 2 页。

④ 联合国安理会第 1925（2010）号决议，2010 年 5 月 28 日，第 4、5 页。

转型后的维和行动重心从军事职能向政治职能倾斜，不过随后其军事职能又出现了再次强化的过程。联刚稳定团的核心任务开始向政治稳定方向发展，其重心是支持通过国家能力建设来扩大刚果（金）的国家权力。正如第 2463 号决议中重申的，"支持刚果民主共和国的国家机构的稳定和加强，以及关键的治理和安全改革"。① 这表明，联合国不仅希望通过维和人员和国际社会的其他成员来帮助刚果（金）完成这两项任务，更多地希望通过支持当局改革安全、司法机构，提高军事、警事能力等国家能力来实现这两项目标，希望刚果（金）政府自身能承担起更多巩固和平的责任。②

（二）两次维和行动与刚果（金）国家能力建设评估

联合国维和行动对于刚果（金）的和平进程和国家能力提升都具有一定的积极意义，不过其成效远未达到国际社会的预期，并存在一定的负面非预期结果。总体来看，行动对于当事国的冲突管控的效力要好于其国家能力建设的效力。刚果（金）国家能力中，仅有汲取能力略有提升，而强制能力和制度能力则处于波动状态，行政能力却几近停滞。基于各项指标的详细解读见表 3。

表 3   联合国刚果（金）维和行动国家能力建设情况评估

联刚特派团	变量及其测量		
		1999 年	2009 年
汲取能力	相对政治能力	0.473	0.680
	自然资源收入占国内生产总值的比例	28.5%	31.9%
强制能力	军费占中央政府支出的比例	1.2%	0.7%
	每万人武装力量人数	20.2	25.5
行政能力	官僚质量变量	0.0	0.0
制度能力	政体类型	0	5
	政权寿命	0	3

---

① 联合国安理会第 2463（2019）号决议，2019 年 3 月 29 日，第 8 页。

② Petrus de Kock, "The DRC at 50: Confronting the Challenges of Peace and Territorial Consolidation", SAIIA Policy Briefing 22, Governance of Africa's Resources Program at the South African Institute of International Affairs, August 2010.

续表

联刚稳定团	变量及其测量		
		2010 年	2016 年
汲取能力	相对政治能力	0.654	0.705
	自然资源收入占国内生产总值的比例	31.9%	28.9%
强制能力	军费占中央政府支出的比例	0.9%	0.9%
	每万人武装力量人数	24.6	17.0
行政能力	官僚质量变量	0.0	0.0
制度能力	政体类型	5	−3
	政权寿命	4	0

资料来源：笔者自制。

在强制能力提升方面，刚果（金）的军费开支和武装人员整体维持在了一定的合理水平内，表明国家已具备稳定的强制能力，但刚果（金）的和平局势仍不能脱离对维和行动安全职能的依赖。刚果（金）的整体人道主义情况有所改善。以保护平民为核心任务的联刚稳定团使平民伤亡人数减少，形势明显好于联刚特派团时期。有研究指出，如果没有在刚果（金）派驻维和人员，其人道主义情况会严重得多，死亡、强奸和流离失所的人数会大大增加。[①] 截至 2016 年，武装人员数量下降以及大量的境外作战人员也得以疏散，这在很大程度上得益于解除武装、复员和遣返等维和任务。自 2002 年以来，有 32000 多名境外前战斗人员及其家属，主要是前解放卢旺达民主力量的人员已被遣返回卢旺达。[②] 这也进一步说明了维和行动具备的临时性公共安全产品属性。不过，刚果（金）的冲突局势仍不断反复出现。在联刚特派团期间，维和部队一度将冲突范围管控在东部地区，可是在联刚稳定团期间，冲突范围再度蔓延，在中部地区再度复发。此外，虽然国家武装力量有一定的增强，但国家武装存在过度使用武力的问题，[③] 有时还存在侵犯人权的行为。

[①] "Assessing the Effectiveness of the United Nations Mission in the DRC/MONUC-MOUNUSCO", Effectiveness of Peace Operations Network, 2019, p. 23.

[②] UN Security Council, "Special Report of the Secretary-General on the Strategic Review of the United Nations Organization Stabilization Mission in the Democratic Republic of the Congo", S/2017/826, September 29, 2017, pp. 4, 9.

[③] 联合国大会：《秘书长关于联合国组织刚果民主共和国稳定特派团 2016 年 7 月 1 日至 2017 年 6 月 30 日预算执行情况的报告》，A/72/638，2017 年 11 月 11 日，第 3 页。

在汲取能力方面，如果从刚果（金）的整体国家能力来看，它的汲取能力是最为突出的，且有一定程度的增强。"相对政治能力"模型的结果显示汲取能力在两项维和行动阶段都处于上升趋势，最后增至 0.705。与其他国家的横向比较，已处于中等偏上的水平，特别是在很多国家出现倒退的情况下，刚果（金）一直在进步。[①] 从模型中的各子指标来看，刚果（金）的国内生产总值和人均国内生产总值从 2000 年到 2016 年呈上升趋势。[②] 税收占国内生产总值的比例在联刚特派团期间（2000～2008年）呈稳定增长的趋势，从 1% 上升至 7.4% 左右。而 2008 年之后，开始处于波动状态，不过整体占比仍能保持在 7.3% 左右。[③] 刚果（金）过于依赖矿产和森林资源的粗放经济结构并没有得到明显的调整和改善。矿产和森林资源部门经济占比过高，导致刚果（金）经济过于依赖国际资源市场，对国际大宗商品价格的波动表现出了极大的敏感性和脆弱性，而对资源的占有和争夺极易成为冲突的诱因。

在行政能力方面，刚果（金）的行政能力变化几乎处于停滞状态。行政能力俨然成为其国家能力的短板，而行政部门的能力直接影响着国家供给社会经济公共产品的能力，并且影响其他三个方面能力的提升。维和行动对于刚果（金）行政能力建设投入了相对较少的资源，联合国和刚果（金）政府严重依赖国际伙伴提供的相应援助，特别是在卫生和教育领域，但公务员制度和行政改革领域在很大程度上处于被忽视状态。在 2003 年，国际援助方曾设想加大改革力度，但到 2010 年，大多数捐助者已经撤出。这主要是因为援助方们更偏好于选举援助。在 2003～2006年的民主过渡期间，国际伙伴坚信"合法化的选举制度是解决包括行政补救在内的更严重问题的先决条件"。[④] 不过，事实证明，这一目标是难

---

① 随机挑选几个国家同期相比，澳大利亚从 0.923 变为 0.817，巴西从 1.144 变为 1.367，布隆迪从 1.174 变为 1.002，中非从 0.692 变为 0.445，丹麦从 1.504 变为 1.457。

② 其中刚果（金）2000 年 GDP 总值为 190.6 亿美元，2016 年为 371.3 亿美元；2000 年人均 GDP 为 153.6 美元，2016 年为 471.3 美元，见世界银行，https://data.worldbank.org/country/congo-dem-rep。

③ Revenue Statistics in Africa 2022, https://www.oecd.org/tax/tax-policy/revenue-statistics-africa-congo-dem-rep.pdf.

④ Stylianos Moshonas, Tom De Herdt and Kristof Titeca, "DR Congo: The Case for Taking the Administration Seriously," The London School of Economics and Political Science, December 20, 2017, https://blogs.lse.ac.uk/africaatlse/2017/12/20/dr-congo-the-case-for-taking-the-administration-seriously/.

以实现的，因为 2006 年选举后的政治环境远远不利于机构改革的进展。

在制度能力方面，刚果（金）已具备基本的政治制度雏形，并在其框架下平稳地进行了大选活动。制度能力建设是联合国在刚果（金）维和行动中的一项优先任务，对民主选举进行援助则是任务的具体体现。维和行动曾对 2006 年、2011 年和 2018 年的大选进行支助，并且还积极地进行与选举有关的暴力预防工作。联合国的支助是大选能够顺利举行的重要原因。一个有趣的发现是，虽然联刚稳定团的任务更强调制度建设，但从指标数据看，刚果（金）在联刚特派团期间的制度发展情况要好于联刚稳定团时期，① 这也间接地表明安全环境对于制度发展来说是非常有必要的。尽管在 2018 年的大选过程中，刚果（金）政府明确拒绝联合国的选举援助，但从 2018 年大选的顺利开展，及其后国内暂时的稳定形势来看，刚果（金）的选举制度还是得到一定的建设与发展，具有了一定的稳定性。不过其国家政权仍存在合法性问题，同时选举的可信性也存在疑问。这也是为什么刚果（金）每当举行选举都会诱发不同程度的冲突事件。维和行动将过多的资源用于国家能力建设中的制度能力建设的选举活动，这也是国家能力的其他部分没有实现均衡发展的重要原因。

为强化对刚果（金）国家能力变化的论证，在上述评估框架的基础上，本文试图再通过夜间灯光遥感数据（简称"夜光灯数据"）② 和人类发展指数（HDI）两个维度，来检验其国家能力的发展情况。采用夜光灯数据可以较为宏观地（从国家和主要城市的角度）展现刚果（金）在特定时间段内的社会经济发展变化情况。截取具有代表性的三座城市，③ 可以大致观察出刚果（金）整体处于一个正向发展趋势，但内部地区间

---

① "政体类型"指标显示，1999~2009 年，由 0 增至 5，而在 2010~2016 年由 5 降至-3，在最高分值为 11 的情况下，意味着刚果（金）在 2009 年民主政体建设已具备中等规模，但随后出现了倒退倾向。

② 夜间灯光遥感数据就是指利用遥感技术捕捉夜晚地球上的灯光以分析其分布状况，可以有效反映人类活动的空间分布，是通过检测一个地区的电气化程度来间接反映地区的社会经济发展程度的重要方法，对其分析和应用详见 J. V. Henderson, A. Storeygard and D. N. Weil, "Measuring Economic Growth from Outer Space", *American Economic Review*, 2012, 102（2），pp.994-1028；N. B. Weidmann and S. Schutte, "Using Night Light Emissions for the Prediction of Local Wealth," *Journal of Peace Research*, 2017, 54（2），pp.125-140。

③ 选取的三个城市分别为首都金沙萨、最重要的工矿城市卢本巴希以及受战乱影响较大的北基伍省省会戈马。

的发展存在较大差异，发展过于集中在首都和富含资源的省份（见图 1）。采用人类发展指数可以在宏观分析的基础上，从微观的角度（个体的角度）来分析，即便刚果（金）国家能力有所提升，但是否惠及具体的公民。从图 2 可以发现，刚果（金）的人类发展指数处于一个逐渐上升的

| 金沙萨 2003年 | 金沙萨 2016年 | 卢本巴希 2003年 | 卢本巴希 2016年 | 戈马 2003年 | 戈马 2016年 |

图 1　基于夜光灯数据的比较分析

资料来源：City Lumens，https://citylumens.com/cd/。

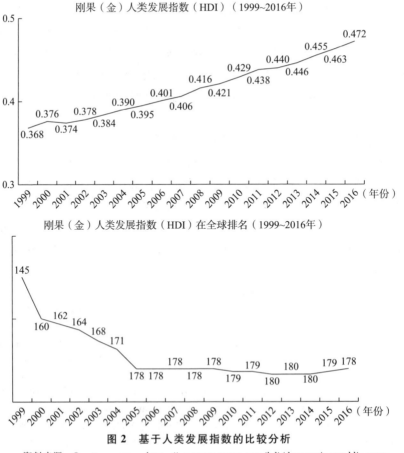

图 2　基于人类发展指数的比较分析

资料来源：Countryeconomy，https://countryeconomy.com/hdi/democratic-republic-congo。

过程，表明个人的生活境遇总体有所改善。但如果放在国际社会的整体发展变化中来观察的话，其指数排名则出现了下滑的趋势，且持续在低位徘徊。这说明，与其他国家横向对比，刚果（金）民众的境遇其实是呈现恶化趋势的。

（三）影响刚果（金）维和行动成效的其他原因

虽然刚果（金）维和行动在塑造国家能力方面仅取得了差强人意的成效，但是不能因此而否定维和行动对刚果（金）和平进程的意义，更不能借此否定联合国维和行动对安全治理的价值。反之，应该积极从此项行动中汲取一些经验和教训。

刚果（金）维和行动最为成功之处在于确保了刚果（金）领土的统一，避免了国家分裂情况的出现。维和行动还有效地将地区冲突管控为刚果（金）的国内冲突，在联刚稳定团期间，邻国和地区大国武装干涉刚果（金）的情况基本结束。诚然，在评估刚果（金）行动的成效问题时，还应考虑行动本身的一些特殊原因。

首先，作为联合国维和行动有史以来规模最大、持续时间最久的一项行动，刚果（金）维和行动时常面临资源不足的问题。可供使用的有限资源使供给其维和行动公共安全产品的效率较为低下。尽管联刚稳定团是目前规模最大的一项维和行动，但仍不足以匹配刚果（金）辽阔的领土与复杂的环境。安理会不停地追加对联刚稳定团的任务授权，但始终未能对联刚稳定团的实际能力进行战略评估。① 联刚稳定团部队在刚果（金）全国范围内进行部署，这极大地分散了维和部队的力量，只有不到1000 名联合国维和人员部署在拥有 950 万人口的首都金沙萨。联刚稳定团没有能力处理大规模的暴力，特别是当暴力蔓延到城市地区时。为减小有限的维和人员与广阔的地理任务范围之间的差距，联刚稳定团采取了通过对人员的快速投放以实现有效保护的策略（该策略的英文名称为"protection through projection"）。这一策略将减少维和部队的基地，反之要求军事人员和文职人员具有高度的机动性，能够在没有建立基地的情

---

① Alan Doss, "United Nations Organization Mission in the Democratic Republic of the Congo (MONUC) ", in Joachim A. Koops, Norrie MacQueen, Thierry Tardy, and Paul D. Williams, eds. *Oxford Handbook on United Nations Peacekeeping Operations*, Oxford: Oxford University Press, 2015, p.660.

况下快速临时部署到安全局势正在恶化的地区。① 这一策略对于维和人员的投放能力提出了更高的要求，需要维和人员配备更为轻便的设备，碍于刚果（金）落后的地面交通基础设施，还需要更多的直升机等空中运输设备。可是，目前的资源却无法满足这些需求。② 随着整体预算的逐渐削减，联刚稳定团将进一步减少在刚果（金）的部署人员，这将意味着进一步削弱维和部队的早期预警和反应能力。

其次，刚果（金）维和行动同时需要应对极端主义和疫情等多重挑战。联刚稳定团期间出现了强制维和的授权。随着"三月二十三运动"极端组织的出现，"秘书长建议设一个'干预旅'，由三个步兵营、一个炮兵连及一个特种部队和侦察连组成，接受联刚稳定团部队指挥官的直接指挥，负责解除武装团体的作战能力"。③ 安理会在第 2098（2013）号决议中授权了这一建议。这标志着联合国维和行动武力使用原则的新变化，维和部队已突破了其中立身份，成为武装冲突中的作战方。此外，联刚稳定团执行的任务是最危险的维和行动，维和人员时常成为被袭击的目标，产生了重大的伤亡和人身威胁，联刚稳定团中的维和人员的自我安全保护成了秘书处和安理会的重要关切。再者，自 2014 年西非地区突发埃博拉疫情以来，刚果（金）是疫情较为严重的地区，加重了其人道主义危机，联刚稳定团被委以协助国际卫生组织和其他援助机构来管控疫情，这是联刚稳定团又一新的职能变化。

基于刚果（金）维和行动具有冲突管控和国家建设同时进行这一显著特点，安全形势时常冲击或抵消了建设和平成效。刚果（金）的建设和平工作是在没有安全保障的前提下进行的。联刚特派团是在伊图里地区安全形势十分严峻的情况下支持过渡政府制定新宪法和举行大选。虽然选举过程得以顺利开展，但是武装反对派并没有被吸纳进政治进程，安全局势仍未缓解。同样，选举并没有使刚果（金）实现自治，没有实现其政府机构，特别是安全部队的独立运作。反之，联刚特派团更多被卷入刚果（金）的国家事务中，其任务增加到 50 多项。另外，选举过程

---

① Lauren Spink，"Protection with Less Presence：How the Peacekeeping Operation in the Demo-cratic Republic of Congo Is Attempting to Deliver Protection with Fewer Resources"，Center for Civilian in Conflict，2018，p. 3.

② Effectiveness of Peace Operations Network，"Assessing the Effectiveness of the United Nations Mission in the DRC/MONUC-MOUNUSCO"，2019，p. 60.

③ 联合国安理会第 2098（2013）号决议，2013 年 3 月 28 日，第 5 页。

恶化了联合国与刚果（金）政府之间的关系。刚果（金）政府只是追求可操纵的选举结果而非自由公正的选举过程，这一点违背联合国的初衷。

三　基于刚果（金）维和行动的思考

刚果（金）政府具有集权不足与缺乏代表性的双重矛盾，加之行政效率低，从而既不能充分供给，又不能公正地供给国内公共产品。那么，刚果（金）国家能力建设只能是一种僵局吗？如何打破国家集权与善治之间的闭环，是迫切需要解决的问题。同时，借由对刚果（金）案例的比较分析，也应该为联合国维和行动更好地发挥其冲突管控和国家能力建设的作用有一些深入的思考。

其一，确保和平稳定的环境是建设和平的前提，而建设和平的目标应确立好被授权的任务的轻重缓急。联合国确认了冲突后早期阶段建设和平的优先领域，但联合国没有指明这些优先领域之间的相互联系，似乎默认这些领域可以同步完成，而忽视了彼此之间是互为前提的。其中最重要的前提是，冲突后国家的政治进程、政府核心职能和基础经济的恢复应该在基本的安全得以保障的前提下来实现。当一定的政治秩序和经济秩序得以恢复后将进一步巩固安全形势。其实基本的安全保障也是国家能力最基本的维度，而强制手段则是基本安全保障的保障。那么，国家建设的最低限度也应该是对强制能力的建设，应确保国家对其领土实行有效的控制。①

其二，得到当事国政府支持是联合国维和行动具备成效的重要保障。联合国维和行动之所以仍是当前最为重要的冲突治理手段，就是因为其所具备的客观中立性以及对于主权原则的尊重与维护。如果得不到当事方的配合，维和行动的很多任务都将难以开展。卡比拉政府对于维和行动态度的转变也预示了行动效力开始转弱。卡比拉策略性地将维和行动当作了维护自身权力的工具，而且错误地认为联合国始终是支持自己的。可是在 2011 年选举期间，卡比拉意识到联合国并不能保证自身的利益时，

---

① Stein Sundstol Eriksen, "The Liberal Peace Is Neither: Peacebuilding, State Building and the Reproduction of Conflict in Democratic Republic of Congo", *International Peacekeeping*, 2009, 16 (5), p. 653.

与联合国的关系开始疏离，甚至阻挠联合国的维和行动。一旦得不到刚果（金）政府的支持，联合国的选举支持工作仅能发挥有限的作用，而且其他维和任务，尤其是人道主义援助工作同样也受到了阻碍。

其三，利用基于本土知识的冲突调解机制。刚果（金）国家机构往往接触不到东部冲突地区的基层社群，并且基层社会对于国家权威也缺乏信任。从而，基层的一些部落首领、意见领袖等权威人士或传统的民俗成为基层冲突重要的调解机制。联合国维和行动一方面应该利用这些基层人士和民俗来获取更为直接的冲突信息，并利用其人际网络来接触和沟通各利益攸关方；另一方面也应积极回应这些权威人士的利益诉求，避免其诱发争端。更为关键的是，联合国维和行动应将基层的冲突调解机制整合到国家层面的司法机制中，帮助建立国家与地方的沟通及仲裁渠道。

其四，维和行动不应成为"万灵药"。随着联合国维和行动从传统型向复合型乃至综合型演变，其授权的任务随之不断增加，并且有偏离其冲突管控的初衷之势。诚然，联合国维和行动在被逐渐赋予安全治理内涵之时，标志着联合国意图从根源上解决冲突问题。但是，联合国应该在具体行动中认识到自身的资源"红线"和能力限度，要意识到应有所为，有所不为。而且，不能盲目确信将一种单一的理念指导（如"自由和平"理念）当作"万灵药"，相信"所有的好事一起来"。① 反之，联合国维和行动应在捍卫好其核心职能（如监督停火）的前提下，积极探索基于当事国本土知识的国家发展模式。

【责任编辑】宁彧

---

① 任晓：《论国际共生的价值基础——对外关系思想和制度研究之三》，《世界经济与政治》2016 年第 4 期，第 15 页。

经济与发展

非洲研究 2023 年第 2 卷（总第 21 卷）

第 75—91 页

SSAP ©，2023

埃塞俄比亚国家发展模式的特征及挑战*

郭凤林 翟 悦

【内容提要】 传统上，以东亚国家为代表的"发展型国家"被认为是后发国家发展的必然选择。在非洲，埃塞俄比亚在 21 世纪初也采取了发展型的发展模式，在政治强人和强有力的政党的带领下，建立了以族群为基础的民主制度，并通过国家计划有力推动了经济体系建设和发展，显示出这一模式的效力。但随着埃塞俄比亚族群的分化和大环境下经济增速的放缓，埃塞俄比亚发展模式中的"民主"和"发展"基础都受到削弱，埃塞俄比亚面临国家建构和执政能力的挑战。

【关键词】 埃塞俄比亚；发展型国家；民主与发展

【作者简介】 郭凤林，北京外国语大学国际关系学院副教授，博士，主要研究方向为比较政治、政治学研究方法；翟悦，中央财经大学商学院研究实习员，主要研究方向为公共外交（北京，100089）。

一 提出问题

围绕发展、民主和稳定三者之间的关系和顺序，各国在实践中选择了不同的发展模式。后发国家客观上不具备类似先发国家制度渐进演变

---

* 本文系 2019 年教育部人文社会科学研究青年基金项目"非洲政治领导人的留学经历与对外政策倾向研究"（190102ELR086）的阶段性研究成果。

的时间和物质条件，但又面临发展和追赶的压力，因此，出现了以东亚国家为代表的"发展型国家"（Developmental State）发展模式，即在发展中保持较高的国家自主性，政府通过对经济的指导与管控来主导经济发展。[①] 日本、韩国、新加坡等在二战后创造的"东亚奇迹"，就被视为是发展型国家这一发展模式的功劳。但这种发展模式受到不少批评，部分学者认为它只是一种过渡状态，最终会实现民主化转型。

位于东非的埃塞俄比亚（简称"埃塞"）在 21 世纪初宣布采取"民主发展型国家"（Democratic Developmental State）这一发展战略，旨在选举式民主制度基础上学习东亚发展型国家发展经验，强化政府在经济发展中的作用。这一模式在过去几十年中取得了显著的成功：2016 年，埃塞 GDP 总额超过肯尼亚，成为东非第一大经济体，是非洲经济增长最快的非石油经济体之一，[②] 实现了由非洲最不发达国家向东非经济一极的历史性转变。然而，2020 年 11 月埃塞北部内战的爆发和反复，不仅阻碍了埃塞经济的稳定发展，也让族群这一埃塞民主制度基石的日益分裂最终显化，以阿比·艾哈迈德·阿里（Abiyyii Ahimad Alii）为首的新一届埃塞内阁对"民主发展型"这一发展战略也鲜再提起。那么，埃塞的这一模式为何受挫，前景如何？本文对埃塞近年发展情况进行总结分析，以此深化对民主与发展问题的认知。

二　发展型国家的概念与实践

（一）民主与发展的兼容期望

部分发展中国家的治理实践表明，自由民主并不是普遍适用的发展路径，例如还有以东亚国家为代表的"发展型国家"。发展型国家这一概念最早由美国经济学家约翰逊（Johnson）提出，他认为发展型国家或"计划理性国家"（Plan-rational State）是通过直接干预经济发展过程，而

---

① 相关研究参见杨云《埃塞俄比亚"民主发展型国家"初探》，《国际研究参考》2018 年第 5 期；何晨青《埃塞俄比亚"民主发展型国家"的理论与实践》，《当代世界》2017 年第 5 期；周瑾艳《作为非洲道路的民主发展型国家——埃塞俄比亚的启示》，《文化纵横》2019 年第 3 期。

② 钟伟云编著《埃塞俄比亚》，社会科学文献出版社，2016，第 116 页。

非依靠市场对经济资源的不协调分配来影响经济发展的方向和步伐。日本创造战后经济奇迹的关键在于政府设立了具有宏观经济管理职能、制定产业政策、从事行业管理、以官僚主导制为核心的通产省来主导日本经济发展。[①]

　　一般认为，发展型国家建立在强国家权威基础之上，以强有力的国家能力为支撑。后发国家迫于经济赶超和政治合法性的双重压力，政府的首要任务和目标是促进经济发展，推动工业化和经济现代化。相比发达国家，后发国家在发展中面临时间紧迫、挑战多、竞争大的现状；随着发展时间的推移，企业越需要集中资本进行生产，以具有强组织力的机构指导发展的趋势越来越强，政治形态也就越容易集中。[②] 这有利于国家在经济发展初期冲破部分社会利益群体的阻力，保证经济发展这一首要目标的实现。

　　不少发展型国家在经济高速增长阶段之后出现了民主化转型，而其在高速发展阶段实行的非民主乃至集权统治也使发展型国家模式在实践中招致不少批评。为此，"发展"与"民主"的兼容成为一种理想化的选择。戈登·怀特（Gordon White）认为，民主发展型国家应该具有典型的发展型国家的制度属性和经济发展目标。其中，制度属性即嵌入性自主性（Embedded Autonomy），国家在维持自身国家能力的同时，还需要在国家和社会之间建构就发展目标和政策进行协商的制度纽带，这样既保护国家不被利益集团捕获，又可以使国家与私人部门之间实现信息交换、达成共识，克服集体行动困境。[③] 此外，民主发展型国家也应具有程序民主的属性，强调公共政策制定的包容性，怀特将其称为"包容性嵌入"（Inclusive Embeddedness），即超出精英阶层的政治参与，由此，包容制度差异、建设责任制政府是民主发展型国家民主体系建设的最终目标。[④] 相比自由民主国家，民主发展型国家对经济发展的参与是其"发展"所在；而相比发展型国家，对民主实质的强调是其"民主"的体现。

———————

① Chalmers Johnson, *MITI and the Japanese Miracle: The Growth of Industrial Policy, 1925 -1975*, California: Stanford University Press, 1982.

② 朱天飚：《比较政治经济学》，北京大学出版社，2006，第65~66页。

③ Peter B. Evans, *Embedded Autonomy*, Princeton: Princeton University Press, 2012, p. 227.

④ Gordon White, "Building a Democratic Developmental State: Social Democracy in the Developing World", *Democratization*, 1998, 5 (3), pp. 1-32.

（二）埃塞的民主发展型模式

民主发展型国家理论尚未就民主与发展二者如何结合给出明确的路径，而埃塞则已经在实践中进行了尝试。自 1995 年 5 月的首次大选以来，埃塞经历了多次选举，成功实现了权力的平稳交接。从这一角度看，埃塞在后发国家中达到了高度的民主政治水平，也使它作为后发国家的代表受到了学界的诸多关注。

钟伟云将埃塞的民主发展型模式概括为四方面：第一，有一个全心全意致力于国家快速和公平发展的领导核心或政党；第二，实行自由市场经济政策，但在市场失灵或国家战略利益需要时，国家要对生产领域和基础设施及服务业进行有选择的干预；第三，国家通过公共部门与私营部门的合作，鼓励、培育和引导私营部门的发展，形成具有全球竞争力的私营部门；第四，国家通过提高生产率和竞争力，来提高居民收入和人民生活水平，并将寻租型政治经济改造为发展型政治经济。[1] 何晨青认为埃塞的民主发展型国家特征体现为五方面：一是国家对自由市场经济的干预；二是国家对私营经济的培育和指导；三是国家奉行以农促工的产业政策；四是建立符合自身实际的民主；五是有主导色彩的执政党。[2] 杨云则将埃塞民主发展型国家的内涵简要概括为"政府在积极干预经济发展的同时促进民主发展，追求公平与可持续发展"。[3]

但与此同时，也有学者对埃塞将发展型国家模式应用到民主体系中持怀疑态度，认为民主发展型国家作为发展型国家的一种变体，其发展的目标和民主要素之间具有潜在的结构性矛盾，即在民主发展型国家内部，当发展和民主之间发生矛盾时，发展的价值实际上高于民主。福山（Fukuyama）在一次讲座中指出，民主发展型不适用于埃塞，因为埃塞缺乏能与政府合作的强大私人部门、提供高质量公共服务的官僚机构、族群间基于国家的身份认同以及实质民主四方面要素。[4]

---

[1]　钟伟云编著《埃塞俄比亚》，社会科学文献出版社，2016，第 116 页。

[2]　何晨青：《埃塞俄比亚"民主发展型国家"的理论与实践》，《当代世界》2017 年第 5 期，第 48~51 页。

[3]　杨云：《埃塞俄比亚"民主发展型国家"初探》，《国际研究参考》2018 年第 5 期，第 16~23 页。

[4]　"Fukuyama Gives Public Lecture in Addis", Addisfortune, June 11, 2019, https://addisfortune. news/news-alert/fukuyama-gives-public-lecture-in-addis/. Accessed 2022-12-4.

近年来，埃塞这一发展模式面临诸多挑战：在 2016～2018 年，埃塞因持续的示威冲突连续两次进入国家紧急状态；埃塞南方州的锡达马族也多次要求就单独成立本族群的州举行全民公投；埃塞国家经济增速也呈放缓趋势，其 2019 年 GDP 增长率为 8.28%，[①]与其"三五计划"提出的年均 11% 的增长率有一定差距。[②] 据官方估计，2020 年 11 月爆发的冲突让埃塞损失了数十亿美元的增长，并且摧毁了大量道路、工厂和机场等重要的生产基础设施。[③] 这些问题是否会动摇埃塞的发展模式？本文在前人研究基础上，继续就当前形势增进对埃塞发展模式的思考。

三　埃塞发展模式的特征

（一）强有力的政党领导

埃塞一直具有强国家传统，有着近 3000 年封建帝国统治的悠久历史。相比去殖民化后在疆界和制度层面"被创造"的非洲国家，埃塞是唯一没有被殖民的非洲国家，其疆界是在历代皇帝的不断征战中自然形成的。因此，埃塞具有强烈的文化自豪感，"埃塞俄比亚人认为他们的国家是比其他任何国家都古老的国家，……他们认为自己是崇拜的开创者，节日的建立者，庄严牺牲精神的执行者和宗教信仰的实践者"。[④] 而这种"大一统"的政治文化，也促进了埃塞在民主制度背景下发展出长期合法掌握政权的主要执政联盟"埃塞俄比亚人民革命民主阵线"（The Ethiopian People's Revolutionary Democratic Front，EPRDF，简称"埃革阵"），并出

---

① "GDP Growth（annual %）-Ethiopia"，World Bank，https：//data. worldbank. org/indicator/NY. GDP. MKTP. KD. ZG？locations＝ET. Accessed 2022-12-4.

② The World Bank in Ethiopia，"Overview"，World Bank，September 26，2019，https：//www. worldbank. org/en/country/ethiopia/overview. Accessed 2022-12-4.

③ Andres Schipani and David Pilling，"After the War Ends，Can Ethiopia's Economic 'Miracle' Get Back on Track？"*Financial Times*，June 20，2022，https：//www. ft. com/content/a74b5486-d2fa-4cdd-98d0-20a7eaf4ede2. Accessed 2022-12-4.

④ 贝尔德纳·马克豪斯兹维·马古巴纳：《埃塞俄比亚在非洲裔美国人意识中的价值》，马古巴纳主编《藕断丝连：非洲的非洲裔美国人意识》，非洲直接出版有限公司，1987，第 163 页，转引自〔美〕萨义德·A. 阿德朱莫比《埃塞俄比亚史》，董小川译，商务印书馆，2009，第 51 页。

现了"政治强人"型总理梅莱斯·泽纳维（Meles Zenawi），为国家推动经济发展提供了有利的文化和政治条件，也为分权体系的埃塞学习东亚发展型国家发展经验提供了现实基础。

首先，埃塞政党在埃塞近代发展过程中发挥着重要作用。埃革阵具有较强的组织动员能力，这在一定程度上弥补了联邦制结构相对松散的劣势，有助于经济政策的实施和推广。埃革阵通过积极吸纳成员增强自己的群众基础，其成员人数已从 2005 年的 76 万人增加到 2015 年的 750 万人。[①] 街道委员会（Kebele）是埃塞最基层的行政单位，在中等规模的街道委员会中，约有 1/3 的居民是埃革阵领导的地方议会成员，埃革阵通过这些成员与民众结成发展小组（Development Teams），定期召开小组会议，形成高效的动员体系。例如，每个埃革阵成员与五个以内的家庭对接，以促进农村水土保护等社区项目的实施。[②]

其次，埃塞政党积极推动官僚体系改革。在发展型国家中，忠诚高效的官僚团队是发展政策制定和执行的重要支撑。然而，官僚机构能力缺失是埃塞行政体系从古至今的一大弱点。此前军政府也没有推行有效的官僚体系改革。因此，埃革阵是推动国家机构改革和明确发展道路的主要推动力。埃革阵从 20 世纪 90 年代起持续积极推动官僚机构改革，实施了专门的公务员改革项目（Civil Service Reform Program），并在精简公务员系统、提升公共服务效率等方面取得了一定成效。目前，埃塞官僚机构改革仍然面临人力资源匮乏和机构能力不足两方面的挑战。在人力资源方面，埃塞缺乏高端人才。埃塞近 37% 的公务员受教育水平在 12 年及以下，具有大学或大专以上学历的公务员约占 28.62%，仅约 21% 的公务员具有大学文凭或证书，且大多集中在首都亚的斯亚贝巴（Addis Ababa）等主要城市。[③] 此外，埃塞政府缺乏足够的财政及非财政措施，以激励、吸引和留用人才。尽管政府已尽力提高薪酬水平，但相比政府部门，

①　Leonardo R. Arriola and Lyons Terrence, "Ethiopia: The 100% Election", *Journal of Democracy*, 2016, 27 (1), pp. 76-88.

②　Lovise Aalen, "Ethiopia after Meles: Stability for How Long?" *Current History*, 2014, 113 (763), pp. 192-196.

③　Dessalegn Rahmato and Ayenew Meheret, eds., *Challenges and Opportunities for Inclusive Development in Ethiopia: Proceedings of Conferences Held in 2017*, Addis Ababa: Forum for Social Studies, 2018, p. 144.

高端人才更倾向于从事私营部门工作。[1] 有研究显示，在埃塞既有的公务员中，仅 38% 的雇员充分参与了他们的本职工作，[2] 工作活力和效率有待提升。在制度层面，埃塞政府公务员管理体系仍然较为传统，在选拔任用的透明度、绩效的量化考核、雇员技能和道德培训等方面都有待进一步优化。

最后，埃塞政党承担了部分传统发展型国家中官僚体系的职能。埃革阵作为联邦政权最初的组织者，也是发展政策的制定者。埃革阵执委会（EPRDF Executive Committee）是埃革阵的重要决策机构，埃塞包括以五年为阶段的增长与转型计划（five-year Growth and Transformation Plan，GTP）等在内的重要的宏观发展计划框架由该机构会议（the EC meeting）讨论产生，因此，执政党在很大程度上掌握着经济政策方向。此外，埃塞在发展过程中还成立了一系列专门机构，其中部分官僚机构或直接向总理办公室（Prime Minister's Office，PMO）负责，或由总理等政党高层官员直接参与。以"国家出口协调委员会"（National Export Coordination Committee）为例，该委员会旨在促进出口和提升相关政府部门之间的协调性，由埃塞国家总理亲自负责，成员为各政府部委代表，委员会就政府各部门和机构报告中急需解决的问题进行集中讨论，并在委员会内部就解决方案达成共识，最终经由国家总理决定。[3]

（二）以多族群为基础的民主制

埃塞是一个多族群国家，全国有 80 多个民族和 80 多种语言。其中，奥罗莫族（Oromo）是埃塞第一大民族，约占全国人口的 40%；阿姆哈拉族（Amhara）是埃塞第二大民族，约占全国人口的 30%；提格雷族（Tigray）是埃塞第三大民族，约占全国人口的 8%，但在埃塞历史上扮演了重要的政治角色。

1991 年，埃塞军政府被推翻，埃塞国内就如何处理族群多样性出现

---

[1]　Tesfaye Debela and Hagos Atkilt, *The Design and Implementation of Business Process Reengineering in the Ethiopian Public Sector: An Assessment of Four Organizations*, Addis Ababa: Organisation for Social Science Research in Eastern and Southern Africa, 2011, p.151.

[2]　Solomon Markos, "Civil Service Reform in Ethiopia: Issues, Lessons, and Future Directions", *International Journal of Public Administration*, 2013, 36 (4), pp.235-247.

[3]　〔埃塞俄比亚〕阿尔卡贝·奥克贝：《非洲制造：埃塞俄比亚的产业政策》，潘良、蔡莺译，社会科学文献出版社，2016，第 91~93 页。

四种观点。① 中间派政治精英提出"埃塞俄比亚第一"（Ethiopia First）的主张，坚持对国家身份的绝对忠诚，旨在巩固国家统一和领土完整；族群民族主义者反对政治上占优势地位的族群对个别族群的压迫，认为对次国家身份即族群身份的忠诚应被放在首位；温和派，也被称为工具主义者认为，应根据地理和历史文化建立类似美国式的联邦制；而一贯主张民族自决的埃革阵则主张建立以族群为基础的族群联邦制。

埃革阵作为国家政权的最初组织者，其自身在革命时期的形成与发展充分体现了埃塞的多族群特征。埃革阵是一个跨族群的政党联盟，以"提格雷人民解放阵线"（Tigray Liberation Front，TLF，简称"提人阵"）为核心，成员党包括阿姆哈拉民族民主运动（Amhara National Democratic Movement，ANDM）、奥罗莫人民民主组织（Oromo Peoples' Democratic Organization，OPDO）和南埃塞俄比亚人民民主运动（Southern Ethiopian People's Democratic Movement，SEPDM，简称"南人运"），力图成为一个在国家层面超越单个族群的统一的意识形态型政党。建国后，埃革阵维持了其不同族群利益代表者的定位，在埃塞国内形成了埃革阵政党联盟长期合法执政的多党制政党格局，以执政联盟的形式领导国内各族群共同发展。此后，多族群基础上的民主发展思想在埃塞占据主流地位。最终，埃革阵的意见被写入《埃塞俄比亚联邦民主共和国宪法》，形成了埃塞联邦（Federal）、州（State）、区（Zone）、县（Woreda）和街道委员会（Kebele）的五级行政管理体制，全国按族群聚居情况划分为提格雷州、阿法尔州、阿姆哈拉州、奥罗米亚州、索马里州、贝尼尚古尔·古穆兹州、南方人民民族州、甘贝拉人民州、哈勒尔人民州九个自治州，另有首都亚的斯亚贝巴和德雷达瓦两个特别市。各州具有自己的立法、行政、司法机关，享有管理本州事务的权力；各族群享有包括分离权在内的无条件的自决权，保障每个族群使用和发展本民族语言，以及促进本族群文化和历史发展的权利。埃塞还特别将 1994 年宪法通过的 2 月 8 日设立为"国家、民族与人民日"（Nations，Nationalities and Peoples' Day），以倡导族群多样性。

（三）政府强力推动经济发展

埃塞政府于 2002 年制定了《埃塞俄比亚产业发展战略》（Industry

---

① 　Assefa Fiseha and Fiseha H. Gebresilassie，"The Interface between Federalism and Development in Ethiopia"，in Fantu Cheru，Christopher Cramer，and Arkebe Oqubay，eds.，*The Oxford Handbook of the Ethiopian Economy*，New York：Oxford University Press，2019，pp. 80-94.

Development Strategy of Ethiopia），指出要"推动以农业为驱动、以出口为导向的产业发展，着重扶持可以带来就业的劳动密集型产业"。① 在微观产业发展计划方面，埃塞的发展策略为以每五年为单位制定发展规划，目前已制定了《可持续发展与减贫计划（2002~2005）》（Sustainable Development and Poverty Reduction Program，2002-2005，SDPRP）、《以消除贫困为目标的加速增长和可持续发展计划（2005~2010）》（Plan for Accelerated and Sustained Development to End Poverty，2005 - 2010，PASDEP）、《增长与转型计划 I （2010~2015）》（Growth and Transformation Plan I，2010-2015，GTP-I）和《增长与转型计划 II （2016~2020）》（Growth and Transformation Plan II，2016-2020，GTP-II）等。

在农业发展上，埃塞将农业置于各项发展战略中的核心地位，制定了"以农业为先导的工业化发展战略"（Agricultural Development Led Industrialization，ADLI），旨在推动埃塞农业由小农生产向现代农业转型，具体政策包括通过信贷等政策工具鼓励农民增加在诸如使用化肥、改良种子、灌溉等现代化农业方面的投入，减少农产品中间商，让增产惠及农民等。此外，埃塞还立足以农业发展带动工业起步，推动农业转型局（Agricultural Transformation Agency，ATA）和农业商品化集群（Agricultural Commercialization Clusters，ACC）计划等农业机构和专项计划落地，为小农生产向规模化生产转型提供指导。针对干旱等自然灾害多发地区，埃塞政府还特别推出"生产安全网计划"（Productive Safety Net Program，PSNP），旨在通过完善灾害预防、预警和响应系统，减轻天灾和气候变化对农业发展的不利影响，确保本国粮食安全。

工业发展也是埃塞发展计划的重要组成部分。在促进产业融资和出口方面，埃塞颁布《银行法》和《保险法》，不允许外资银行进入其金融领域，但允许国外金融资本以贷款形式投资埃塞国有企业，强调国有银行对金融政策的作用。埃塞早在 1992 年就建立了第一个投资办公室，专门从事促进国内外投资工作。在出口方面，埃塞国家总理亲自负责国家出口协调委员会，以统筹协调出口产业。近年来，埃塞还通过开发产业园区为劳动密集型工业发展提供抓手，并为此制定了相应优惠政策，设定了埃塞俄比亚投资委员会（Ethiopian Investment Commission，EIC）和

---

① Tralac，"Industry Development Strategy of Ethiopia"，August 2002，https://www.tralac.org/files/2012/12/Industry-Development-Strategyy-of-Ethiopia.pdf. Accessed 2020-5-8.

产业园区发展公司（Industrial Parks Development Corporation，IPDC）等专门的开发和管理机构。工业园区模式吸引了包括中国在内的许多国家的企业在埃投资建厂。仅中国对埃塞的直接投资流量就由 2013 年的 1.02 亿美元迅速增长至 2016 年的 2.82 亿美元。① 东方工业园已经成为埃塞俄比亚政府可持续发展与减贫计划（GTPII）的重要组成部分，目前入园企业 80 多家，从事水泥生产、制鞋、汽车组装、钢材轧制、纺织服装、日用化工、食品以及制药等行业。②

此外，埃塞与周边大部分国家维持了良好的外交关系，在东非区域安全和经济事务中谋求积极角色。埃塞与苏丹、南苏丹、吉布提、肯尼亚等国就发展石油、电力以及食品贸易进行协商，并通过与邻国的交通和石油管道项目，扩展区域合作。埃塞在东非政府间发展组织（Intergovernmental Authority on Development，IGAD，简称"伊加特"）、东南非共同市场（Common Market for Eastern and Southern Africa，COMESA）等区域一体化组织中也较为活跃。在政府工业发展政策的推动下，埃塞工业发展水平有了很大提升：2008 年到 2018 年十年间，农业在埃塞 GDP 中的占比由 45.18% 下降至 31.19%，工业在 GDP 中的占比由 10.21% 上升至 27.26%，③ 农业劳动力占全国总就业人数的比例由 75% 下降至 68%。④

四 埃塞发展模式的挑战

（一）族群力量分化

以族群为基础的民主制为建立初期的联邦政府提供了长期稳定的发

---

① 唐晓阳、唐溪源：《从政府推动走向市场主导：海外产业园区的可持续发展路径》，《外交评论》（外交学院学报）2019 年第 6 期，第 39~61 页。

② 《园区概况》，江苏永元投资有限公司，http://www.e-eiz.com/about.php，最后访问时间：2022-12-4。

③ "Ethiopia: Share of Economic Sectors in the Gross Domestic Product（GDP）from 2008 to 2018", Statista, December 2019, https://www.statista.com/statistics/455149/share-of-economic-sectors-in-the-gdp-in-ethiopia/. Accessed 2022-12-4.

④ "Employment in Agriculture（% of Total Employment）（Modeled ILO Estimate）-Ethiopia", World Bank, September 2019, https://data.worldbank.org/indicator/SL.AGR.EMPL.ZS?locations=ET&name_desc=false. Accessed 2022-12-4.

展环境，成为埃塞经济发展的坚实基础。由于埃塞在全国范围内并不存在占绝对多数的族群，族群联邦制保障了各族群在各自治州内的较高地位，进而在次级政治系统中占主导地位。此外，分权意味着族群州政府分担了相当部分的治理责任，降低了联邦政府的治理成本，同时加强了各级地方政府的治理能力，尤其是在基础卫生服务和教育等公共服务领域，这也使得联邦政府能够更加集中于宏观发展计划的制定。

但另外，以族群为基础的民主治理体系也成为埃塞发展的潜在阻力。其一，权力下放型的政治架构在一定程度上限制了埃塞联邦政府和执政党的政策实施能力，强化了联邦政府与族群州间的政治博弈。这在 2014 年《亚的斯亚贝巴及周边奥罗莫州整合发展计划》（The Addis Ababa and the Surrounding Oromia Integrated Development Plan）的实施过程中尤为明显。该计划旨在扩大首都的城市化规模，但亚的斯亚贝巴在地理上位于奥罗莫州内，因此该整合计划涉及埃塞联邦、亚的斯亚贝巴市以及奥罗莫州三方面利益的协调。奥罗莫族人认为这一计划是联邦政府权力扩张的表现，会导致本族群在首都郊区的土地利益受损，最终该计划因奥罗莫族群的抗议而搁置。

其二，族群政治也在一定程度上影响了执政党的凝聚力和代表性。具体来看，提人阵是埃革阵最初的创立核心，[①] 但其主体却是国内族群人数相对较少的提格雷族，并由提格雷族政治家梅莱斯长期领导。随着发展的不断深入，解放战争的共同记忆逐渐在领导层代际更替过程中淡化，不同族群对政治议题的分歧开始逐渐显现。2012 年梅莱斯去世后，埃塞总理一职由前南人运领导人海尔马里亚姆·德萨莱尼（Hailemariam Desalegn）接替，但由于奥罗莫地区和阿姆哈拉地区就首都周边土地开发等事项的抗议程度不断上升，其最终于 2018 年辞职。随后，埃塞首位奥罗莫族政治家阿比走上政治舞台，并大力提拔奥罗莫及阿姆哈拉等族群的政治家，[②] 提人阵在联盟中的地位有所下降，并拒绝加入整合后的繁荣党（Prosperity Party）。提人阵对此次权力重组结果的不满直接导致埃塞北部提格雷武装与政府军之间爆发冲突，并演变为持久战，对埃塞北部的生活和发展环境造成了严重破坏。

---

① 钟伟云编著《埃塞俄比亚》，社会科学文献出版社，2016，第 104 页。

② 周瑾艳：《作为非洲道路的民主发展型国家——埃塞俄比亚的启示》，《文化纵横》2019 年第 3 期，第 29~39 页。

　　其三，族群政治对埃塞官僚体系产生了负面影响。有学者指出，官僚机构能力不足是造成埃塞大量公共项目拖延和超支的重要原因。[1] 族群因素主要从两个方面削弱了官僚体系能力。在官僚选拔方面，埃塞官僚选拔受到族群和语种配额制度限制，而非仅凭才能任免，[2] 这一方面降低了人才对政府岗位竞争的积极性；另一方面，对族群身份的强调也在官僚体系内部形成了以族群身份为基础建立的裙带关系和庇护网络，激化了族群间的政治竞争，进一步削弱了各族群间的共识。在政策执行方面，埃塞宪法赋予各州的自治权不利于联邦政策的实施，由于联邦官僚体系与州政府官僚体制之间不存在层级和负责关系，中央制定的发展计划和目标难以在联邦和各族群州之间的官僚体系内实现高效的上通下达。

　　因此，以族群为基础的联邦制和民主制度一方面在政权建立初期整合了各族群政治力量，为经济发展提供了相对稳定的政治环境，明晰了联邦与地方各级政府的职能，基层治理能力得到强化。另一方面，由族群联邦制以及票决民主共同构成的权力分散的体系，也使得埃塞在发展中的政策受益和受损的族群之间、联邦与族群州之间的矛盾和紧张局势更加突出，发展中的社会矛盾往往表现为族群之间以及族群州与联邦政府之间的矛盾，族群政治成为比阶级政治更加敏感的议题。

（二）经济增速放缓

　　埃塞通过减贫、大规模基础设施建设、积极的产业政策和投资政策实现了高速的经济增长，但继续释放新的经济增长活力还需要埃塞深入推进工业化，进一步融入全球市场。然而，埃塞当今面临的是一个已经相对完整的全球产业链，要实现可持续的经济发展目标，埃塞面临以下几方面的挑战。

　　第一，在国际层面，埃塞所面临的国际环境与东亚国家有所不同。相较于东亚发展型国家发展时的"雁行"模式（"Flying Geese" Pattern），[3]

①　Fetene Nega, "Causes and Effects of Cost Overrun on Public Building Construction Projects in Ethiopia", Ph. D. diss. , Addis Ababa University, 2008, p. 102.

②　Samuel Kenha Bonda, "Impact of Ethnic Federalism in Building Developmental State of Ethiopia", Masters thesis, Graduate School of Development Studies, International Institute of Social Studies, The Heagues, Netherlands, 2011, p. 28.

③　Kaname Akamatsu, "A Historical Pattern of Economic Growth in Developing Countries", *The Developing Economies*, 1962, 1 (1), pp. 3–25.

非洲经济体之间的经济联系更为薄弱，政治更加碎片化，尚未形成由领导国家和跟随国家构成的结构化层级，这使得埃塞经济发展政策制定的背景更为复杂，能够依托的区域资源更稀少。此外，埃塞地处"非洲之角"中部，周边国家的政治稳定也是埃塞营造稳定发展环境需要考虑的重要因素。

第二，在国内层面，埃塞政府产业政策有进一步科学化的空间。"相比激励何种行为或采取何种政策工具，探索明智政策目标的过程才是发展中国家制定工业政策的关键。"① 埃塞当前主要面临以下三方面问题。一是产业政策目标与实际生产能力存在差距。埃塞计划委副主任格塔丘在对推进中的第二个增长与转型计划的评估报告中称，GTP-II 中的大多数目标现在看来遥不可及，其中铁路、公路、制糖和农业产出尤其落后于既定目标。② 二是政府应加强对特定产业长期发展规律和发展结构的深层了解。产业政策本身具有相对市场需求的滞后性，21 世纪初埃塞国内对水泥的需求激增，因此埃塞在增长与转型计划中设立了水泥产量在五年内增长十倍的目标，却忽略了埃塞国内建筑业热潮逐渐冷却的客观趋势。③ 三是不同产业的产业政策间存在矛盾。埃塞同时制定了促进活畜出口和肉类产品出口的政策，但由于国内牲畜供应不足，活畜出口的迅速增长导致肉类产品出口商濒临破产。2012 年，埃塞肉类加工厂和屠宰场行业协会向政府提出，要求禁止活畜出口。④

第三，埃塞政府与私营部门在制定产业政策方面的合作有待加强。如何获取支持制定产业政策的各产业真实数据是埃塞政府面临的一大难题。埃塞俄比亚公共私营咨询论坛（Ethiopian Public Private Consultative Forum，EPPCF）由埃塞俄比亚商业与行业协会（Ethiopian Chamber of Commerce & Sectoral Associations，ECCSA）和政府共同支持设立，埃塞俄比亚商业与行业协会代表私人部门，埃塞俄比亚贸易部（Ministry of Trade）

① Robert H. Wade, "Rethinking Industrial Policy for Low Income Countries", *African Development Review*, 2009, 21 (2), pp. 352-366.

② 《埃塞现政府认为第二个增长与转型计划目标设定不合理》，中华人民共和国驻埃塞俄比亚联邦民主共和国大使馆经济商务参赞处，2018 年 7 月 22 日，http://et.mofcom.gov.cn/article/jmxw/201808/20180802781684.shtml，最后访问时间：2019-12-26。

③ 〔埃塞俄比亚〕阿尔卡贝·奥克贝：《非洲制造：埃塞俄比亚的产业政策》，潘良、蔡莺译，社会科学文献出版社，2016，第 126 页。

④ 〔埃塞俄比亚〕阿尔卡贝·奥克贝：《非洲制造：埃塞俄比亚的产业政策》，潘良、蔡莺译，社会科学文献出版社，2016，第 210 页。

代表政府，以提升私营部门在政策和法律制定中的参与度。但有私营部门代表指出，政府与私人部门的磋商通常是在政策流程的最后阶段，私营部门参与程度有限。[①] 另外，在由总理直接领导的国家出口协调委员会中，也尚未包括国企和私营部门在内的各领域企业家和产业协会。[②]

第四，埃塞在产业链的纵向关联方面具有较大发展空间。"垂直专业化的工业化（将国家直接嵌入全球价值链，而不是建立集成的生产结构）不能够为发展中国家提供可持续的工业化路径。"[③] 例如，在埃塞的水泥产业领域，建筑行业推动了水泥产业的兴起。能源消耗是水泥企业的主要成本支出，但由于埃塞政府不足以提供大规模生产水泥所需要的电力，故而向企业提出用石油焦和煤转换的过渡政策，但最初大部分企业不愿支付技术转换成本，只能随着煤等能源产业的发展和成本的降低，水泥的大规模生产才得以实现。[④] 在服装制造业，"大多数外国服装制造商表示，至少在未来五年内，他们不会计划采购任何本地面料（棉）"，[⑤] 因此，埃塞服装业的发展并未促进埃塞本国纺织业的发展，并且导致了埃塞纺织品进口速度加快，使得埃塞服装业只是进行低收入的来料加工工作。

第五，从长期的发展角度看，埃塞还需要继续大力普及教育，组织专业技能培训，以提供发展所需的专业人才和工业劳动力。埃塞为产业政策和出口导向设立了一系列的职能和研究机构，但机构能力和工作人员的效率也是影响经济发展的重要因素。比如，阿尔卡贝·奥克贝（Arkebe Oqubay）指出，埃塞水泥产业吸收了大量外国企业的投资，宏观产量获

---

① Mesenbet Assefa Tadeg and Samuel Teshale，"Governance in Public Sector：Implications on Private Sector Development in Ethiopia"，*SSRN Electronic Journal*，January 2019，DOI：10. 2139/ssrn. 3375994.

② 〔埃塞俄比亚〕阿尔卡贝·奥克贝：《非洲制造：埃塞俄比亚的产业政策》，潘良、蔡莺译，社会科学文献出版社，2016，第 91~93 页。

③ Jostein Hauge，"African Industrial Policy in an Era of Expanding Global Value Chains：The Case of Ethiopia's Textile and Leather Industries"，Ph. D. diss.，University of Cambridge，2018，p. 199.

④ 〔埃塞俄比亚〕阿尔卡贝·奥克贝：《非洲制造：埃塞俄比亚的产业政策》，潘良、蔡莺译，社会科学文献出版社，2016，第 135 页。

⑤ Jostein Hauge，"African Industrial Policy in an Era of Expanding Global Value Chains：The Case of Ethiopia's Textile and Leather Industries"，Ph. D. diss.，University of Cambridge，2018，p. 199.

得提升的同时，本国企业在技术和生产力方面并未获得实质性的提升。① 除了对高等人才的需求，随着埃塞下一个工业化阶段的来临，工业劳动力素质的培养也已经上升为埃塞的战略问题。人事管理和人力资源问题对企业管理和发展十分重要，然而，高旷工率和高劳动力流动率已经成为专业技术培训的重要制约因素，② 因此，亟须建立有效的工作制度和培养工业精神。

此外，外汇短缺、通货膨胀等问题也是限制埃塞经济发展的重要因素。埃塞 2018~2019 财年外汇储备为 34 亿美元，③ 货币贬值带来的通货膨胀影响了埃塞包括石油、化肥、粮食和药品在内的重要物资的进口。埃塞近年来的国内冲突使这一现状更加严峻。自冲突爆发以来，已有数十亿美元的外国投资撤出埃塞。冲突同样对埃塞的出口造成负面影响。2021 年 12 月，美国拜登政府以埃塞冲突涉及不当行为为由，进一步对其收紧制裁，宣布自 2022 年 1 月起，结束埃塞对美国市场的免关税准入。④ 埃塞国有商业银行行长阿比·萨诺（Abie Sano）表示，永久停火能够释放超过 40 亿美元的冻结资金，缓解困扰经济发展的严重外汇短缺难题。⑤ 国际货币基金组织预计，埃塞 2022 年的经济增长将会更加艰难，虽然冲突已逐渐平息，但由于供应链受埃塞国内冲突、部分地区严重干旱以及乌克兰战争的多重影响，埃塞今年的增速将放缓至 3.8%，通货膨胀将达到 35%。⑥

---

① 〔埃塞俄比亚〕阿尔卡贝·奥克贝：《非洲制造：埃塞俄比亚的产业政策》，潘良、蔡莺译，社会科学文献出版社，2016，第 139 页。

② Arkebe Oqubay, "The Structure and Performance of the Ethiopian Manufacturing Sector", African Development Bank Group, February 2019, pp. 630-650, https://doi.org/10.1093/oxfordhb/9780198814986.013.48.

③ "Macro Poverty Outlook (Sub-Saharan Africa)", World Bank, October 2019, http://pubdocs.worldbank.org/en/720441492455091991/mpo-ssa.pdf. Accessed 2022-12-4.

④ The President of the United States of America, "Presidential Documents, Proclamation 10326 of December 23, 2021", GovInfo, December 28, 2021, https://www.govinfo.gov/content/pkg/FR-2021-12-28/pdf/2021-28334.pdf. Accessed 2022-12-4.

⑤ Andres Schipani and David Pilling, "After the War Ends, Can Ethiopia's Economic 'Miracle' Get Back on Track?" *Financial Times*, June 20, 2022, https://www.ft.com/content/a74b5486-d2fa-4cdd-98d0-20a7eaf4ede2. Accessed 2022-12-4.

⑥ "IMF Staff Visit Discusses Reform Plans and Economic Developments in Ethiopia", IMF, June 21, 2022, https://www.imf.org/en/News/Articles/2022/06/21/pr22216-ethiopia-imf-staff-visit-discusses-reform-plans-and-economic-developments-in-ethiopia. Accessed 2022-12-4.

经济增长是发展型国家政权合法性的重要来源。在经济增速较为迅猛的时期，政府有较为充裕的政治空间和经济资源来满足民众的多样化诉求，而在经济增速放缓时期，发展速度逐渐不足以满足民众需求，不同群体对国内既有资源的争夺就变得更为激烈，此时公共政策便不再是能满足集体诉求的最大公约数。当奥罗莫族人为捍卫原本就紧张的农田资源而抗议首都扩建计划时，政府却无法采取合理的沟通机制和补偿手段对民众进行疏导，最终不仅导致计划搁置，甚至对埃塞的政治稳定产生影响。此外，经济增速放缓也不利于教育、医疗等福利和公共事务的展开，使民众民主素质的提升变得更加困难。

五　埃塞发展模式的前景

历史给埃塞留下的文化印记和民主政治现实之间存在的张力，最终发展出"民主"与"发展"要素相融合的独特国家形态。族群联邦制和民主制使多族群的埃塞在经历了长期专制王权、军政府高压统治和内战，族群矛盾日益累积的社会背景下，再次以联邦的形式凝聚在一起，并为联邦政府制订宏观发展计划提供了相对稳定的社会环境。虽然这在某种程度上对发展所需的权威和联邦与族群州之间的关系提出了挑战，但由于埃塞历史上的大一统文化，埃塞在民主制度下自然发展出了意识形态相对一致的政党联盟。联盟内部对不同族群都具有代表性，也感受到民众利益诉求带给政治稳定的压力，从而迫使政府在制定政策时尽量全面地考虑各族群的利益，以求政策中潜在的利益矛盾在政党联盟内部的政策制定过程中得到解决，同时又不会被个别族群利益所绑架，维持了制定和推行长期战略规划议程的政策自主性，总体上保证了民众利益表达、政治稳定和经济发展三者之间的微妙平衡。

但是，埃塞以族群为基础的民主和以政治强人为主导的发展模式的结合也潜藏着危机。随着强人领袖的去世，以及内外环境交互影响下的经济增速的放缓，提格雷族政治地位与人口占比长期倒置的问题开始凸显，不同族群之间围绕政治和经济资源的争夺越发激烈：一方面，政治的现代化转型过程需要对利益进行重新划分；另一方面，在总体增速有限的情况下，利益的重新划分就意味着将出现利益受损者和新晋获益者，而在埃塞以族群为基础的制度设计下，这种利益得失群体的划分也以族群为界限，并且重新唤醒了族群之间不平等的历史记忆。而族群冲突加剧、阿比政府的政策转向也成为导致部分重要外国投资撤离以及国际制裁的因素，这使埃塞经济增速进一步放缓，也进一步恶化了国内政治环境，削弱了政党的执政基础。这些因素使得埃塞国内矛盾不断激化，最终引发了自 2020 年底以来的内战，使数千人死亡，数百万人流离失所，数十万人濒临饥荒。

整体而言，民主发展型的模式为埃塞提供了良好的发展支撑，使其从非洲乃至世界最贫穷的国家跃升为东非一极，显示出这种模式对后发国家追赶式发展的效力。而其当前的"失利"，则凸显出这种模式对国家建构的需求。埃塞以族群为基础的民主制度设计是在内外压力之下的妥协，为其发展型模式埋下了政治不稳的隐患。埃塞需要超越以族群为基础的民主制度设计，着力建构基于国家的身份认同和意识形态，夯实发展型的民主基础。另外，埃塞需要调适和强化"发展"能力，提升执政绩效，保持较高的经济增速，以获取族群关系的缓释空间，为民主创造更有利的环境。

【责任编辑】胡洋

非洲研究 2023 年第 2 卷（总第 21 卷）
第 92—106 页
SSAP ©，2023

肯尼亚新土地精英的崛起与殖民话语的延续[*]

齐腾飞　高良敏

【内容提要】 自 1963 年肯尼亚独立，英国殖民主义在政治意义上已经终结，但土地制度却没有经历过变革。在此背景下，肯尼亚社会涌现出一批新土地精英，攫取了独立带来的土地利益，引起整个社会对独立的反思。本文通过白人高地殖民历史、与土地相关的社会结构数据和基利菲郡新土地精英故事，阐释新土地精英的崛起过程，剖析殖民话语得以延续的深层逻辑。研究发现，新土地精英获取土地主要依靠两种方式，一是"继承"白人；二是利用政府推行的土地安置计划。这两种方式的实施激活了英国长期殖民给肯尼亚人带来的苦难记忆，并由此形成了殖民话语依赖。

【关键词】 新土地精英；殖民话语；土地制度；内部殖民主义
【作者简介】 齐腾飞，深圳大学政府管理学院社会学系助理教授，深圳大学全球特大型城市治理研究院研究员，主要研究方向为东非土地问题（深圳，518000）；高良敏，清华大学国际与地区研究院助理研究员，主要研究方向为东非健康和中非农耕文化（北京，100084）。

"遥想独立那晚，我们聚在中心场地，点起篝火，手舞足蹈，敲鼓歌唱，彻夜狂欢。那时的我们天真地认为，独立就是希望，就是无限可能。沿海别墅将是我们的，白人和阿拉伯人占有的土地将归还我们，我们将过上跟他们一样的幸福生活"，基利菲郡富比尼村（Kilifi County Fumbini

---

＊　本文系国家社科基金一般项目"中国—东非农耕文化互动与发展的人类学研究"（19BSH134）的阶段性研究成果。

Village）长老谦戈（Chengo）回忆起当年庆祝独立的场景。可眺了眺不远处的海边别墅，转头望了望简陋的草房和龟裂的土地，"独立是独立了，土地也分配了，可我们却不是受益者。很多时候，我就想，我们天天'Uhuru''Uhuru'地喊着，可是我们真的 Uhuru 了吗？怎么觉着跟英国殖民时期也没啥区别呀！"[1] 谦戈叹息一声，低下了头。

以上是笔者在基利菲郡田野调查时遇到的一幕。2019 年，为了研究肯尼亚土地纠纷问题，笔者前往东海岸的基利菲郡从事为期四个月的田野调查。在访谈过程中，当地民众时常谈到对独立的期待与现实的落空。这样一种表述方式的重复出现仿佛在证明长老谦戈对国家独立的质疑并非孤案。肯尼亚社会流传着一则政治笑话：开国总统乔莫·肯雅塔（Jomo Kenyatta）为迎接即将到来的独立，给新出生的儿子起名"Uhuru"。1968 年，因政治斗争失败退出政府的开国副总统奥金加·奥廷加（Oginga Odinga），撰写了一本书——《尚未独立》（*Not Yet Uhuru*）。书名一语双关，既暗讽了政治对手，又质疑了独立本质。问题是肯尼亚业已独立 60 年，为何殖民话语依旧在社会延续？

一 从传统殖民主义到内部殖民主义

第三世界的人民在反抗殖民斗争和获得独立之后将面临一系列的社会和经济问题，独立并不意味着真正的解放和自由。[2] 而今，传统殖民主义残余依旧存在，还衍生出两种殖民主义变种，一者是全球资本主义引领下的新殖民主义，二者是发生在民族国家内部的内部殖民主义。

"内部殖民主义"（Internal Colonialism）概念产生于二战后，将此概念学术化的是墨西哥社会学家冈萨雷斯·卡萨诺瓦（González Casanova）和人类学家鲁道夫·斯塔文哈根（Rodolfo Stavenhagen）。两位学者运用"内部殖民主义"来解释印欧混血儿与印第安人在经济结构中的主导与从属关系。[3] 之后，这一概念被用来阐释民族国家内部各地区、各民族之间

---

① 独立日是 1963 年 12 月 12 日；"Uhuru"是斯瓦希里语词，"独立"之义；访谈时间为 2019 年 4 月。

② 〔法〕法农：《全世界受苦的人》，万冰译，译林出版社，2005，第 96 页。

③ Casanova Pablo Gonzalez, "Internal Colonialism and National Development", *Studies in Comparative International Development*, Vol. 4, No. 1, 1965, pp. 27–37.

政治、经济和社会的不平等，并着重强调国家内部对不同文化群体的剥削。虽然此概念产生于二战后，但其内涵早在列宁《俄国资本主义的发展》和葛兰西《南方问题的一些情况》中得到呈现。[①] 列宁在分析俄国资本主义市场时认为其他西方国家可以去海外殖民，寻找原料产地和产品市场，但作为资本主义国家最薄弱的一环的俄国情况与之不同。俄国疆域辽阔，内部市场已经由边疆建立起来，殖民主义是通过操纵内部中心与边疆的关系实现的。[②] 葛兰西分析的意大利同样是一个资本主义未能充分发展的国家，南方与北方社会发展不平衡。北方资产阶级不但在经济和政治上主导南方，还像对待海外被殖民者一样，将南方人贬损为野蛮人。[③]

　　政治边界是划分新殖民主义和内部殖民主义的标准，前者强调剥削和压迫来自民族国家之外，后者则来自民族国家内部。但是，内部殖民主义并不完全被民族国家内部的空间地理所框定，其思想传承、权力结构继承和发展模式等方面都存在国际互动因素。从学术内涵看，内部殖民主义与马克思主义、种族主义批判、反殖民主义存在继承关系，但其理论建构主要来自拉美学者提出的"依附理论"。依附理论认为，低收入国家之所以贫困，是因为其经济与富裕国家存在一种依附关系，后者凭借全球资本主义对前者展开剥削。[④] 类比依附理论，内部殖民主义将富裕国家和低收入国家之间的互动转化为民族国家内部不同文化群体的互动。许多第三世界国家内部不同文化群体在权力结构中的位置是殖民历史造成的，这一权力结构依旧主导着如今国家政策的偏向。之所以如此，是因为第三世界国家基础设施的依附性：在工业模式方面，跨国企业控制着有活力的工业部门；在上层架构方面，国内官僚和工业资本家与外国利益绑定在一起。如此，依附性基础设施在功能上相当于一个殖民机构。[⑤]

　　另外，内部殖民主义也被发达国家的学者用于解释其内部的族群剥

①　赵稀方：《后殖民理论》，北京大学出版社，2009，第 210~211 页。

②　《列宁选集》（第一卷），中共中央编译局编译，2012，第 229~233 页。

③　〔意〕葛兰西：《葛兰西文选（1916-1935）》，中共中央编译局国际共运史研究所编译，人民出版社，1992，第 226~251 页。

④　Cardoso Fernando Henrique, "The Consumption of Dependency Theory in the United States", *Latin American Research Review*, Vol. 12, No. 3, 1977, pp. 7-24.

⑤　David S. Walls, "Internal Colony or Internal Periphery? A Critique of Current Models and an Alternative Formulation", in Helen M. Lewis et al., eds., *Colonialism in Modern America: The Appalachian Case*, Boone, NC: Appalachian Consortium Press, 1978, pp. 319-349.

削。20 世纪六七十年代，内部殖民主义契合了黑人民权运动在美国风行一时。布劳纳（Blauner）认为美国反对种族主义的斗争与亚非拉各国的反殖民主义斗争非常一致，可以运用殖民主义话语分析美国社会如何被塑造成剥削黑人的殖民地。① 除此以外，吉尔伯特（Gilbert）、约翰·斯通（John Stone）等人将内部殖民主义理论扩展到美国落后地区和印第安人群体。赫克特（Hechter）锁定英国边远地区的凯尔特人，认为经济相对落后的凯尔特地区遭遇内部殖民主义的原因在于工业化导致的不平等。由于地理等偶然的因素，工业化以来中心地区与偏远地区存在发展鸿沟，不同地区和人群存在隔阂，经济优势族群利用现存社会分层系统稳定和垄断发展优势，与之前海外殖民地的控制策略如出一辙。② 近年来，不受约束的全球资本正在加剧民族国家内部各地区、各民族之间的经济和社会不平等，内部殖民主义越来越被视为分析此类发展模式的工具。

综上，内部殖民主义呈现疆域内部经济优势地区和族群对相对弱势地区和族群的剥削和压迫，造成这种状况的原因不仅在于国家内部，也在于国际资本的介入。亚非拉学者之所以提出或使用内部殖民主义，源于漫长的殖民历史导致的殖民话语依赖，此概念易被接受和传播。但需要注意的是，此概念本身存在一定的危险性，类比殖民压迫与国内差距，容易导致民族中心主义、分离主义，乃至国家认同的消解。

与拉美社会不同，肯尼亚没有孕育出作为统治者的混血儿群体，但两者受西方殖民主义影响的本质相同，西方殖民主义依旧是内部殖民主义的渊源。殖民时期，英国殖民政府凭借其军事和其他方面的优势占据土地，奴役土著居民劳动，为其工业生产和贸易提供原材料。占据土地采用的策略是土地异化政策（Land Alienation）③，即抹去原有土地的权利关系，从而为获取土地披上"合法"的外衣，具体操作方法为"宣布占领无主荒地""声称部落领袖让渡""租赁或购买"。④ 二战后，日不落帝国国力衰落，殖民地民族独立运动高涨，1952～1960 年肯尼亚境内爆发

① Blauner Robert, *Racial Oppression in America*, New York: Harper & Row, 1972, pp. 19-50.

② Hechter Michael, *Internal Colonialism: The Celtic Fringe in British National Development*, *1536-1966*, Berkeley: University of California Press, 1977, pp. 164-207.

③ 根据 Etymonline，alienation 来自古法语 alienacion，指的是"所有权转移，疏远行为"；来自拉丁语的 alienationem，则为"转移、交出、分离"之意。土地异化，指的就是剥离原有土地上的权利。

④ Judi Wakhungu and Christopher Huggins, eds. , *Land Tenure and Violent Conflict in Kenya*, African Centre for Technology Studies, 2008, pp. 1-24.

了争取"土地"和"独立"的茅茅运动。茅茅运动最终被镇压，但英国政府也付出了高昂的军费代价。^① 在国际压力、国力衰退和殖民地反抗的背景下，英国与肯尼亚政治精英经过三次兰开斯特宫（Lancaster House）谈判，达成了保护英国经济利益换取政治独立的方案。^② 兰开斯特宫会议确定的宪政原则是现有土地产权必须得到保护，政府如果征用私人土地必须基于公共目的，同时给予公正补偿。土地买卖问题，必须基于双方意思自治。^③ 肯尼亚独立后，英国殖民主义在政治意义上已经消失，而政治独立的妥协性对应着经济和文化的发展畸形。滞留的欧洲人依旧占有土地，离开的欧洲人出售、赠送或抛弃土地，这扰乱了肯尼亚社会的土地分配秩序，加剧了土地冲突，将肯尼亚拉进了内部殖民主义的泥淖。本文基于在基利菲郡搜集的田野材料，借助文本档案和观察访谈资料，描述新土地精英的崛起路径，阐释西方殖民主义与内部殖民主义之间的承接关系。

二　新土地精英与土地制度延续

　　新土地精英，是相对旧土地精英而言的，旧土地精英指的是殖民时期在肯尼亚经营土地庄园的欧洲移民，新土地精英是肯尼亚独立后获取土地利益的黑人。土地精英群体的转变是西方殖民主义和内部殖民主义的本质区别。旧土地精英的产生得益于殖民政府针对欧洲白人的移民和授地政策，而新土地精英的崛起源于对前者的"继承"。

　　土地问题的症结主要在于"白人高地"（White Highlands）问题。白人高地位于肯尼亚西南部，面积约 3 万平方公里，占肯尼亚总土地面积的 5%。之所以被称作白人高地，是因为这片土地的产权只属于白人，其他族群，如亚洲人和黑人无权染指。这片肯尼亚最为肥沃的土地，其归

---

①　英国承受了 5500 万英镑的军费，参见 Gerlach Christian, *Extremely Violent Societies: Mass Violence in the Twentieth-Century World*, Cambridge: Cambridge University Press, 2010, p. 213.

②　兰开斯特宫位于伦敦圣詹姆斯区，毗邻圣詹姆斯宫和白金汉宫，曾是王宫建筑群的一部分。作为英国外交和联邦事务部的办公场所，兰开斯特宫见证了英国近代政治风云。

③　UK Parliament Hansard Kenya, "British Farmers", Vol. 703, "Debated on Friday 4 December 1964", https://hansard.parliament.uk/Commons/1964-12-04/debates/9f9758e3-fd13-4e03-8383-5571e10150f4/Kenya（British Farmers）.

属历史见证了西方殖民主义向内部殖民主义的转化。

殖民前，白人高地上的大部分土地属于马赛人（Maasai）。19 世纪末，牛瘟、干旱、天花肆虐，导致 90% 的牲畜和 2/3 的人口死亡，马赛人实力大损。[1] 与此同时，基库尤人（Kikuyu）蚕食其地，马赛内部兄弟阋墙，莱邦（Laibon，仪式领袖）莱纳纳（Lenana）选择与英国殖民者合作，对付共同的敌人。1898 年，莱纳纳被东非保护国政府任命为马赛首席大酋长。之后，英国殖民者强迫莱纳纳签署了两个租期为 999 年的条约，即 1904 年和 1911 年的《马赛协议》，通过租赁方式让渡土地。1904 年《马赛协议》创造出两个保留地供马赛人居住，一个是莱基皮亚（Laikipia），另外一个则是恩贡（Ngong），规定只要马赛人存在，就可以永久占据保留区，不允许欧洲人或其他定居者占领土地，但马赛人需要撤出裂谷地区。随着欧洲移民进入，土地需求增加，殖民政府侵占马赛人保留区，催生了 1911 年《马赛协议》，将马赛人压缩到南部的卡贾多郡（Kajiado）和纳罗克（Narok）。[2] 在军事压力下，马赛部落选择南迁。南迁过程中，马赛人遭受大量的牲畜和人员损失，而南迁后的土地贫瘠，游牧经济自此一蹶不振。西方殖民主义改变了土地的占有格局，为内部殖民主义创造了前提条件。

20 世纪初，拖拉机、推土机等农业机械的大规模推广还不普遍，农业生产主要依靠劳动力。无论是最初移民肯尼亚的白人群体，还是英国一战退伍士兵，数量有限，且无意从事稼穑劳作。发展种植业需要劳动力，游牧的马赛人显然不合适，而位于白人高地附近从事农耕的基库尤人成了理想的"合作对象"。殖民者的这一选择，既为繁荣殖民地经济奠定了基础，也为之后的内部殖民主义提供了主体。作为耕种的回报，基库尤人可以居住在农场，获得一块土地种植庄稼和饲养牲畜。基库尤人成为"白人高地"上的"租客"。协作初始，因为土地和劳动力存在互补关系，欧洲移民与基库尤人相处较为融洽。好景不长，两者关系开始恶化。一战后，农业机械大量涌入肯尼亚，降低了对劳动力的需求。而此时白人高地上的基库尤人数量增长，垦荒规模扩大。英国农场主和基库尤人不断削弱的互补性酝酿着矛盾，最终导致"茅茅运动"。运动最终被

---

① Christine Nicholls, "Rinderpest Brings Disaster in the 1890s", *Old Africa*, November 25, 2017.

② A. W. Kabourou, "The Maasai Land Case of 1912: A Reappraisal", *Transafrican Journal of History*, No. 17, 1988, pp. 1-20.

平息，但英国政府难以维系殖民统治，决定给予肯尼亚独立权。

肯尼亚即将独立的消息引起欧洲移民的恐慌，毕竟其在肯尼亚社会的优先地位源于殖民政府。欧洲移民希望继续留在肯尼亚，但如果局势恶化，他们应该有计划出售农场，变现离开。英国政府出台了提供贷款支持的"百万英亩安置计划"（One Million Acre Scheme）。英国议会讨论此事时，针对农场大小采取了区别对待策略。1960 年，3600 个农场中，800 个面积在 2000 英亩（1 英亩 = 4046.86 平方米）以上的大农场不动，保持现有土地占有格局，保持英国影响力；2800 个 2000 英亩以下的"小农场"总占地 280 万英亩，被决定用来出售。后因预算限制，英国将其中 1000 个"小农场"纳入计划，安置 7 万个非洲家庭。计划于 1962 年实施，大约 120 万英亩土地以 2500 万英镑的价格售出。独立前后，许多欧洲人出售了土地，离开了肯尼亚。[1] 百万英亩安置计划为内部殖民主义的主体提供了财力保障，这些主体主要是独立后的官员。独立政府官员主要来自基库尤人、卢奥人（Luo）、卢希亚人（Luhya）、卡伦金人（Kalenjin）、康巴人（Kamba）、恩布人（Embu）和梅鲁人（Meru）。由于卢奥人、卢希亚人、卡伦金人和康巴人的主要活动范围分别在维多利亚湖东侧、肯尼亚西部、裂谷地区和东部内陆地区，白人高地上的大多数农场被基库尤人及其亲缘族群（即恩布人和梅鲁人）的政客们贷款赎买，并分配给了所在家族。

财力保障之外，殖民土地法律制度也为独立政府所继承，构成了内部殖民主义的制度保障。1963 年之前，殖民政府推行土地异化政策，将非洲诸部落压缩在土壤贫瘠的"土著保留地"，将高产土地界定为"王室土地"（Crown Land），由总督代表英王直接控制，分配给欧洲移民。[2] 1963 年后，殖民政府将尚未分配的土地移交给了独立政府，独立政府也继承和延续了原有的土地制度。"王室土地"改了一个名字——"官地"（Government Land），《官地法》（Government Land Act）就继承了《王室土地条例》（The Crown Land Ordinance）的精神。"土著保留地"也改了一个名字，叫作"信托土地"（Trust Land）。信托土地本来应该代表传统

---

① UK Parliament Hansard Kenya, "British Farmers", Vol. 703, "Debated on Friday 4 December 1964", https://hansard. parliament. uk/Commons/1964-12-04/debates/9f9758e3-fd13-4e03-8383-5571e10150f4/Kenya（British Farmers）.

② J. M. Klopp, "Pilfering the Public: The Problem of Land Grabbing in Contemporary Kenya", *Africa Today*, Vol. 47, No. 1, 2000, pp. 7-26.

社区土地所有者的利益，但1963年《宪法》对"信托土地"的认证条件过于苛刻，致使在实践中，"信托土地"往往被当作"官地"处置。[①] 殖民时期，殖民政府奉行"间接统治"，划定"土著保留地"后，很少干预保留地内部事务，任由土著按照习惯法处置。1963年《宪法》则将成文法适用权延伸到"土著保留地"，殖民土地制度得以进一步延伸。[②]

在土地制度延续的背景下，新土地精英得益于旧土地精英。以基库尤人为代表的"租客"，或接受欧洲移民的馈赠，或向政府申请贷款，或因家族内有政府官员，一跃成为新土地精英。当然，通过这种方式成为新土地精英的是基库尤少数精英家族。与此同时，大多数普通农民表现迟钝，一者在于财力所限，不敢冒险贷款，毕竟一些冒险者发现耕作土地无法支付贷款，会陷入债务危机；二者在于他们秉持一种观念——花钱购买在传统上属于自己的土地不可理喻。独立初期的土地赎买运动，在社会结构中占优势地位的政治精英家族近水楼台，率先出击，承接了一部分西方殖民者的土地，导致肯尼亚土地占有格局发生巨大变化（见表1）。独立前，大农场都被欧洲人把持着，亚洲人（指印度人和阿拉伯人）和非洲人被排斥在外；而到了独立后的1970年，大农场主数量从2000人减到1800人，而非洲人则占了大农场主数量的一半。同殖民政府一样，独立政府依旧在土地政策上排斥亚洲人。权力与利益是一对孪生兄弟，借助权力，政治精英们摇身一变，成为土地精英，这也就解释了现在肯尼亚大农场几乎都归属政治精英家族。[③]

表1 1950年、1960年和1970年肯尼亚社会结构（仅展示与土地相关人群）

	1950		1960		1970	
	数量（千人）	比例%	数量（千人）	比例%	数量（千人）	比例%
大农场主	2	0.1	2	0.1	1.8	0.1
非洲人					0.9	

---

① 土地认证需要在1963年5月31日前登记注册，由于时效和习惯法等问题，土著保留地内的大量土地并未登记。

② 1963年《宪法》208（11）的原文是"No right, interest or other benefit under African Customary law should have effect for the purposes of this section to the extent to which it is repugnant to any written law"。

③ Branch Daniel, *Kenya: Between Hope and Despair, 1963–2010*, New Haven: Yale University Press, 2011, pp. 89–120.

续表

	1950		1960		1970	
	数量（千人）	比例%	数量（千人）	比例%	数量（千人）	比例%
亚洲人						
欧洲人	2		2		0.9	
农业小资产阶级	71.9	4.8	97.2	5.2	234.2	9.5
农业无产阶级	1035.7	68.9	1203.2	64.9	1202.3	48.8
……						
合计（仅男性劳动力）	1504.2	100	1853.6	100	2465.8	100

资料来源：Berg-Schlosser, "The Social and Economic Bases of Politics in Kenya: A Structural and Cultural Analysis", Ph. D. diss., University of California, Berkeley, 1979; Kenya Statistical Abstracts, 1981-1986。

与独立政府和基库尤大地主承接白人土地形成鲜明对比的是马赛人。独立前夕，马赛代表向英国殖民政府请愿，要求归还土地，被英国殖民政府以将权利和义务移交独立政府搪塞。2004 年，即 1904 年《马赛协议》签字百年，马赛人向现政府请愿，要求归还百年前协议上租赁的土地，并对大规模迁徙时造成的牲畜损失和人口死亡进行赔偿，得到的是警察的暴力驱散。当时的土地与安置部部长声称，"租赁期限是 999 年，不是 99 年，建议马赛人 899 年后再提出主张"。[1] 那么百年前马赛领袖莱纳纳签署的协议有效吗？尽管莱纳纳是"莱邦"，但只是仪式领袖，没有权力支配他人土地。之后他被冠以马赛首席大酋长的头衔，如同"马赛王"，仿佛拥有了变更土地占有方式的权力。但事实上，首席大酋长职位是英国人授予的，并非马赛人内部制度的产物。另外，英国人也未必认可酋长拥有土地决定权。英国法学家梅因已有相关阐释，"如果因为首领逐渐得到承认，便认为他是全部或大部分部落土地的合法拥有者，并可以改变传统的土地占有和耕作方式，那是对实际情况的严重曲解"。[2] 但是，按照法律形式主义，马赛人陷入了一种悖论，如果承认《马赛协议》则需要等待 899 年；如果不承认《马赛协议》则很难证明白人高地之前的土地权属。即便独立政府承认《马赛协议》，土地在名义上归马赛人所

[1] Rasna Warah, "Betraying the Maasai", The East African, October 5, 2008, https://www.theeastafrican. co. ke/tea/magazine/betraying-the-maasai-1292256. Accessed 2023-3-20.

[2] 〔英〕梅因：《早期制度史讲义》，冯克利、吴其亮译，复旦大学出版社，2012，第 126~127 页。

有，但是近千年的土地无效占有无异于丧失了所有权。西方殖民者提供的先发地位、财力和制度保障为基库尤大地主奠定了内部殖民主义主体的地位，而马赛人则成了内部殖民主义的客体。百年前，英国殖民主义剥夺了马赛人的土地；尽管政权更迭，但内部殖民主义承接了历史，延续土地剥夺状态。

三　经济强势民族的流动与土地占有

上文阐释白人高地问题时，聚焦点在精英家族少数群体身上，但也折射出基库尤人在内部殖民主义结构中的强势地位。在白人高地和其他地域，基库尤人都有着强势地位。首任总统执政期间（1963～1978 年），基库尤人的区域流动和土地投资颇为频繁。这些流动的群体，不仅包括基库尤精英家族，也包括基库尤普通有产阶层。基库尤社会之所以会产生领先其他民族的有产阶层，得益于斯温纳顿计划（Swynnerton Plan）。①

殖民时期，英国殖民政府担心土著种植经济作物实现经济自由而无法为白人农场提供劳动力，不允许土著私自种植咖啡、茶叶、棉花等经济作物。在这种情况下，土著普遍贫困，没有产生有产阶层的条件。"茅茅运动"后，殖民政府为减弱土著对抗，推出了增加土著社会发展机会的斯温纳顿计划。斯温纳顿计划在土地产权、贷款、经济作物种植等方面给予土著机会，计划实施后，许多非洲家庭能够拥有一块明确产权的土地建设小农庄，既供养了家庭，也提升了生产效率。② 1955 年，小规模农庄的产值是 520 万英镑，而到 1964 年，增长到 1400 万英镑。③ 由于肯尼亚的优质土地主要集中在白人高地，白人高地的农业产值占整个国家的八成，斯温纳顿计划实施后，身处白人高地的基库尤人成为肯尼亚最为富庶的民族，乡村也出现了一些富裕起来的农民。④

---

①　该计划因英国农业部官员罗杰·斯温纳顿（Roger Swynnerton）提出而得名。

②　Collier Paul and Lal Deepak, *Labour and Poverty in Kenya, 1900-1980*, Oxford：Clarendon Press，1986, pp. 44-45.

③　Ochieng' William Robert, "Structural & Political Changes", in Ogot Bethwell Alan, ed., *Decolonization and Independence in Kenya, 1940-93*, Oxford：James Currey, 1995, pp. 83-109.

④　Atieno-Odhiambo and Elisha Stephen, "The Formative Years：1945-55", in Ogot Bethwell Alan, ed., *Decolonization and Independence in Kenya, 1940-93*, Oxford：James Currey, 1995, pp. 25-47.

国家独立减少了对土著跨区流动的限制，而独立政府之后推行的土地安置计划为基库尤人全国赎买土地创造了机遇。也许政府本意是通过土地安置计划给予土著明确的土地产权，无意扩大民族之间的差距，但具有先发优势的基库尤人通过各处买地成为内部殖民主义的主体。在此，需要了解的一点是，土地安置计划并非按照"耕者有其田"的原则重新分配土地，而是需要支付货币进行赎买。只有支付购地款，土著才能通过土地登记造册获得地契，合法占有土地。① 在基利菲郡，土地安置计划涉及的土地是独立政府从殖民政府继承的官地，这些官地除了官员群体和有财富积累的村落长老外，当地主体民族米基肯达人（Mijikenda）中的绝大多数几乎无财力赎买。当时，有财富积累的基库尤人有能力支付购地款，成为基利菲郡的小地主。

基利菲郡最为古老的俱乐部是基利菲会员俱乐部（Kilifi Members Club），最豪华的俱乐部是水塔俱乐部（Mnarani Club）。基利菲会员俱乐部建于 20 世纪 30 年代，隶属殖民政府，参照蒙巴萨俱乐部惯例，只招待白人，黑人除当侍者外，概不能进。独立后，俱乐部移交给了基利菲郡政府，后转让给卡比瑞（Kibiru）经营。卡比瑞是基库尤人，家乡在肯尼亚山附近。30 多年前，卡比瑞来到基利菲，以低廉的价格购置了 600 英亩"官地"种植腰果发家致富，随着其经营业务的增多，其成为基利菲人嘴边的"女首富"。会员俱乐部对岸，同样位于基利菲湾岸边朝向印度洋的水塔俱乐部，提供帆船、住宿、餐饮、音乐等服务，其费用远超当地民众的生活承受能力。而水塔俱乐部的建造得益于土地安置计划。1963 年，内罗毕肯雅塔家族的成员在印度洋出海口购买了大片土地，为发展旅游业，修建此俱乐部。②

基库尤人是肯尼亚的合法民族，其在肯尼亚境内购置土地的行为恪守法律和市场经济规律。尽管基库尤人的到来激起了当地民众的不满，然而其合理合法的赎买土地行为让当地人有苦难言。在一国范围内，不

---

① Waaijenberg Henk, *Land and labour in Mijikenda Agriculture, Kenya, 1850 - 1985*, Leiden：African Studies Centre，1993，pp. 20 - 23.

② 被访谈人：Kibiru；访谈时间：2019 年 1 月。

同地域和不同民族经济发展水平不均衡，致使相对发达地区或富庶民族可以凭借优势地位通过法律和经济机制从相对落后地区和贫困民族中汲取经济利益。这种关系经常被当地民众视作殖民时期白人与黑人关系的翻版。相比于耕地和牧场，俱乐部等休闲设施的归属对内部殖民主义而言，有更强的视觉冲击力。基利菲郡沿海别墅、餐馆和俱乐部，其所有权除了归欧美商人外，主要归代表内部殖民主义的基库尤人、西方殖民者后裔和阿拉伯人。这些休闲娱乐设施几乎霸占着所有地势平缓且覆盖银沙的海滩，增加了当地民众前往海边休闲的交通和时间成本。这样一种沿海景观配置不停唤醒基利菲民众的殖民记忆，也不停引导其对现状展开殖民的想象力。

与内陆相比，位于沿海的基利菲，其殖民历史更为复杂。独立前，基利菲土地名义上属于桑给巴尔苏丹国，实际属于英国殖民政府。这意味着基利菲的土地殖民历史不仅涉及西方人，还涉及从 10 世纪起就开始在东非沿海殖民的阿拉伯人。而今基利菲的土地占有格局，既受长时段的殖民历史影响，也与独立初期的社会骚动相关。

> 独立初期，米基肯达人靠"自力救济"的方式获取了部分土地利益。基利菲郡治所附近在独立前有三个大农场主，分别是英国人威尔森（Wilson）、英国人密克文（Meckwan）和阿拉伯人马吉德（Majid），他们都拥有 4000 英亩以上的种植园。1963 年底，肯尼亚独立，基利菲东海岸阿拉伯人的土地利益靠肯尼亚与桑给巴尔苏丹国签署的协议获得保障。1964 年，桑给巴尔岛发生革命，政权被推翻，阿拉伯人失去了保护伞。米基肯达人发生群体暴动，砍了阿拉伯农场主的头，私分了土地，其他阿拉伯人的土地也受到不同程度的瓜分。独立政府对此事件"睁一只眼，闭一只眼"，默许了私分阿拉伯人土地的做法。受"砍了阿拉伯农场主头"的刺激，密克文担心事故发生返回英国，将土地留给了基库尤管家乔客亚（Johnkia）打理。乔客亚希望实现安全和财富的两全，将土地细分出售。威尔森选择留下，而今其后代继承的基利菲种植园（Kilifi Plantations）成为当地最大的种植园，专门从事乳制品加工、剑麻制造业和园艺管理，也是东非最大的原料奶生产商之一。[①]

---

① 被访谈人：Chengo, Juma, Amina 等；访谈时间：2019 年 2 月。

独立初期，基利菲郡三个大农场的产权变动映射出该地米基肯达人与各种殖民主义的复杂关系。如上文所述，基库尤管家的"近水楼台"显示了其成为内部殖民主义主体的条件。对米基肯达人而言，阿拉伯人的土地意味着古代阿拉伯人殖民主义的残余。当阿拉伯人势力强盛之时，米基肯达人无法染指土地，而随着肯尼亚独立和桑给巴尔苏丹国垮台，维持土地产权的外部强力瓦解，阿拉伯人丧失了维持现状的能力，许多土地被瓜分。殖民时期，英国人占据农场意味着存在近代殖民主义，独立后，这种殖民主义转化成了内部殖民主义。转化的条件是肯尼亚宪法所保障的"双重国籍制度"。

独立初期，尽管英国农场主密克文受"砍了阿拉伯农场主头"的刺激选择回国，但当地并未发生过针对英国人的血腥冲突。之所以如此，是因为独立初期，肯尼亚军队依旧被英国人控制，英国人的土地利益得到充分保障。以反殖民为旗号，基利菲民众曾向独立政府请愿要求收回英国农场主的土地，但独立政府劝导民众遵守独立建国契约。殖民时期，绝大部分土地是官地，租约是 99 年，到期归还当时政府。然而，租约协议因殖民者后裔的身份问题发生了改变。

> 2018 年，基利菲种植园历时 99 年的租约到期，民众则向郡政府请愿，要求收回种植园，分配土地。然而政府的回复是，"基利菲种植园是本地少有的大公司，每年生产和出口大量的剑麻和乳制品，创造了 300 多个工作岗位。同时，种植园里面办了七所中小学，接纳了一些企业，拉动了当地经济和社会发展，应该继续持有"。种植园附近三个村落的村民不忿，发动群体事件，占领农场，丈量土地，之后瓜分。农场主克里斯托弗（Chrisiopher）招来警察驱逐，并逮捕了带头的 14 位村庄长老。法庭之上，克里斯托弗证实自己拥有肯尼亚国籍，从小就生活在这片土地上，是肯尼亚人，应该享有永久产权，而非 99 年，更不应该被以殖民者相待。村民愤愤不平，却无可奈何，毕竟肯尼亚宪法承认双重国籍制度。①

双重国籍制度能够拉动国外投资，增加税收和财政收入，成为诸多

---

① 被访谈人：暴动村落长老 Francis；访谈时间：2019 年 3 月。

国家提振经济的一种手段。与此同时，双重国籍制度打通了国外投资者享受国民待遇的渠道，凭借经济上的优势地位，国外投资者很容易抢占相对贫困国家的资源。而在身份认同上，投资者可以在功利主义和文化认同的纠葛中随时随地变化。这种弹性的身份制度成为殖民者后裔的保护伞，将西方殖民主义转变成内部殖民主义。

独立初期社会处于骚乱状态，政府对米基肯达人私分阿拉伯人的土地持默认态度，秩序稳定后通过集体暴动获取土地不具备可行性。在骚乱中失去土地的阿拉伯人通过诉讼手段卷土重来，又增加了土地产权的不确定性。与西方殖民者后裔不同，至少从 10 世纪开始，阿拉伯人就陆续在东非海岸定居，与当地黑人通婚，共同孕育出混血的斯瓦希里人和独特的斯瓦希里文明。他们早已融入肯尼亚社会，没有阿拉伯国家的国籍，对黑人将自己描绘成外国人和殖民者从而抢占土地的做法不以为意。尽管在社会骚乱之时，许多阿拉伯人丧失了土地，但保留了地契。凭借原有地契，阿拉伯人展开了时至今日依旧没有结点的法律诉讼。法律诉讼持续时间长，结果往往不是终审判决，致使土地产权一直处于不稳定状态，这不仅贬损了土地长期投资和收益的价值，还不断刺激着米基肯达人和阿拉伯人在殖民历史中的创伤。

相对本土米基肯达人而言，基库尤人、欧洲殖民者后裔和阿拉伯人在政策倾斜、经济优势和合法地契方面皆处于优势地位。基库尤人凭借土地安置计划前来购地，欧洲殖民者后裔凭借身份的流变续占土地，阿拉伯人手持地契前来讨地，三种情况同时在基利菲出现，激活了米基肯达人比较历史与现时殖民主义的动力，并实现了对古代阿拉伯人、近代英国殖民者和当代基库尤人的深度绑定。

结　语

二战后，伴随着民族独立运动和去殖民化运动，许多第三世界国家摆脱了西方殖民主义的统治和剥削，但是这些国家内部依旧存在统治与被统治、剥削与被剥削的关系。传统的阶级理论无论按照生产资料的占有标准，还是财富、权力和声望的标准，都未探讨阶级和民族之间的关系，而内部殖民主义弥补了这一遗憾。但需要强调的是，内部殖民主义的解释路径存在缺陷，一者，内部殖民主义忽视了民族内部的阶级分化，统治民族基库尤人剥削和压迫马赛人或米基肯达人的断言是片面的，基库尤人内部也有很多穷人，他们没有能力去剥削其他民族，同样马赛人或米基肯达人内部也存在阶级分化；二者，内部殖民主义没有提出区分内部殖民主义关系与阶级关系的标准，如果说权力精英与平民阶层存在剥削与压迫关系的话，那不应该是殖民关系，而是阶级关系。

　　话虽如此，然而回溯历史、对照现实，殖民话语的延续却显得更为契合。肯尼亚国家独立是英国政府让渡的，独立宪法是与英国政府协商的，政治精英赎买土地的贷款是英国政府提供的，政治精英巧取豪夺土地的产权缺陷是殖民者遗留的，基库尤人比其他民族富庶是斯温纳顿计划创造的，肯尼亚土地占有现状是英国殖民主义造成的。这也就是说，肯尼亚国家独立在更大意义上是一种政治独立，一种摆脱英国殖民主义的民族独立。独立却未对土地制度进行彻底变革，这对被英国殖民统治日久的普通民众而言，无异于殖民场景的再次上演。殖民主义话语延续的实质在于现有的土地占有格局激活了英国长期殖民给肯尼亚普通民众带来的苦难记忆，并由此形成了殖民话语依赖。

【责任编辑】胡洋

非洲研究　2023 年第 2 卷（总第 21 卷）

第 107—122 页

SSAP ©，2023

论非洲传统文化对南非当代刑法的影响[*]

郭　炯　易可欣

【内容提要】传统文化是非洲各族人民千百年来创造并流传下来的精神文化财富，其蕴含的刑罚原则、刑法规则展现出独特的魅力，对维护非洲传统社会结构和社会秩序发挥着基础性作用。20 世纪 90 年代开始，在促进民族团结与和解的背景下，以宪法法院援引乌班图废除死刑、《宪法》承认刑事习惯法的地位为缘起，标志着非洲传统文化在南非刑法中的回归，并开始重塑因殖民统治和种族隔离而遭到破坏的南非刑法。30 余年来，南非以非洲传统文化中的乌班图和刑事习惯法为基础，推动了刑法的本土化进程，对当代刑法中的刑罚体系和犯罪构成产生了重大影响。

【关键词】非洲传统文化；南非刑法；乌班图；刑事习惯法

【作者简介】郭炯，湘潭大学法学学部讲师、法学博士，主要研究方向为非洲法；易可欣，湘潭大学中国—非洲经贸法律研究院科研助理，主要研究方向为非洲法（湘潭，411105）。

非洲传统文化"为解决现代工业化社会的种种缺陷和弊端提供了极为有益的精神文化资源"，[①] 其蕴含的刑罚原则和刑法规则对新南非实现民族团结与和解起到了重要作用，在当前南非刑法现代化过程中继续担负着历史镜鉴的使命。本文对非洲传统文化中的刑法要素进行解读，分

---

[*]　本文系 2020 年度国家社会科学基金重大项目"非洲国家和地区法律文本的翻译、研究与数据库建设"（20&ZD181）的阶段性研究成果。

[①]　刘鸿武：《关于"非洲传统文化与现代化"研究的若干问题》，《西亚非洲》1996 年第 3 期，第 16 页。

析非洲传统文化在南非刑法中回归的缘起，进而探讨非洲传统文化对南非当代刑法影响的路径，以期加深对南非法律改革一般性规律的认识和理解。

一　非洲传统文化中的刑法思想及其在南非刑法中的回归

非洲传统文化是非洲各族人民千百年来创造并流传下来的精神文化财富，其蕴含的刑罚原则、刑法规则展现出独特的魅力，对维护非洲传统社会结构和社会秩序发挥着基础性作用。

（一）非洲传统文化中的刑法思想

"部落文化是非洲传统文化的基本特征"，"对内人们亲如一家，互助分享；对外则或消极共处，各部落相互分隔，不来往，不通婚，或互相敌对，或兵戎相见"。[①] 在这种封闭型的熟人（家族）社会中，人与人之间的关系更加强调伦理、稳定和包容，演变出一种"补偿性而非惩罚性"[②] 的刑罚原则，其中以乌班图最为典型。乌班图（Ubuntu），完整表达是"Umuntu ngumuntu ngabantu"，可追溯到南部非洲的班图人，意为"人之为人，皆因他人之存在"。[③] 乌班图广泛存在于撒哈拉以南非洲的大部分地区，不过因语言不同在不同国家的称谓有所区别，例如安哥拉为"Gimuntu"，刚果为"Bomoto"，肯尼亚为"Umundu"，莫桑比克为"Vu-muntu"，纳米比亚为"Uuntu"，坦桑尼亚为"Bumuntu"，等等。乌班图作为非洲传统文化的重要价值观之一，体现在南非人社会生活的各个方面，包含了"相互联系、共同人性、集体分享、服从、谦逊、团结、社群主义、尊严和互相负责。同时，也是一种'己所不欲，勿施于人'的处世原则"。[④] 基于乌班图的非洲传统刑罚哲学"主要目的是维护受害人

---

① 李保平：《论黑非洲传统文化的基本特征》，《北京大学学报》（哲学社会科学版）1993年第 6 期，第 100 页。

② 洪永红：《当代非洲法律》，浙江人民出版社，2014，第 61 页。

③ 李安山：《论非洲共享价值观的源流、内涵及其实践》，《西亚非洲》2022 年第 6 期，第 4 页。

④ Ndjodi Ndeunyema, "Reforming the Purposes of Sentencing to Affirm African Values in Namib-ia", *Journal of African Law*, 2019, 63（3）, p. 342.

及其权利，对犯罪施以制裁的目的不在于惩罚犯罪人"，而是"恢复受害人利益至受害前的状态和恢复社会至被犯罪人破坏前的状态"。① 而且，"几乎所有最严重的、最特别的犯罪都是采用类似于仲裁而不是惩罚的制度进行处理"。②

　　非洲传统文化主要是非洲人在历史上创造并流传下来的大众口头文化，"古代黑非洲几乎没有人专门进行理论思想和精神产品的创造，……在殖民主义入侵以前基本上没有文字"。③ 以谚语为代表的口传习惯法"在非洲传统社会精英文化不发达的情况下……在黑非洲传统社会裁断案件、调解纠纷的法庭上被广泛使用"。④ 国内学者一般认为，非洲习惯法是非洲各个族体的人们在长期的生活和劳作过程中逐渐形成的，被用来分配人们之间的权利、义务，解决他们之间的利益冲突，且主要是在一套特殊的神灵崇拜、祖先崇拜等关系网络中，以口述方式被贯彻实施的规范。⑤ 可以看出，非洲习惯法具有尊奉神灵、崇拜祖先、尊重传统、注重集体本位、强调社会和谐的特征。非洲习惯法的主体内容是民事法律，刑事法律较少。⑥ 而且，犯罪行为和侵权行为的界限没有明显区别。以当代刑法为标准，刑事习惯法在内容上类似自然犯罪⑦的规定，包括侵犯人身权利的犯罪，诸如杀人、强奸、故意伤害；妨害司法程序的犯罪，诸如藐视法庭、妨碍司法程序；侵犯财产罪，诸如盗窃、欺诈、敲诈勒索。⑧ 但刑事习惯法与其现行刑法又存在一些差异。以强奸罪为例，其与

---

① 洪永红：《非洲刑法点评》，《人民法院报》2006 年 1 月 6 日，第 B04 版。

② 洪永红、夏新华等：《非洲法导论》，湖南人民出版社，2000，第 25 页。

③ 徐济明：《非洲传统文化与政治现代化》，《西亚非洲》1996 年第 1 期，第 29 页。

④ 李保平：《论黑非洲传统文化的基本特征》，《北京大学学报》（哲学社会科学版）1993 年第 6 期，第 107 页。

⑤ 洪永红、夏新华等：《非洲法导论》，湖南人民出版社，2000，第 21 页。

⑥ 赖早兴：《独立后非洲国家刑事法律的发展》，夏新华主编《法律文化研究》，社会科学文献出版社，2018，第 219 页。

⑦ 自然犯罪，是指在一个行为被公众认为是犯罪前所必需的不道德因素是对道德的伤害，而这种伤害又绝对表现为对怜悯和正直这两种基本利他情感的伤害……我们可以确切地把伤害以上两种情感之一的行为，称为自然犯罪。参见〔意〕加罗法洛《犯罪学》，耿伟、王新译，中国大百科全书出版社，1996，第 44 页。

⑧ 相关内容根据南非法律委员会于 2003 年 1 月所作的习惯法报告整理而来，详细内容参见 South Africa Law Commission，"Report on Traditional Courts and the Judicial Function of Traditional Leaders"，January 2003，pp. 10 – 29，https://justice. gov. za/salrc/reports/r_ prj90_ tradlead_ 2003jan. pdf.

南非《性犯罪法》[①] 存在两点区别。首先，在犯罪主体和对象方面，只包括男子对女子实施，不包括丈夫对妻子实施的"婚内强奸"；其次，女子不享有性自主权，在其丈夫或者监护人同意的情况下，不构成强奸罪。[②] 此外，南非的刑事习惯法还存在一些特有的罪名，主要集中在婚姻家庭和精神信仰两个方面。在婚姻家庭方面，重婚、抢亲等习惯法表现得十分突出。以抢亲为例，在一些民族的习惯中，如果一名男人将一名女孩抢走，那么他的家人朋友就视为娶亲。但是，抢亲过程往往伴随着一定程度的暴力行为，女方通常表现出某种形式的反抗。如果女孩不同意或者女孩父母不同意，则可能构成犯罪。在精神信仰方面，一些非洲人认为，人之所以会死亡、患病和倒霉，要么是受到了祖先的惩罚，要么是"巫师"（witch or wizard）在作乱。因此，一旦部落内有人死亡、患病或倒霉，若人们怀疑是"巫师"所为，就可以向其兴师问罪。[③] 轻则辱骂殴打、毁坏财物，重则杀害人命，手段往往极其残忍。尤其是当出现了群体性染病事件，"巫师"往往被处以火刑，因为人们相信，只有火才可以消灭他的灵魂。

（二）非洲传统文化在南非刑法中的回归

非洲传统文化在南非的回归，本质上隐含着一种新的话语路径：重新发现非洲。非洲美好未来的创造需要"返回非洲"，去寻找前殖民时代祖先留下的文化遗产，而不是"带着殖民时期的西方思维去探索渺茫的未来"。[④] 事实上，任何国家、任何民族都不可能完全抛弃传统文化来推行现代化。[⑤] 为了改变种族隔离时期南非刑事立法和司法的犯罪主义、重刑主义，从 20 世纪 90 年代开始，在促进民族团结与和解的背景下，南非宪法法院援引乌班图废除死刑，南非《宪法》承认刑事习惯法地位，这些事件标志着非洲传统文化在南非刑法中的回归。

---

① 关于对南非《性犯罪法》的讨论，参见郭炯《南非"婚内强奸"入刑：契机、历程和成果》，《时代法学》2018 年第 3 期，第 104~110 页。

② A. C. Myburgh, "Rape", in A. C. Myburgh, ed., *Indigenous Criminal Law in Bophuthatswana*, Johannesburg: Van Schaik Publishers, 1980, p. 83.

③ Pieter A. Carstens, *The Cultural Defence in Criminal Law, South African Perspectives*, DE Jure, 2004, 37 (2), p. 316.

④ 周鑫宇：《南非乌班图思想与新兴大国本土政治思想崛起》，《现代国际关系》2018 第 2 期，第 60 页。

⑤ 徐济明：《非洲传统文化与政治现代化》，《西亚非洲》1996 年第 1 期，第 32 页。

1. 南非宪法法院援引乌班图废除死刑

乌班图是建立新南非的基本原则之一，与非洲复兴的理想密切相关。[①] 1993 年 4 月 1 日，来自南非全国 26 个政党和组织的代表参加了结束种族隔离和成立新南非的多党制宪谈判首次会议，标志着多党制宪谈判进入了实质性阶段。在经历了各种曲折艰辛的过程后，最终在 11 月 18 日举行的谈判会议上通过了过渡时期《临时宪法》草案，该草案于 12 月 22 日在南非议会以压倒性优势获得通过。《临时宪法》"民族团结与和解"附言中明确指出：我们需要的不是复仇，而是理解；不是报复，而是补偿；不是牺牲，而是"乌班图精神"。非洲传统文化"乌班图"在南非历史上第一次被写入宪法，为实现南非民族团结与和解提供了法律依据，并把非洲的价值观应用于刑事司法实践之中。

1995 年，南非颁布《促进种族团结与和解法》，设立了以开普敦大主教德斯蒙德·姆皮洛·图图（Desmond Mpilo Tutu）为主席的真相与和解委员会，以"寻找种族隔离时期南非严重侵犯人权事件的真相，寻求弥合南非种族之间创伤的办法"。南非真相与和解委员会在处理种族隔离时期的犯罪问题时，以乌班图为指导原则，摒弃了基于西方价值观和法律原则的"程序正义、惩罚、监禁和报复"，而是运用了基于"寻求真相、和解、赔偿和康复"的非洲传统文化，[②] 直接反映了南非在本土文化中的刑罚哲学与从西方移植而来的刑罚目的发生冲突时的价值选择。正如开普敦大主教图图所言，临时宪法为南非人超越过去的分裂奠定了基础，过去的分裂导致了对人权的侵犯，并遗留下仇恨、恐惧、内疚和报复的问题。针对这些暴力和遗留问题，应当基于理解和赔偿而非复仇，需要乌班图而非施加报复。[③]

然而，南非 1996 年《宪法》没有采用乌班图的表述，而是制定了权利法案，更加详尽和广泛地规定了人民享有的各项基本权利。同时，为了将法律扩大到所有人，不论种族和文化，新成立的宪法法院将乌班图

---

① 李安山：《论非洲共享价值观的源流、内涵及其实践》，《西亚非洲》2022 年第 6 期，第 5 页。

② Phathekile Holomisa, "Balancing Law and Tradition", *South African Crime Quarterly*, 2011, 35（2），p. 18.

③ Ann Skelton, "The South African Constitutional Court's Restorative Justice Jurisprudence", *Restorative Justice*, 2013, 1（1），p. 124.

作为一种法律原则纳入南非的判例之中。① 在刑法领域，乌班图作为非洲的一种惩罚哲学，尤其是在刑罚措施方面，与恢复性司法交织在一起。1995年，南非宪法法院在 Makwanyane 案②中指出，在民族和解的过程中不应给予过分的惩罚，要与乌班图精神相一致，南非应该是一个"希望防止犯罪……不要仅仅为了基于报应主义而处决罪犯"的国家。正如该案主审法官奥比·萨克斯（Albie Sachs）所指出的那样，"令人痛心的是，我国的法律报告和法律教材中很少涉及非洲本土法律资源。但这并不是本法院继续忽视非洲传统法律文化和价值观的理由，特别是那些在以往法律制度下基本权利被侵犯最多的人，也许他们才最有希望从新的宪法秩序中获益"。

在该案中，宪法法院对1977年《刑事诉讼法》第277条第1款第1项、第3项至第6项关于死刑的规定进行司法审查，判决相关条款的规定违宪，正式宣布普通刑事罪犯适用死刑的规定无效。随后，南非议会根据宪法法院的判决意见于1997年12月通过《刑法修正案》（Criminal Law Amendment Act），废除了所有规定死刑的法律条文。

2. 南非新宪法确认刑事习惯法的地位

在欧洲殖民者到达之前，南非生活着三个族群，即科伊人（Khoi）、萨恩人（San）以及班图人（Bantu），他们世代适用本土的习惯和习俗处理犯罪问题。自17世纪中叶开始，殖民当局把其母国的刑法强制移植到南非，取代了本土习惯法，来自荷兰的罗马—荷兰法和英国的普通法在南非先后落地生根，逐渐发展起来。③ 然而，在殖民时期，习惯法只是在对殖民制度不具有重要意义的领域，如婚姻、继承、侵权和土地租赁方面才被容忍存在，而在种族隔离时期，习惯法也只能在民事案件中适用。④ 因此，在整个殖民时期和种族隔离时期，本土的刑事习惯法从来都不是南非法院判案的依据。但是，由于南非广大农村地区长期存在传统的酋长制度，世代相传、土生土长的刑事习惯法也同时传承下来。

---

① Cornelia van Graan, "Ubuntu in a Post-Apartheid South African Context", *Pretoria Student Law Review*, 2012, 6 (1), pp. 33-48

② S. v. Makwanyane and Another, 1995 (3) SA 391 (CC).

③ 详细的讨论，参见郭炯、任冰雪《论殖民时期南非刑法混合特征的形成》，洪永红、郭炯主编《非洲法评论》，湘潭大学出版社，2022，第230~244页。

④ 详细的讨论，参见朱伟东《南非法律冲突的解决：普通法与习惯法的协调》，《民间法》（第4卷），山东人民出版社，2005，第516~553页。

　　1996 年 5 月 8 日南非制宪议会以 421 票赞成、2 票反对、10 票弃权的绝对多数通过正式宪法。12 月 10 日，南非总统正式签署新宪法，标志着南非的制宪进程全部完成。南非新《宪法》的正文共 14 章 243 条，此外还包括 7 个附件。《宪法》第 211 条第 3 款规定：当习惯法适用时，法院必须遵循，但应遵守宪法和任何专门规定习惯法的法律。该款包含四层含义：第一，南非所有法院都必须承认和适用习惯法；第二，应当根据宪法第 2 章关于权利法案的规定承认和适用习惯法；第三，如果存在专门规定习惯法的法律时，应当根据该法承认和适用习惯法；第四，法院享有自由裁量权，决定是否适用或者如何适用习惯法审理特定案件，但法院应当按照法律冲突的一般逻辑规则选择适用何种法律。

　　现代非洲国家都接受了刑法应当成文化的原则，纷纷根据各国具体国情，采取了不同的做法。① 从南非刑事习惯法的发展进程来看，并不是简单地由习惯"自然地"上升为习惯法，而必须通过一定的立法形式才可实现。② 在南非，成文化的刑事习惯法包含三个类型。（1）官方习惯法（official customary law），是指那些被南非当局所认可的，通过立法、法律报告、官方报纸、政府指南（government manuals）等形式规定下来的刑事习惯法规范，如 1998 年《承认习惯法婚姻法》。（2）学术习惯法（academic customary law），是指那些由习惯法学者通过调查研究，汇编成著述的刑事习惯法规范。（3）自治习惯法（autonomic customary law），是指以口头方式贯彻实施的、用以调整非洲人内部关系的刑事习惯法规范。自治习惯法并不局限于固定的、成文的形式。与殖民时代以前相比，它发生了很大的变化，但是非洲传统文化的精神仍保留了下来。③

　　可以看出，当代南非刑法体系由两种截然不同的法律制度组成：移植的西方法律（即一般法）和继承的本土法律（即习惯法）。那么，在南非，针对同一案件就可能存在两套截然不同的法律适用规则，而且南非不同部族之间的习惯法也颇有不同，这样就容易产生内部法律冲突问题。南非法律委员会在 1999 年的一份报告中指出，刑法是国家需要统一法律

---

① 　洪永红：《非洲习惯法初探》，夏新华主编《法律文化研究》，社会科学文献出版社，2018，第 51 页。

② 　洪永红：《非洲习惯法立法形式》，《西亚非洲》2000 年第 2 期，第 60 页。

③ 　Ajgm Sanders, "How Customary Is African Customary Law?", *The Comparative and International Law Journal of Southern Africa*, 1987, 20 (3), pp. 405-410.

体系的领域，不应该将刑事习惯法的适用范围扩大到其他法院。[①] 但是，南非并没有制定专门的法律或者明确的法律条款来解决这种"人际法律冲突"。作为规定习惯法地位的主要法律，《证据法修正案》只是规定了法院可以对习惯法规则进行识别，[②] 而这只是一条承认习惯法的规则而不是法律选择规则。因此，决定何时适用习惯法是司法自由裁量的事项，其结果是，法官总是根据案件的具体情况决定是否适用习惯法进行断案。[③]

二　非洲传统文化对南非当代刑罚体系的影响

在刑法领域，乌班图已经适用于刑事司法制度的各个阶段。南非"把非洲传统文化中的乌班图与非洲习惯法以及罗马—荷兰法、普通法相结合，打造了一种本土版本的恢复性司法"。[④]

（一）乌班图对南非刑罚理念的影响

刑罚的目的是国家据以确定刑事政策、制定刑事法律，特别是设计刑罚体系的基本出发点，也是国家适用刑罚同犯罪做斗争的最终归宿。刑罚目的论决定或制约着刑罚的其他全部问题，是刑罚论的要害。[⑤] 在南非种族隔离时期，对于南非白人当局而言，只有强调对过去罪行的报应并预防将来可能发生的犯罪，才能有效维护种族隔离制度。因此，该时期的南非吸收或采纳的刑罚目的论主要包括：报应主义（retributive theory）与预防主义（preventive theory）。预防主义是建立在对报应主义批判基础上的一种刑罚目的论，强调刑罚的功利性。[⑥] 在南非的刑罚制度中，

---

① 详细的讨论，参见 South African Law Commission，"The Harmonisation of the Common Law and the Indigenous Law Report"，September 1999，p. 50，https://www.gov.za/documents/harmonisation-common-law-and-indigenous-law-report-project-90。

② S. 1, Law of Evidence Amendment Act, 1988.

③ 朱伟东：《南非法律冲突的解决：普通法与习惯法的协调》，《民间法》（第 4 卷），山东人民出版社，2005，第 517 页。

④ Ann Skelton，"The South African Constitutional Court's Restorative Justice Jurisprudence"，*Restorative Justice*，2013，1（1），p.142.

⑤ 张明楷：《刑法学》（第四版），法律出版社，2011，第 457 页。

⑥ 具体的论述，参见〔英〕边沁《立法原理》，李贵方等译，中国人民公安大学出版社，2004，第 375~409 页。

影响最为深刻的是报应主义，其思想渊源来自早期荷兰殖民者的同态复仇（talio）和"以眼还眼，以牙还牙"（an eye for an eye and a tooth for a tooth）。直到联邦时期，报应主义仍是南非刑事司法确定刑罚轻重的主要依据。例如，在刑罚体系中，鞭刑（awhipping）作为一种执法手段，由于其具有简单易操作、施刑成本低、现场威慑力较大等"优点"，被白人种族主义当局所推崇。1977 年南非《刑事诉讼法》将这一极具报应主义的制度纳入南非的刑罚体系，① 该法既规定了鞭刑适用的犯罪，② 又对行刑程序的各个环节做出了严格的规定。③

新南非成立以来，在乌班图的影响下，南非的刑罚体系出现了从残酷到文明、从严厉到轻缓的转变。南非宪法法院在 David Dikoko v. Thupa Zacharia Mokbatla 案④中，首次明确将乌班图与恢复性司法直接联系起来。宪法法院认为，恢复性司法是南非刑事司法程序的一个新兴概念，其基础是"对彼此人性的深切尊重"（deep respect for humanity of one another），与乌班图的理念高度一致。此外，2008 年《儿童司法法》序言也明确规定，该法宗旨之一是通过恢复性司法方案支持和解，在未成年人法律制度中弘扬乌班图。⑤

（二）乌班图在南非矫正监管制度中的应用

在 S. v. M. 案⑥中，该案主审法官奥比·萨克斯将矫正监管这一刑罚措施描述为"一种多层次的方法，是赔偿和恢复性司法的要素"。他引用了南非法律委员会的意见指出，社区判决（community sentences）是非洲传统文化的一部分，其中对他人的赔偿和服务是重要组成部分。该案的判决肯定了乌班图的价值，即如果罪犯改正了他们所做的错事，他们就可以重新融入社会。⑦ 在乌班图的影响下，南非对矫正监管制度进行了修订，其成了调和非洲传统文化和西方价值观在刑罚体系中冲突的典型制度。

---

① S. 276（1）（g），Criminal Procedure Act of 1977.

② S. 293，Criminal Procedure Act of 1977.

③ S. 294 and 295，Criminal Procedure Act of 1977.

④ 2006（6）SA 235（CC）.

⑤ S. 2，Child Justice Act of 2008.

⑥ S. v. M.（Centre for Child Law as Amicus Curiae），2007（2）SACR 539（CC）.

⑦ Ann Skelton, "The South African Constitutional Court's Restorative Justice Jurisprudence", *Restorative Justice*, 2013, 1（1），p. 129.

　　南非的矫正监管是相对于传统的监狱矫正而言的一种新型的非监禁刑罚的执行方式。1959 年，在西方国家的影响下，南非出台了《矫正服务法》（Correctional Services Act），进行了行刑个别化的尝试。但是，由于该时期南非白人当局维护种族隔离制度，刑罚目的中的"惩罚"仍占据支配地位，刑罚的教育和矫正功能并没有得到足够的重视，因此实践的效果不尽如人意。1990 年，南非政府宣布对监狱制度和刑罚制度进行广泛的改革，并于 1991 年出台了《矫正服务和矫正监管修正案》（Correctional Services and Supervision Matters Amendment Act）。该法引入西方国家的社区矫正（community corrections），进而规定了一个新的刑种，即矫正监管。1998 年，南非重新制定了新的《矫正服务法》（Correctional Services Act），肯定了乌班图的价值，进一步将矫正监管系统化、具体化、规范化。

　　乌班图在《矫正服务法》中的具体应用，主要体现在三个方面。第一，恢复受害者权益。乌班图以受害者为中心，以恢复受害者的权益为主要目的。根据《矫正服务法》第 52 条"与社区矫正有关的条件"第 1款第 5 项与第 7 项的规定，在决定进行社区矫正时，法院、矫正监督和假释委员会、国家专员或其他具有法定权力的机构，可以根据该条规定的限制和条件，要求相关人员向受害人支付补偿金或损害赔偿金、参与受害人与罪犯之间的调解或参加家庭小组会议。第二，恢复罪犯社区地位。乌班图强调惩罚的使用旨在使罪犯重新融入社会，恢复他们的社会地位。重返社会有助于让罪犯继续成为社区的成员，为社区的发展做出贡献。[①]根据《矫正服务法》第 36 条"执行监禁刑罚的目的"的规定，使被判刑的罪犯今后能够过上负有社会责任和无犯罪记录的生活是主要目的。根据《矫正服务法》第 38 条"评估"的规定，在一名被判刑的罪犯入院后，必须尽快对该等罪犯进行评估，包括关于重新融入社区的需要与恢复性司法的要求。同时，根据《矫正服务法》第 41 条"被判刑罪犯的劳动"的规定，必须尽可能提供足够的工作，使被判刑罪犯在正常工作中保持活跃；这种工作必须尽可能旨在向这类罪犯提供技能，以便他们获释后在社会上有偿就业。第三，强调社群主义。根据乌班图，争端不是只实现个人利益的孤立事件，整个社区都会受到影响。社区的每一个成

---

①　O. Oko Elechi, Sherill V. C. Morris and Edward J. Schauer, "Restoring Justice（Ubuntu）: An African Perspective", *International Criminal Justice Review*, 2010, 20（1）, p. 78.

员都与包括争端方在内的其他成员相互联系，无论其中一方是受害者还是犯罪者。不法行为会影响到整个社区，社区有责任纠正错误。① 根据《矫正服务法》第13条"与社区的联系"的规定，矫正服务部必须鼓励罪犯与社区保持联系，使他们能够了解时事；必须给予罪犯机会，在必要的监督下，至少让他们与配偶或伴侣、近亲、选定的宗教顾问和选定的医生联系并接受他们的探视；国家专员可允许社区组织、非政府组织和宗教派别或组织与被判刑的罪犯互动，以促进罪犯的改造和融入社区等。

南非的矫正监管的对象主要是被处5年以下有期徒刑的犯罪人、量刑超过5年但实际执行刑期不超过5年的犯罪人、未成年犯。矫正监管的方式包括家庭监禁（house detention）、社区服务（community service）、就业方案（employment program）、赔偿金（compensation）、电子监控（electronic monitoring）、教育方案（educational program）、转处（conversion of sentence）、暂离（temporary leave）以及日间假释（day parole）。其中，转处、暂离和日间假释最能体现乌班图精神。

转处。南非《刑事诉讼法》第276条第1款i项规定，被处5年以下监禁刑的犯罪人，如果执行刑期超过1/6，且符合资格的，可以由委员会审查批准后从监禁转为矫正监管。转处主要适用于未成年犯以及危害较轻的过失犯。例如，2015年，因枪杀女友被判5年监禁的"刀锋战士"（The Bladerunner，即 Oscar Pistorius），在服刑满10个月后，成功地由监禁刑转为矫正监管。

暂离。包括因人道（compassionate）、就医（treatment）、刑期即将届满（preparation for）等情形而得到委员会的批准，得以短期离开监狱、接受矫正监管的制度。它是20世纪70年代左右西方国家兴起的一种罪犯处遇方式，南非经过本土化的改造，将其适用于那些不具有人身危险性的犯罪人。

日间假释。它与假释不同，而是社区处遇体系中的一种较为常见的方式，与美国的白天汇报计划比较类似。顾名思义，日间假释大体上是指白天接受矫正监管，晚上回到监狱服刑。但是，日间假释的具体时间

---

① John Andrew Faris, "African Customary Law and Common Law in South Africa: Reconciling Contending Legal Systems", *International Journal of African Renaissance Studies*, 2015, 10 (2), p. 181.

由矫正监管和假释委员会或法院确定。在很多情况下，南非大多数监狱都因为"人满为患"而将日间假释当事人安置在矫正中心食宿。日间假释当事人可以穿戴自己的服装而非囚服，但必须为食宿和医疗服务付费。而且，日间假释当事人必须在规定时间向监狱报告，否则可能构成新的犯罪。

当前，南非全国共设立了 52 个矫正监管和假释委员会（Correctional Supervision and Parole Board），负责各个社区的矫正监管以及假释的日常事务。根据《矫正服务法》第 74 条"监管和假释委员会"的规定，委员会主席、副主席和秘书直接由矫正服务部指派，工作人员中至少包括 2 名本社区的成员。

三　非洲传统文化对南非犯罪构成的影响

南非宪法第 35 条第 3 款对传统的绝对罪刑法定原则进行了修正，删除了绝对禁止适用习惯法的内容。在适用习惯法时，正如有学者所言："只有当构成犯罪的要件确定后，必须借助习惯法加以说明时，习惯法才能成为对个案定性处理的依据。"[①] 因此，南非法官在长期的刑事司法实践中逐渐摸索出一套实用的技巧，即将非洲传统文化中的习惯法作为一种犯罪构成体系中的抗辩事由，用来说明被告人不具有犯罪故意。

（一）习惯法对抗辩事由的影响

南非刑法规定的犯罪包括两种：普通法罪（Common Crime）和制定法罪（Statutory Crime）。所谓普通法罪，就是人们直观可以理解的犯罪，即一种性质恶劣的、引起社会强烈谴责且被认为是应当受到惩罚的行为。所谓制定法罪，是指制定法规定的犯罪，即刑法条文所禁止的行为。以习惯法作为抗辩事由的案件，主要存在于对普通法罪的审判中，因为与制定法罪相比，对普通法罪的认定更加严格地遵守了南非的犯罪构成体系。

南非犯罪构成体系基本上与英国一脉相承，基本原则是"没有犯罪意图的行为不能构成犯罪"。也就是说，一个人的行为要构成犯罪，他必须在实施该行为时具有犯罪的意图。南非刑法规定的各种犯罪定义可以

---

① 　陈兴良：《规范刑法学》（第三版），中国人民大学出版社，2022，第 17 页。

抽象为两个方面的内容，包括犯罪行为（actus reus）和犯罪意图（mens rea），即犯罪要素（elements of acrime）。犯罪要素是刑事责任的基础，任何犯罪都需要具备这两方面的内容。如果行为人的行为符合犯罪构成的要求，就会涉及刑事责任问题。在南非的刑事司法中，任何人只要具备了犯罪行为和犯罪意图，公诉方就可以推定其具有刑事责任的基础，进而进行起诉，如果被告方不抗辩或抗辩事由不成立，犯罪即告成立；如果被告方在诉讼中提出抗辩事由（defence），能说明自己不具备刑事责任能力（criminalre sponsibility）或行为合法（grounds of justification or grounds excluding unlawfulness），即可免除或减轻刑事责任。显然，南非犯罪构成的逻辑结构属于典型的英美法系的"双层次的纵向对合式的动态诉讼逻辑"。[①]

控方需证明被告方符合的犯罪本体要素、被告方可以提出的抗辩事由以及针对非法行为被告方可以提出的正当化事由如下。

犯罪本体要素

行为	刑事责任	犯意
人的行为 自愿行为 非法行为	自知力（insight） 自制力（self-control）	故意（包括直接故意、间接故意） 过失

抗辩事由

行为	刑事责任	犯意
非自愿行为	精神疾病或缺陷 年幼 醉态 激怒（provocation）	事实认识错误 法律认识错误 精神疾病或缺陷 年幼 醉态 激怒

正当化事由

自卫、紧急避险、不可能性（impossibility）、同意、上级命令（superior）、执行公务（public authority）

资料来源：Gerhard Kemp, *Criminal Law in South Africa*, Durban：Oxford University Press, 2015, pp. 41-255；C. R. Snyman, *Criminal Law*, Cape Town：Lexis Nexis, 2014, pp. 51-243。

---

① 储槐植、高维俭：《犯罪构成理论结构比较论略》，《现代法学》2009 年第 6 期，第 88 页。

在这种逻辑结构之下，控方和被告方处于平等的地位，控方只需证明被告方行为符合犯罪本体要素，由被告方进行抗辩，控辩双方各自提出对自己有利的事实和证据，由法官做出最终的裁决。

习惯法在南非农村地区的根基十分深厚，为了让刑事判决得到信服，法官不得不对其加以考虑。但是，南非刑事习惯法的一个显著特征是非专业化，尤其在各种社会关系中缺乏区分和分类。因此，有时很难界定一项规则是否属于刑事习惯法。当前，南非刑事立法并没有明确将习惯法列为抗辩事由和量刑减轻事由。但是，大量的著述和判例表明，在刑事审判阶段，习惯法仍然是法官判案的依据。[①]

（二）习惯法对认定重婚罪的影响

南非的重婚罪是一项普通法罪，是指在合法婚姻存续期间，配偶一方非法地、有意地与他人举行合法结婚仪式的行为。[②] 也就是说，法律禁止前一次婚姻是登记婚姻、后一次婚姻是事实婚姻的情形。在旧南非，尽管一夫多妻制婚姻在习惯法上是有效的，但南非婚姻法和司法实践从来没有承认一夫多妻制婚姻的有效性。[③] 2000 年 11 月 15 日，《承认习惯法婚姻法》（Recognition of Customary Marriages Act）正式生效，成为调和一夫多妻制与重婚罪的冲突乃至习惯法与刑法冲突的一个典型。

《承认习惯法婚姻法》第 2 条规定，本法承认习惯法婚姻（即依据习惯法缔结的婚姻），包括在本法生效以前缔结的和以后缔结的一夫多妻制婚姻。从立法倾向上来看，法律鼓励一夫一妻制婚姻，但不禁止一夫多妻制婚姻。《承认习惯法婚姻法》第 4 条规定，依据习惯法结婚的配偶双方应当在相关部门登记注册。该条又规定，未能成功办理登记注册的不影响其婚姻的有效性。那么，对于非洲人而言，就存在两种选择，即登记或者不登记。在现实生活中，男方通常不会强烈反对登记，因为无论登记与否，并不妨碍他迎娶第二个妻子。

---

① Christa Rautenbach and Jacques Matthee, "Common Law Crimes and Indigenous Customs: Dealing with the Issues in South African Law", *Journal of Legal Pluralism and Unofficial Law*, 2010, 42 (61), p.114.

② Jonathan M. Burchell, *Principles of Criminal Law* (4 ed), Cape Town: Juta & Co., Ltd., 2013, p.656.

③ J. R. L. Milton, *South African Criminal Law and Procedure*, Vol. II, Cape Town: Juta & Co., Ltd., 1996, p.263; Gerhard Kemp, ed., *Criminal Law in South Africa*, London: Oxford University Press, 2015, p.388.

从该法与刑法的关系上来看，该法对一夫多妻制婚姻进行了一些限制，违反规定的话就可能构成重婚罪。这些限制包括以下几方面。（a）提出申请（第 7 条第 6 款）。一个男人与两个或两个以上女人缔结习惯法婚姻的，必须向法院提出申请，并出具所有当事人（包括丈夫和所有妻子）签订的书面夫妻财产协议书，得到法院批准后方可举行结婚仪式。（b）不得转变结婚形式。包括两种情况：前一次婚姻是习惯法婚姻，后一次婚姻是国家法婚姻（指依据 1961 年《婚姻法》缔结的婚姻）的情形（第 10 条第 1 款）；前一次婚姻是国家法婚姻，后一次婚姻是习惯法婚姻（第 10 条第 4 款）的情形。也就是说，一夫多妻仅限于以习惯法缔结的婚姻，依据国家法缔结的婚姻只能是一夫一妻制。因此，以习惯法缔结的一夫多妻制的婚姻受习惯法保护，但触犯了刑法的重婚罪。由于南非立法者在制定法律时并未考量到习惯法中的一夫多妻制与刑法的重婚罪之间的冲突，那么，当一位以习惯法缔结了婚姻的妻子，针对她丈夫与他人再缔结合法婚姻的事实而控诉其丈夫构成重婚罪时，这一问题只能交由南非司法机关来解答。

为此，法院必须首先考量重婚罪作为普通法罪在南非的认定标准。根据上述南非犯罪构成的基本理论，认定重婚罪同样既要具备完整的犯罪要素又要"经得起"抗辩。那么，在认定重婚罪的第一阶段，控方须证明被告方符合犯罪本体要素，即犯罪行为与犯罪意图。针对犯罪行为的指控，控方只要证明被告方存在上述转变婚姻缔结形式的事实即可，而这一证明在实践中一般也不会有太大的阻碍。然而针对被告犯罪意图的指控，却没有想象的简单。当然，这一指控是指被告的故意犯罪而非过失犯罪。如前所述，普通法罪是一种性质恶劣的、引起社会强烈谴责且被认为应当受到惩罚的行为。然而，这种"恶"根据社会文化的变化而有所差异。在南非祖鲁人的文化价值里一夫多妻制就是其文化的一部分，所以我们很难直接推定被告方具有故意犯罪的"恶"，恰恰相反，我们更容易推定被告方不具备犯罪意图。即便法院认定了被告是故意犯罪，被告同样可以以《承认习惯法婚姻法》作为抗辩事由进行抗辩。因该法明文确认了一夫多妻制的合法性，法官可以就此直接认定妻子在缔结习惯婚姻时默认了其丈夫未来同其他女人再缔结婚姻的情形，即符合上述抗辩正当化事由中的"同意"。

可见，在南非，对重婚罪的控诉通常在犯罪构成的认定阶段就"夭折"了，司法实践中针对一夫多妻制与重婚罪的冲突基本上是按照非罪化的方向来调和的。此外，基层司法机关针对这一冲突还采取了一套司法技术，即不告不理，巧妙地回避了习惯法和刑法之间的正面冲突。例如，在 MM v. MN 一案中①，被告人向法院提交申请被拒，仍与第二个妻子按时举行了婚礼，被第一个妻子诉至法院。第一个妻子要求法院宣布丈夫缔结的第二次婚姻无效，但并未指控丈夫触犯重婚罪，而法院也"默契地"没有以重婚罪追究其刑事责任。综上所述，新南非没有回避一夫多妻这一传统习俗，也没有对其实行"一刀切"，而是选择将其纳入社会治理的规范中。从一定程度上来说，这既是对习惯法的一种尊重，同时又尽量地使之与宪法或其他法律一致，而不是像殖民者和白人当局那样拒绝它在正式立法中的存在。

结　语

非洲传统文化的复位是南非刑法现代化进程中出现的本土化现象。习惯法在南非根深蒂固的影响，预示着它在相当长的时间内不会消亡，而是"通过现代化以更加合理的方式在夹缝中生存"。② 而融合了多种因素形成的非洲传统文化可以适用于几乎任何刑法领域，适用于西方刑事司法程序的所有阶段。乌班图作为非洲传统文化的核心，其中蕴含着丰富的法律价值观和思想，"不仅塑造了当前的刑事司法体系，而且重新定义了南非的法学理论"，③ 甚至"可能发展为非洲国家法律体系中的一项独特的指导原则"。④

【责任编辑】李雪冬

---

① 2010（4）SA 286（GNP）.

② 夏新华、刘星：《南部非洲混合法域的形成与发展》，《环球法律评论》2010 年第 6 期，第 160 页。

③ J. Y. Mokgoro, "Ubuntu and the Law in South Africa", *Potchefstroom Electronic Law Journal*, 1998, 1 (1), p. 8.

④ Christa Rautenbach, "Legal Reform of Traditional Courts in South Africa", *Journal of International and Comparative Law*, 2015, 2 (2), p. 298.

社会文化与教育

非洲研究 2023 年第 2 卷（总第 21 卷）
第 125—143 页
SSAP ©，2023

卡拉莫贾人的牛文化及其变异：
理解非洲冲突的一种视角

王　涛　李昊哲

【内容提要】牧牛的卡拉莫贾人发展出独特的牛文化。牛是卡拉莫贾人的生计来源、财富象征，发挥着一般等价物功能。牛是族内通婚的重要媒介。牛还在卡拉莫贾人与神灵沟通时扮演媒介的角色，牛本身也发展为卡拉莫贾人的文化图腾。在卡拉莫贾人政治生活中，无论是获得权力、行使权力，还是权力过渡与转移，都离不开牛。被英国征服后，尽管牛对卡拉莫贾部落仍至关重要，但牛的文化、政治意义丧失，沦为单纯的商品。以往的牧牛模式开始向掠牛模式转变，成为卡拉莫贾地区族群冲突的内涵与本质所在。

【关键词】卡拉莫贾人；牛文化；财富；文化图腾；掠牛活动

【作者简介】王涛，浙江师范大学非洲研究院教授，博士，主要研究方向为非洲安全问题（金华，321004）；李昊哲，包头市公安局政治部科员，硕士，主要研究方向为非洲国际关系（包头，014000）。

有关非洲冲突的爆发，族际矛盾、宗教对抗、经济怨恨与政治不满是时下通行的四种解释模式。它们揭示了非洲许多重大冲突的原因，但也遮蔽了另一些更为根本性的冲突诱因。例如，上述四种模式都无法解释非洲萨赫勒地区穆斯林、同一族群内相邻群体的暴力屠杀事件。历史人类学则从族群文化变迁的视角，提供了新的富有启示的解释，即以牛群为支柱的非洲部落的暴力化逻辑。其中，尼罗特人（Nilote）就是一类典型。

尼罗特人是广泛分布于尼罗河谷地、埃塞俄比亚高原、东非高原的一个语言文化群体。他们在从尼罗河中游盆地向南部迁徙的过程中，发展出以牧牛为主要特征的文化，并成为南苏丹、埃塞俄比亚、乌干达、肯尼亚、坦桑尼亚等国牧民群体的一个鲜明特色。把握牛文化的特征及其本质，对于理解尼罗特人这一内部差异巨大但又有共同属性的群体，具有关键意义。在今天，东非为数众多的族群冲突也都可以从牛文化及其变异中找到根源。持续近一个世纪的卡拉莫贾人（Karamoja）与周边族群的冲突就是其中的一个典型。该冲突不仅深刻影响了乌干达北方乃至南北方族群关系，而且由于卡拉莫贾人生活在乌干达与南苏丹、肯尼亚、埃塞俄比亚的交界地带而使问题变得具有跨国性特征。本文以卡拉莫贾人为中心，分析其牛文化的特征及变异，揭示族群冲突表象下以牛为中心的经济文化对抗问题。[①]

一　作为生计财富的牛

卡拉莫贾地区是一个海拔为 1130~1370 米的半干旱稀树草原高地，年均降水量 900 毫米。这里的降水分布极不稳定，年降水变化幅度达 1000 毫米左右。[②] 尤其是在科滕山（Koten）以西的坡地与谷地，由于间歇性降水与地表径流带来的土壤侵蚀，土壤中氧化铁沉积，形成红棕细颗粒状土壤，加之降水蓄积沼泽的盐分沉积，大部分土壤表层含有盐碱。尽管这种盐碱地不适合农作物生长，但土层中的盐分却有利于牲畜补充

[①] 笔者之前在有关乌干达"圣灵抵抗军"（Lord's Resistance Army）的研究中，注意到了卡拉莫贾人以及乌干达北方普遍存在的掠牛活动。参见王涛《乌干达圣灵抵抗军研究》，浙江人民出版社，2014；王涛《论非洲圣灵抵抗军兴起的宗教背景及其宗教理念》，《世界宗教文化》2016 年第 2 期，第 66~72 页。国外人类学家对卡拉莫贾人牛文化进行了"深描"，参见 Neville Dyson-Hudson, *Karimojong Politics*, Oxford：Clarendon Press, 1966；也有学者关注到掠牛经济与冲突，参见 James Barber, *Imperial Frontier: A Study of Relations between the British and the Pastoral Tribes of North East Uganda*, Nairobi：East African Publishing House, 1968。21 世纪以来对卡拉莫贾人及其掠牛问题的关注，加入了国际关系、族际关系等多维视角，尤其审视了卡拉莫贾人与乌干达政府的关系，参见 Mark O'Keefe, "Chronic Crises in the Arc of Insecurity：A Case Study of Karamoja", *Third World Quarterly*, Vol. 31, No. 8, 2010, pp. 1271-1295。

[②] A. S. Thomas, "The Vegetation of the Karamoja District, Uganda：An Illustration of Biological Factors in Tropical Ecology", *Journal of Ecology*, Vol. 31, No. 2, 1943, p. 149.

营养，是理想的牧牛地点。① 科滕山以东地区尽管气候同样干燥，但由于地表平坦，因而降水与径流的冲积作用小，分布着适合高粱、玉米、烟草生长的褐壤。② 在这个地区生活的卡拉莫贾人在适应环境的基础上，发展起了以牧牛为主，兼以农耕的经济生活方式。

在每年1~2月、6~9月的旱季，卡拉莫贾地区特别是科滕山以东地区几乎没有降水，地表径流处于断流状态，卡拉莫贾人用于储水的坑井也多干涸，因而部落中的男性成员会驱赶牛群越过科滕山向西部较湿润的草场迁徙。女性则留在当地照看高粱等耐旱庄稼。在其余几个月的雨季中，随着降水骤增，西部谷地萃萃蝇（tsetse fly）开始泛滥，对牛群和部落牧民造成极大危害。因此在这一时节，卡拉莫贾人会驱赶牛群回到东部较干旱的台地。③

在这种游牧农耕混合经济中，牛群的畜养是基础，农耕是补充。一方面，人数只有6万人的卡拉莫贾人饲养了数量多达40万头的牛群。④ 牛不仅提供了必要的肉制品、奶制品、血制品，而且还供给了部落所需的日常生活用品，如皮革等。另一方面，由于耕地面积有限，加之耕种方式较粗放，农产品不足以养活全部部落人口，仅作为一种调剂性的食物补充。游牧农耕互补表现为：牛的粪便是东部耕地的宝贵肥料，而高粱、玉米收获后的秸秆则成为牛群重要的饲料。对卡拉莫贾人而言，牛首先是作为生计来源的产品而存在的。

卡拉莫贾人的衣食住行都与牛有关。在他们迁徙放牧过程中，由于河流与水井的密度很低，牛奶和牛血就成为补充水分与营养的重要饮品。卡拉莫贾人会将新鲜的牛奶与牛血混合饮用，有时也会用干粮蘸泡奶血食用，由此获取蛋白质等营养。他们尽管会给牛放血，但一般不轻易杀牛，只有在重要仪式上才会宰牛。牛肉对卡拉莫贾人而言，是珍贵的美食。在饥荒时期，牛肉也被作为部落的应急性食品。⑤

---

① Mustafa Kemal Mirzeler, "Sorghum as a Gift of Self: The Jie Harvest Ritual through Time", *History in Africa*, Vol. 36, 2009, pp. 398-399.

② Mustafa Kemal Mirzeler, "Sorghum as a Gift of Self: The Jie Harvest Ritual through Time", *History in Africa*, Vol. 36, 2009, pp. 397-398.

③ A. S. Thomas, "The Vegetation of the Karamoja District, Uganda: An Illustration of Biological Factors in Tropical Ecology", *Journal of Ecology*, Vol. 31, No. 2, 1943, pp. 171-172.

④ Neville Dyson-Hudson, *Karimojong Politics*, Oxford: Clarendon Press, 1966, p. 2.

⑤ Michael D. Quam, "Cattle Marketing and Pastoral Conservatism: Karamoja District, Uganda", *African Studies Review*, Vol. 21, No. 1, 1978, pp. 53-54.

　　除饮食外，牛为卡拉莫贾人日常生活提供了其他重要的资源。由于当地水资源匮乏，卡拉莫贾人通常用牛尿进行清洁消毒。牛皮则会制成睡袋、披肩、裙子、铃铛、鞋、手环和脚环等，兼具实用性与装饰性。[①]牛粪是盖房子的重要原料。在泥沙、秸秆等建筑材料中混以牛粪，可以使房屋更加牢固。[②] 此外，牛角、牛蹄可以被制成鼻烟壶，是部落中男性的最爱；对部落女性来说，为了抵御热带草原强烈的日晒，她们会将牛油涂抹全身，其成为就地取材的护肤品。[③]

　　正因为牛如此重要，所以卡拉莫贾人的"工作"都或多或少围绕着牛展开。根据卡拉莫贾人的年龄组制度，14~18岁的男孩几乎全天照看牲畜，工作包括挤奶、收集草料、喂养牛群。在完成18~20岁的成人仪式后，进入新年龄组的男性将与父辈一道主要负责牧牛并保障牛群安全。值得注意的是，这种安全防卫兼具被动与主动性特征。前一方面是防备其他部落对牛群的劫掠，后一方面则指成年男性负有主动劫掠其他部落牛群以增强自身实力的任务。这两者在本质上是一致的，都是为了维持并增加部落的财富。[④] 对于卡拉莫贾男性而言，成功抢到或偷窃其他部落的牛，意味着他将被女性视为"合格""称职"的男人，会受到美食奖励；而从未参与抢掠的男性会遭到女性的歧视甚至会被后者以歌唱形式侮辱。[⑤] 60岁以上的老人负责主持祭祀仪式以祈求水草丰美。在迁徙前，也是由他们来确定迁徙路线并选择新的牧场。[⑥] 女性禁止直接接触牛群，只能从事简单的农作物种植。[⑦] 但她们所耕种的作物，既可作为牛群的饲料，也可用来交换武器以增强抢掠或保卫牛群的力量。[⑧]

---

① 　Neville Dyson-Hudson, *Karimojong Politics*, Oxford: Clarendon Press, 1966, p. 81.

② 　E. J. Wayland, "Preliminary Studies of the Tribes of Karamoja", *The Journal of the Royal Anthropological Institute of Great Britain and Ireland*, Vol. 61, 1931, p. 218.

③ 　Neville Dyson-Hudson, *Karimojong Politics*, Oxford: Clarendon Press, 1966, p. 81.

④ 　Michael D. Quam, "Cattle Marketing and Pastoral Conservatism: Karamoja District, Uganda", *African Studies Review*, Vol. 21, No. 1, 1978, pp. 52-55.

⑤ 　Kennedy Agade Mkutu, "Uganda: Pastoral Conflict & Gender Relations", *Review of African Political Economy*, Vol. 35, No. 116, 2008, pp. 242-243.

⑥ 　P. H. Gulliver, "The Age-Set Organization of the Jie Tribe", *The Journal of the Royal Anthropological Institute of Great Britain and Ireland*, Vol. 83, No. 2, 1953, pp. 147-149.

⑦ 　P. H. Gulliver, "The Turkana Age Organization", *American Anthropologist*, Vol. 60, No. 5, 1958, pp. 900-903.

⑧ 　Kennedy Agade Mkutu, "Uganda: Pastoral Conflict & Gender Relations", *Review of African Political Economy*, Vol. 35, No. 116, 2008, p. 245.

　　卡拉莫贾人重视对牛群的保卫，牛与领土同等重要。在卡拉莫贾人那里，草场、水源等资源都是公共物品，是可以分享的，只有牛是真正意义上的个人私有财产，是财富的象征，因而卡拉莫贾人为个人与家庭奋斗的直接体现就是拥有数量更多的牛。事实上，在以年龄组为基础的社会体制中，同一年龄层的男性就是根据各自拥有的牛的数量来区分贫富的。[1] 卡拉莫贾人会通过给自己的牛群涂上不同颜色，在牛角上刻制编号或牛的名字甚至打磨牛角进行财产宣示与认定。不同人通过对牛的不同着色方式、编号习惯、打磨形状，很容易就可以将自家牛与别的牛区分开。对于卡拉莫贾部落而言，牛的数量也可以成为在其他部落面前彰显本部落财富的标志。

　　在整个北乌干达与图尔卡纳草原地区，尼罗特人的不同族群都无一例外地将牛群视为财富象征，牛群具备了充当物品交换的价值尺度的功能，在很多情况下甚至被当作货币使用。其一，在卡拉莫贾人与其他人之间，交易的媒介主要是牛群。卡拉莫贾人用于保护牛群的矛、金属牛铃、腰链、头环、手镯、颈带、指环刀、盾牌等都是日常必需品，但也是他们自己不能生产的，需要与来自沿海地区的斯瓦希里人（Swahili）、索马里人（Somali），以及与来自西部山区的特伯人（Tobur）进行交换。[2] 牛是外来商人接受的货币，对他们来说，牛不仅能作为驮畜运输商品，而且可以在北乌干达一带的各个部落中便捷地完成对牛的转手交易。有时，卡拉莫贾人也会拿猎取到的象牙换取商人手中的牛群。对前者而言，牛群由此得到扩充；对后者来说，一旦离开北乌干达草原返回沿海城邦，牛群的财富价值将大为缩水，携带象牙更为有利。在前殖民时期，卡拉莫贾人可以用一根象牙换到大约 20 头有生育能力的母牛。[3] 尽管有时候山羊也可以被当作货币，但由于流通性有限，因此卡拉莫贾人宁愿用 10 只山羊换一头小公牛。[4]

---

① Charles D. Laughlin, Jr. and Elizabeth R. Laughlin, "Economic and Social Ramifications of the Ghost Cult among the So of North Eastern Uganda", *Journal of the International African Institute*, Vol. 42, No. 1, 1972, p. 11.

② Neville Dyson-Hudson, *Karimojong Politics*, Oxford: Clarendon Press, 1966, p. 86.

③ Charles D. Laughlin, Jr. and Elizabeth R. Laughlin, "Economic and Social Ramifications of the Ghost Cult among the So of North Eastern Uganda", *Journal of the International African Institute*, Vol. 42, No. 1, 1972, pp. 11-12.

④ Michael D. Quam, "Cattle Marketing and Pastoral Conservatism: Karamoja District, Uganda", *African Studies Review*, Vol. 21, No. 1, 1978, p. 51.

其二，卡拉莫贾人内部的人群流动，同样要依托牛群。这主要体现在女性出嫁方面。卡拉莫贾人社会是以父权为基础的，盛行一夫多妻制。[①] 部落内不同家族间通婚主要表现为女性作为"商品"的流转。对于出嫁女儿的一方来说，他们在"付出"女儿的同时，需要换取等值物品，聘礼一般就是男方赠予的牛群。[②] 具体来说，卡拉莫贾人的婚礼交易分为"全婚"和"半婚"两种。前者是家境殷实的男方选择的支付方式，即在迎娶新娘前，向女方支付协议好的全部的牛。后者则是在男方财力不足情况下的权宜之计。这种"半婚"是指在迎娶新娘前只支付协议好的一半牛群，剩余牛群则在新娘生育出第一个男孩后向女方支付。若新娘婚后无法生育男孩，男方就可以拒绝支付剩余牛群。对于特别困难的男方家庭，他们甚至要等到新娘生下的女儿长大出嫁后换回牛群，才有能力支付此前迎娶新娘时拖欠的牛群。女儿是不能久住娘家的，因为她们不仅会消耗食物，而且也不能为家族带来新牛群。这样的女性不仅会遭到父母责打，而且会被族内亲戚的小孩起带有侮辱性的名字。[③] 由此，卡拉莫贾人内部婚嫁就以"女性—牛群"交易的模式进行。这种模式还进一步扩展至卡拉莫贾人与周围其他尼罗特人族群间的通婚，如与苏克人（Suk）、图尔卡纳人（Turkana）的通婚。[④]

其三，货币意义上的牛群还成为卡拉莫贾人重要的惩罚物。由于牛群的普遍流通与适用性，因此牛群不仅是要保护的对象，也成为惩罚性手段。卡拉莫贾人习惯法规定，不允许偷窃、抢劫本部落内其他成员的牛，违反者将被剥夺放牧的草场。而其他违法行为，会将牛作为经济惩罚手段。例如发生在部落内的谋杀，习惯法允许以牙还牙式的制裁，即对谋杀者处刑。但若谋杀者愿意向受害者亲属赔付六头牛"罚款"的话，那么他便可以免于一死。部落内的强奸或通奸罪，习惯法规定要割除施害者男性的生殖器，但若能赔付牛——向未婚女性的父亲赔付1头牛，

① Kennedy Agade Mkutu, "Uganda: Pastoral Conflict & Gender Relations", *Review of African Political Economy*, Vol. 35, No. 116, 2008, p. 241.

② Neville Dyson-Hudson, *Karimojong Politics*, Oxford: Clarendon Press, 1966, pp. 83-85.

③ Kennedy Agade Mkutu, "Uganda: Pastoral Conflict & Gender Relations", *Review of African Political Economy*, Vol. 35, No. 116, 2008, pp. 243-244.

④ Charles D. Laughlin, Jr. and Elizabeth R. Laughlin, "Economic and Social Ramifications of the Ghost Cult among the So of North Eastern Uganda", *Journal of the International African Institute*, Vol. 42, No. 1, 1972, p. 11.

向已婚女性的丈夫赔付 20 头牛，就可以免除肉刑。①

综上，从作为生产、生活资料的牛群到替代货币并用于衡量财富的牛群，是卡拉莫贾人社会经济生活的重心。甚至有学者指出，卡拉莫贾人的社会经济体制都是以牛为核心运转的。②

二 作为文化图腾的牛

在卡拉莫贾人看来，牛不仅是财富的象征，它还被赋予经济层面之外的文化内涵，扮演了人神沟通的媒介角色，并成为卡拉莫贾人的图腾。

由于有规律的降水在稀树草原上极其重要，因此卡拉莫贾人将雨神洛班加（Lobanga）尊为至高神。万事万物都源于洛班加，世间的善恶也由他裁决。卡拉莫贾人认为洛班加是存在于天空中的创世神祇，通过降雨显现行迹，在消除干旱的同时为卡拉莫贾人施以祝福；洛班加也是存在于卡拉莫贾人中间的共世神祇，通过动物（主要是牛群）身体的某些预兆给人启示，指引卡拉莫贾人的生活。③ 面对事关部落繁荣与发展的至高神，卡拉莫贾人中有专门的先知"恩吉卡德瓦拉克"（Ngikadwarak）负责与其沟通，进而探析洛班加的意旨。先知不仅要通过与洛班加的沟通判明当前行动是否符合神意，而且要基于对神意的解读，对事件未来走向进行预测，趋利避害。

牛扮演了这种沟通仪式的媒介。一方面，牛是洛班加的意旨得以顺利传达给卡拉莫贾人的媒介。在卡拉莫贾人需要获知洛班加对部落某事件的态度以便决定下一步的行动方向时，先知就要开启与洛班加的沟通仪式。他们会牺牲特定的牛，在仪式上将其宰杀、取出牛肠。在卡拉莫贾人看来，牛肠为与洛班加进行对话的通道，只有通过研读牛肠等牛的脏器，先知才能听闻洛班加的语言。一般而言，先知会将牛肠摆放在神坛下面，将牛肠外翻并审视不同部位凹凸的分布及其异常。卡拉莫贾人

① E. J. Wayland, "Preliminary Studies of the Tribes of Karamoja", *The Journal of the Royal Anthropological Institute of Great Britain and Ireland*, Vol. 61, 1931, pp. 205-206.

② Michael D. Quam, "Cattle Marketing and Pastoral Conservatism: Karamoja District, Uganda", *African Studies Review*, Vol. 21, No. 1, 1978, pp. 69-71.

③ E. J. Wayland, "Preliminary Studies of the Tribes of Karamoja", *The Journal of the Royal Anthropological Institute of Great Britain and Ireland*, Vol. 61, 1931, pp. 206-207.

相信，洛班加的意旨会反映在牛肠的这些变化中，并对部落不同群体的态度与行为进行判定。先知则要将这些信息解读出来，用以指导部落民众的行动。例如，牛肠或其他脏器中长有肿瘤，意味着洛班加对部落当前政策的不满与灾害预警。牛肠的溃疡意味着洛班加对部落内部安全的担忧，溃疡的具体部位则指代了存在安全隐患的不同地区。牛肠上的黑斑代表着洛班加对部落可能遭遇到的外部袭击尤其是掠牛的警示。与之相对，牛肠没有黑斑，其他脏器长有黑斑，则是洛班加对卡拉莫贾人在近期内发动对外攻击的指令。[①]

另一方面，牛也是卡拉莫贾人将诉求呈报给洛班加的媒介。洛班加不仅传达意旨，也通过先知"受理"卡拉莫贾人的祈愿。第一类是祝福性祈愿。卡拉莫贾人希望获得洛班加的祝福，保障部落风调雨顺。先知同样需要以牛为媒介，将这一愿望呈报给洛班加。先知会通过仪式收集树叶，用以烤炙牛肠，同时在众人的跪拜中，向洛班加进行祷告。待树叶烧尽，卡拉莫贾人的祈求就会通过牛肠顺利传达。[②] 第二类是诅咒性祈愿。这种祈愿涉及私仇与公愤。私仇是指部落中冒犯先知个人所导致的诅咒。先知会取出一段牛肠，在睡觉时枕在头下，借以形成与洛班加的梦境沟通。在梦境中，先知会向洛班加诉说对该人的怨愤，请求洛班加降下灾难。先知向洛班加提出的请求包括：使该人患上重病，或他的牛群被偷抢，或他家的草场枯萎。公愤是指某人损害部落集体利益而招致的诅咒。先知会在部落各集团支持下举办仪式，宰杀一头小牛。随后，先知仍以牛肠为渠道，向洛班加报告该人罪行，随后在全体人员注视下吞下牛肠，完成神人沟通。最后，取下另一头小牛的牙齿，命"犯人"吞服，若被取牙的小牛活了三年，那么"犯人"相应将减损三年寿命。[③]

正是由于牛在先知与洛班加双向沟通中的这种关键角色，因而它被卡拉莫贾人视为家族乃至部落安定、幸福、吉祥的保障，是人们与神祇沟通不可或缺的元素。神圣的牛最终成为卡拉莫贾人的图腾。第一，牛是卡拉莫贾人赞颂的对象。卡拉莫贾人在史诗、故事中将牛视为族群发展的保障与依托。在讲述卡拉莫贾人迁徙的史诗中，牛不仅是饥荒中食物的来源，

①　Ben Knighton, "Orality in the Service of Karamojong Autonomy: Polity and Performance", *Journal of African Cultural Studies*, Vol. 18, No. 1, 2006, pp. 145-146.

②　Ben Knighton, "Orality in the Service of Karamojong Autonomy: Polity and Performance", *Journal of African Cultural Studies*, Vol. 18, No. 1, 2006, p. 142.

③　Neville Dyson-Hudson, *Karimojong Politics*, Oxford: Clarendon Press, 1966, pp. 224-228.

而且还在人与人相互交换牛群的过程中，成为促使族群形成集体认同的符号。有了牛，卡拉莫贾人便获得了勇气，不畏惧狮子和敌人；丧失了牛，他们也就失去了幸福、骄傲。在许多段落中，牛被描述为比人自身还重要的东西，是卡拉莫贾人生存的意义所在。例如，他们的史诗中讲道："牛来了，雨就来了"；（有了牛群，就）"收获了和平，疾病、敌人都将远走"。在卡拉莫贾人聚众讲述这些故事、传唱这些史诗时，又会举行牺牲牛的仪式。被献祭的牛的名字，将成为故事或史诗的开端。[①] 另外，有学者也认为，牛的这种崇高性也表现在卡拉莫贾语中对牛的称呼"阿依泰"（*ayitee*）上。"阿依泰"是卡拉莫贾人衣食住行各类词的词根。例如，衣物是"阿拉克"（*arach*），食品是"阿基莫迪"（*akimody*），房屋是"阿克哈依"（*akhayi*），人的身体是"阿克万"（*akwaan*）。[②]

　　第二，牛是卡拉莫贾人一生身份的标识。卡拉莫贾人从出生到死去，都与牛为伴。当婴儿出生时，他的父母会将其放在提前布置好的牛栏中，并选择一头伴随其一起成长的小牛，小牛和婴儿也将共享一个名字。当这头牛先于长大的婴儿死去时，牛角将被割下，成为孩子一生佩戴的护身符。[③] 当这个孩子过完自己的一生后，他的尸体又会被缝在牛皮中，置于悬崖高处。卡拉莫贾人相信，这样做的话，与此人同名的那头牛将会回来，并陪伴逝者的灵魂寻找来生的归宿。先知死后，则不会被缝在牛皮中，因为人们将其视为洛班加在人间的使者，与普通人不属于同一个世界。先知因此便有了一套不同的葬仪。他们死后，尸体会摆在神坛旁，与陪奠公牛的肠子一起被烧掉，他们便回到神所在的世界。[④]

　　第三，牛是卡拉莫贾人判定亲疏关系的依据。卡拉莫贾人的亲疏关系是由牛来决定的。无论是血亲、姻亲还是人为认定的亲属关系，一律都以牛的传承、赠予、交换为标准。如果没有以牛为媒介的人的互动，那么即使是至亲关系也会失去意义。在卡拉莫贾人中，根据牛的转让与否，可将亲属关系分为"牛亲"（cattle kin, *ngiyenet a ngaatuk*）与"水

---

① Ben Knighton, "Orality in the Service of Karamojong Autonomy: Polity and Performance", *Journal of African Cultural Studies*, Vol. 18, No. 1, 2006, pp. 139-147.

② E. J. Wayland, "Preliminary Studies of the Tribes of Karamoja", *The Journal of the Royal Anthropological Institute of Great Britain and Ireland*, Vol. 61, 1931, pp. 210-211.

③ Neville Dyson-Hudson, *Karimojong Politics*, Oxford: Clarendon Press, 1966, p. 82.

④ E. J. Wayland, "Preliminary Studies of the Tribes of Karamoja", *The Journal of the Royal Anthropological Institute of Great Britain and Ireland*, Vol. 61, 1931, pp. 204-205.

亲"（water kin, *ngiyenet a ngakipi*）。① "牛亲"是彼此存在牛群继承、转让等关系的亲戚。父子间牢不可破的关系，是基于父亲死后他的牛群将传承给儿子。妻子对丈夫的依附关系，是基于婚姻中男方向女方支付了与新娘"等价"的牛群。朋友间的"兄弟关系"，则是依托彼此间牛群的交换、赠予，牛群就是友谊的纽带。即使在亲兄弟间，也要通过赠牛加深彼此亲情，没有赠牛关系的亲兄弟最终会形同陌路。② "水亲"是彼此间不存在牛群继承、转让等关系的亲戚，更带有"拟亲"的性质。卡拉莫贾人会在饥荒发生时，招待穷困的同族人，向他们供给牛肉等食物。尽管也许他们彼此间毫无亲缘关系，但由于同为卡拉莫贾人，就应该伸出援手，扶危济困。在帮助别人的过程中，援助者与受助人就结成了"水亲"关系。从这个意义上讲，整个卡拉莫贾部落，彼此间都是"水亲"。

由此可见，作为神人媒介的牛，在成为图腾后，进一步成为在尘世间维系卡拉莫贾人社会文化生活的纽带，成为定义部落、定义个体、定义人群关系最重要的依据。

三 作为权力象征的牛

在卡拉莫贾人社会，无论是基本生存保障、有效社会分工还是促进财富增长与文化认同，都是部落政治运转的目的所在。从这个层面来看，牛作为卡拉莫贾人经济文化生活各环节必不可少的组成部分，也就成为部落政治的存在基础与意义。不仅如此，牛作为权力的组成要素与象征物，还是卡拉莫贾人政治体系的重要依据。在卡拉莫贾人的政治生活中，无论是获得权力、行使权力，还是权力过渡与转移，都离不开"牛"这一要素。牛甚至可以被视为政治体制能否顺利发挥作用的必要条件。

基于卡拉莫贾人的年龄组制度，除了"恩吉迪亚因"（*Ngidiyain*）即未成年人以外，卡拉莫贾男性只要具有参与部落政治管理的意愿与能力，他们就被允许进入政治体制，分享并获得权力。这些政治人员在其身份升迁、转变的每个环节，都离不开以牛为中心的赋权仪式。

---

① Neville Dyson-Hudson, "The Karimojong Age System", *Ethnology*, Vol. 2, No. 3, 1963, p. 356.

② Neville Dyson-Hudson, *Karimojong Politics*, Oxford: Clarendon Press, 1966, p. 91.

　　一个符合年龄要求的男性若要参与政治，需要与他的父亲进行沟通，并在父亲同意的前提下，由父亲出面提出"进入政治"的申请。之所以要得到父亲的认可，主要原因在于申请仪式需要牺牲自家的牛，牛的所有权在父亲那里。"恩吉莫卢"（Ngimoru）即"高级政治成员"接到申请后，会请"恩吉托克伊"（Ngitoukoi）即"长老"确定日期（一般选择在长老卸任前的某个时间），并在当日将前一阶段的全部申请者都集中起来，举办以宰杀牛群为主要内容的"进入政治"仪式。当天的仪式是"放血"。以往进入政治体制的人会采集新枝与枯枝，在地上将新枝铺成马蹄形，并将蹄口朝向卡拉莫贾东北部名为"阿普勒"（Apule）的神圣仪式场地。枯枝则堆在一起燃烧篝火。在长老围观下，其他已参与政治的人群会围着火跳舞唱歌，而新申请者则在火边跪拜，"先知"就在此时对牛进行放血，长老随后会将牛前蹄割下并分割成块供在场的人食用，后蹄则由先知嚼碎后吐在新申请者身上，作为祝福。在"放血"仪式结束几天后，将进入第二个名为"吃舌头"的阶段。长老们会分别到各申请者家中，届时，申请人的母亲要将放过血的牛舌、气管、肺，以及牛肉一起取出煮熟供大家食用，以示祝福。[①] 在"吃舌头"结束一到两周后，就进入最后的"煮胃"阶段。申请人的母亲会将先前已放血的牛胃装在置于牛栏中的陶罐里，在"煮胃"的这一天将其取出烹饪。所有参加者会在牛栏中按世代分为两组食用牛胃以及用蔬菜、谷物熬制的粥。食毕，申请人要跪在牛栏里，他的母亲会将一部分牛油涂抹到他的脖子上，而让他喝下另一部分牛油。这标志着申请人最终成功"进入政治"，成为"恩金加图约"（Ngingatunyo），即"政治新成员"。[②]

　　政治新成员向"恩吉杰特伊"（Ngigetei）即"初级政治成员"，以及"高级政治成员"晋升的道路同样离不开牛。在晋升"初级政治成员"过程中，仍然主要进行牺牲牛的仪式，只不过参与仪式者被局限于政治体制内的人群。到晋升"高级政治成员"时，不仅需要这种仪式，而且还出现了"赠牛"环节。由于"高级政治成员"人数少，晋升相对更困难，长老会主持进行各种民意调查，确认晋升人选。"初级政治成员"为了获得部落中非亲属人群的支持，就需要结交更多"朋友"（ngikonei），而这

① Neville Dyson-Hudson, *Karimojong Politics*, Oxford: Clarendon Press, 1966, pp. 163-166.
② Neville Dyson-Hudson, "The Karimojong Age System", *Ethnology*, Vol. 2, No. 3, 1963, p. 366.

些朋友都是在相互"赠牛"过程中形成的互助伙伴。谁的"朋友"多，谁就将得到更多的民意支持，也就更有可能晋升为"高级政治成员"。[①]

从"高级政治成员"晋升"长老"的过程则需要专门的任命仪式。一般情况下，长老在卸任前会任命部落 12 个集团中的高级政治成员接任新长老。任命仪式称为"肉宴"，将在卡拉莫贾人的"圣地"（nawiamuros）阿普勒举行。在仪式上，人们会宰杀有斑纹的白色牛、棕色牛，并用火将牛肉烤熟后分发给每位新长老。长老们向每个家族分发牛肉的同时也会完成"向神祈祷"的仪式，从而确立新一届长老的合法性。全部卡拉莫贾人理论上都应驱赶自己的牛群前来参加这一仪式，并完成从杀牛、取血，到最后烤肉的分工协作。[②] 在确立新的政治领导层以后，所有政治成员会在阿普勒重新聚会以确立政治阶层的标志性印章。他们首先将要牺牲的牛赶到以"大地圣石"（the rock of the land）为中心的围栏里。围栏留下四个口，分别从四个口率先跑出的四头牛，其牛蹄印就将成为政治新成员、初级政治成员、高级政治成员、长老的政治阶层印章，这四个印章将是这一时期各政治阶层用于表明身份的标志。其余围栏中的牛则被宰杀供人们食用。在新长老继任的同时，部落中不同家族也会开启新一轮的招募政治新成员的工作。由此，每五六年一次的新一轮政治选拔工作又启动了，从政治新成员到长老的新一轮更迭又将开始。

在这个政治体系中，长老一般制定事关部落发展的战略与宏观政策。高级政治成员不仅参与、协助长老制定相关政策，而且还负责具体事务的决策，工作更加烦琐。当然，长老也有权过问具体决策的情况，形成对高级政治成员的监督。至于初级政治成员，则是决策信息的传达者或执行者，他们在政治新成员的辅助下，落实各项安排，特别是将政策意图告知普通民众，获得民意支持。若要使政策制定、执行的每个环节都合规合法，就需要出具牛蹄印章确认过的相关证明。[③]

与上述权力转移过程相伴随的，是独立其外的、由一批"先知"组成的监督制衡机构。卡拉莫贾人政治体系中的政治新成员、初级政治成员，受制于高级政治成员、长老，并对后者负责，一旦失职将被处以罚

---

① Neville Dyson-Hudson, *Karimojong Politics*, Oxford: Clarendon Press, 1966, p. 85.

② Neville Dyson-Hudson, "The Karimojong Age System", *Ethnology*, Vol. 2, No. 3, 1963, p. 369.

③ Neville Dyson-Hudson, "The Karimojong Age System", *Ethnology*, Vol. 2, No. 3, 1963, pp. 362-373.

牛，甚至会从政治体系中被开除出去；同时，长老还拥有选拔新人参与政治的权力。因而在卡拉莫贾人权力转移过程中，就出现了只有部分人被监督的情况。鉴于此，部落设置了先知团，专门负责对高级政治成员尤其是对长老的监督，由此实现对剩余政治参与者的权力制衡。而这一监督制衡的过程，也与牛有密切关联。先知会通过受理民众申诉、采集民风、访查民情等方式，随时了解普通民众对长老等当权者的意见。基于民意的反映，先知将启动与神灵沟通的仪式，从而获取"神判"。在综合权衡民意与神意后，先知会对政治上的失职、渎职人员进行裁定，并执行程度不等的诅咒。对于情节较轻者，先知会牺牲黄牛，将牛血洒在地上作为剥夺其权力的标志；对于情节较重者，先知就要同时向神灵献上黄牛与先知自己的生命，以自己的死亡为代价剥夺其职权。第一种对权力进行监督制衡的"诅咒"，被诅咒者仍有改正错误的机会；第二种"诅咒"则是最终宣判，被诅咒者在先知死后，也必须付出生命的代价。①由此就完成了对长老、高级政治成员中失职渎职者的权力剥夺，并成为一种特殊情况下的权力转移方式。

可见，在卡拉莫贾人政治中，新人进入政治体系与政治体系中人员的流转，政治过程中对政策的制定、执行、解读，以及对失职渎职政治人员的惩罚，每个环节都离不开作为媒介的牛。之所以如此，是因为作为与神灵沟通的工具，牛赋予了整个政治过程合法性基础，并成为权力的象征。

四　传统牛文化的崩解与变异

卡拉莫贾人的传统牛文化随着英国殖民征服与市场经济的引入而发生崩解与变异。在新时期，尽管牛群对于部落仍至关重要，但从过去的以牧牛为主开始转向以掠牛为主。至今，这种掠牛模式仍深刻影响着卡拉莫贾及周边地区。

1897~1898年，英国殖民势力首次渗入卡拉莫贾地区。少校 J. 麦克唐纳（J. Macdonald）率领的英国军事远征队跨过埃尔贡山（Elgon）向西北尼罗河方向探索，穿越卡拉莫贾地区。尽管卡拉莫贾人面对这些外来入侵者展开了各种形式的斗争，但面对训练有素、装备齐全的英国军队，

---

① Neville Dyson-Hudson, *Karimojong Politics*, Oxford: Clarendon Press, 1966, pp. 224-227.

主要以长矛、弓箭为武器的卡拉莫贾人还是被击溃，牛群被屠杀，村寨也被烧毁。卡拉莫贾地区最终被纳入英国统治范围。① 不过，由于该地区远离从乌干达到肯尼亚的交通要道，加之资源匮乏，英国人不愿在此投入过多精力。实际上，在 1915 年以前，殖民部还要从英国本土持续向乌干达注入财政补助金，才能勉强维持乌干达保护国政府的运转。② 鉴于此，英国人在最初军事胜利后，选择以谈判的方式"说服"卡拉莫贾人臣服。《1904～1905 年乌干达保护国报告》（Report for the Uganda Protectorate in 1904-05）就明确提出要探索取得卡拉莫贾人信任的方式，如严惩掠取卡拉莫贾人牛群的周边部落、切断卡拉莫贾地区与埃塞俄比亚军火贸易等，寻求与其合作。③ 卡拉莫贾人长老鉴于此前与英国冲突导致大规模死伤的教训，并考虑到旱灾虫灾肆虐、牛群大幅减少的现实，也选择与英国人妥协。在英属乌干达保护国成立十年后的 1911 年，政府终于能任命克里斯·图夫内尔（Chris Tufnell）为卡拉莫贾地区的首任殖民专员并真正派驻到当地。图夫内尔的主要职责在于寻找、开辟当地财源，以减轻保护国政府的财政负担。他发现，当地的象牙、牛群资源如果能被有效募集并出口，将会有效增加保护国财政收入。④

为了征集象牙、牛群以供出口，英国人需要建立有效的地方管理体制。但以往卡拉莫贾人部落频繁迁徙使英国人不易管理，且当地部落制度以牛为运转轴心，民众则以牛为情感寄托，所以不能指望卡拉莫贾人的先知、长老等人积极配合殖民者大规模对外输出牛群。⑤ 基于此，英国人决定向该地区移植新的制度。在殖民专员的主持下，英国人超越当地部落结构，重新将卡拉莫贾地区划分为七个"区"，并任命当地愿意为殖民者服务的卡拉莫贾人担任"大酋长"（major chief），其在"酋长助理"（assistant）配合下管理各区行政事务。原来卡拉莫贾人的高级政治成员、

① J. P. Barber, "The Karamoja District of Uganda: A Pastoral People under Colonial Rule", *The Journal of African History*, Vol. 3, No. 1, 1962, pp. 111-112.

② 〔英〕肯尼斯·英厄姆：《现代乌干达的形成》，钟丘译，商务印书馆，1973，第 154～165 页。

③ James Barber, *Imperial Frontier: A Study of Relations between the British and the Pastoral Tribes of North East Uganda*, Nairobi: East African Publishing House, 1968, p. 138.

④ J. P. Barber, "The Karamoja District of Uganda: A Pastoral People under Colonial Rule", *The Journal of African History*, Vol. 3, No. 1, 1962, pp. 111-112.

⑤ Ian Skoggard and Teferi Abate Adem, "From Raiders to Rustlers: The Filial Disaffection of a Turkana Age-Set", *Ethnology*, Vol. 49, No. 4, 2010, pp. 250-256.

长老等人则成为酋长助理之下的"小酋长"（minor chief），在每个区的下设村镇里执行具体事务。而七个大酋长又是以英国殖民专员为主席的"高级行政委员会"成员，向英国殖民政府负责。英国人还在卡拉莫贾地区设立警察局、法院、监狱等机构，搭建起大区一级的政治架构。最终，"小酋长—酋长助理—大酋长—英国专员"的体系被建构起来，原先作为卡拉莫贾人权力高层的人员成为基层政府执行者，负有执行英国人命令进行征税（牛、象牙）、维持地方治安的职责。[①]

这套体制建立后，成为高效征牛的机器。卡拉莫贾人的牛群被以税收、罚款等名义强制收取，并输出海外。首先，保护国政府严惩拒绝缴纳牛群的村落。1920 年 9 月博克拉村（Bokora）的事件就是一个典型。当时，拒绝缴纳牛群的村民被全部屠杀，整个村庄也被烧毁，形成了对全地区的震慑。[②] 其次，为获取高额利润，保护国政府强制废除以牛为等价物的交易体系，于 1905 年实施了《东非和乌干达货币敕令》（East Africa and Uganda Currency Order in Council），将乌干达先令引入卡拉莫贾地区。[③] 当地人在向政府缴税、进行市场交易中，都须要将牛折算为先令以衡量价值。而保护国在对外出口牛群时，则以英镑结算。通过在保护国内规定先令的高价值，以及再抬高英镑对先令的比价，保护国政府就能以较低价格从卡拉莫贾人手中征牛，并以高价向国际市场出售。1925 年，卡拉莫贾地区被征集并出口的牛仅有 270 头，1927 年增至 1237 头。尽管遭遇全球经济大萧条，但到 1933 年，卡拉莫贾的牛出口仍增至 3534 头。1938 年则翻了约一番至 7553 头。二战期间对牛肉罐头的大量需求，成为牛群出口的新契机，1941 年卡拉莫贾地区对外输出的牛达到创纪录的 15597 头。[④] 牛群出口成为乌干达保护国政府创汇的重要来源之一。但对于卡拉莫贾人而言，为了赚取足以缴税的新货币，加之牛群不足无须全部人都参与放牧，卡拉莫贾人流向乌干达南方城镇打工，补充了南方湖区新兴棉花种植园的劳动力。

然而，这种既能征集牛群、释放劳动力，又能引入现代经济要素、

①　Neville Dyson-Hudson, *Karimojong Politics*, Oxford：Clarendon Press, 1966, pp. 7-8.

②　James Barber, *Imperial Frontier：A Study of Relations between the British and the Pastoral Tribes of North East Uganda*, Nairobi：East African Publishing House, 1968, p. 142.

③　〔英〕肯尼斯·英厄姆：《现代乌干达的形成》，钟丘译，商务印书馆，1973，第 147 页。

④　Michael D. Quam, "Cattle Marketing and Pastoral Conservatism：Karamoja District, Uganda", *African Studies Review*, Vol. 21, No. 1, 1978, pp. 55-57.

规范当地部落的新体制，并不能在功能上完全复制传统上的卡拉莫贾人政治制度。一方面，大酋长、酋长助理的年轻化颠覆了传统等级。作为新设职务的大酋长与酋长助理往往由渴望获得权力的年轻人担任，由此便打破了卡拉莫贾人的年龄等级与传统权威。年轻人可以领导传统上的长老与高级政治成员，后者沦为殖民体制下的基层办事员。以往由年长者决定的牛群迁徙事务，被新设的年轻酋长掌控。年长者统率年轻人的部落习惯被无视。[①] 另一方面，大酋长、酋长助理权力合法性来源的外部性无法转化为内部认同。原先卡拉莫贾人的政治参与有一套成熟的运转模式。通过以牛为媒介的仪式，政治成员的合法性获得了从洛班加到部落普通民众的一致认可。但殖民体系下任命的新酋长，权力来源于殖民政府，尤其是英国人的武力威势。民众在被迫接受这种新领导的同时，也滋生出抗拒心理。他们在实际行动中排斥大酋长、酋长助理，不配合其工作。后者为了推行政策，只能变本加厉地使用强制手段，从而进一步引发民众反抗。外部强加的权势无法转化为内部合法性权威，导致权力滥用、行政低效、社会关系紧张。[②]

这种对传统的颠覆在乌干达国家获得独立后也没有本质性改变，突出表现在以牛为核心的秩序的瓦解。随着牛被强制征收以及现代货币经济的建立，卡拉莫贾人缺牛的问题不仅意味着传统以牛为职业分配中枢的经济模式的崩溃，而且也解构了牛的文化与政治意义。

一方面，以牛为中枢的经济模式难以为继，可替代的经济发展与就业方案却不完善。尽管牛的减少伴随着一部分卡拉莫贾人外出务工，但更多人尤其是老人、女人、儿童留在本地并处于无业状态。务工所得不仅不足以弥补牛数量减少带来的损失，而且引发了随市场波动的物价问题。这些共同导致卡拉莫贾人生计艰难。以往在旱季、雨季交替时节的例行迁徙活动由于牛的减少而失去意义，留在当地的人口却没有相应减少，有限的牛群即使杀尽也无法满足人群所需，饥荒更频繁发生。[③] 无业加上食物不足，导致了掠牛行业的兴起。传统掠牛活动更多具有赋予身份内涵、建构文化认同的意义，此时的掠牛已变为纯经济犯罪，并频频

① James Barber, *Imperial Frontier: A Study of Relations between the British and the Pastoral Tribes of North East Uganda*, Nairobi: East African Publishing House, 1968, p. 205.

② Neville Dyson-Hudson, *Karimojong Politics*, Oxford: Clarendon Press, 1966, pp. 9-12.

③ Ian Skoggard and Teferi Abate Adem, "From Raiders to Rustlers: The Filial Disaffection of a Turkana Age-Set", *Ethnology*, Vol. 49, No. 4, 2010, pp. 255-256.

杀人越货。传统掠牛活动只是男性证明自身的一种手段，此时的掠牛则是老人、妇女、儿童齐上阵，不仅劫掠其他部落的牛，而且也不放过自己部落其他家族的牛群。1929～1983 年，卡拉莫贾人的暴力掠牛不仅导致十多万头牛的非正常转移，而且带来巨大的人员伤亡，甚至被杀害的本部落人口也累计达 3000 人。在 50 年里，有记录的掠牛袭击达到平均每年 182 次，差不多平均每两天就会发生一次。①

　　另一方面，饥荒频发导致掠牛泛滥，最终彻底瓦解了传统社会秩序。殖民者通过制度移植取代了先知、长老的权威，甚至不允许其开展传统仪式活动。对传统的挑战缺乏传统的有效回应，掠牛被简单视为犯罪加以处理，无视其在文化、社会心理上的影响。由此，传统与现代的张力在掠牛问题上达到极致。具有文化认同、政治稳定作用的牛已消失，只剩下作为商品、赃物、食材的牛。尽管卡拉莫贾人仍然执着地抢牛，将牛视为重要财富，但对牛的崇拜、对传统的敬畏都丧失殆尽。过去通过牛建立人际关系、判定亲疏的传统被重新定义，暴力成为新的标准。人与人之间的关系不再是"兄弟""朋友"，而变异为"弱者依附强者，强者支配弱者"。② 在部落中，谁强大，谁就可以聚集人群；要变得强大，不再依靠传统威望，而是依靠赤裸裸的武力。具体而言，卡拉莫贾人放弃养牛、牧牛的主业，而将掠牛作为本职。越能掠牛的人，就越容易获得民众拥护，而掠牛的成功与否，又更多取决于对枪支的使用。一般说来，掠牛队中配给枪支的比例越高，能掠到的牛就越多。在这个意义上，枪支取代了牛群成为卡拉莫贾人的新信仰，枪支成为新时期秩序的规定者与权威的寄托物。掠牛袭击的背后，隐藏的逻辑是对枪支的大量占有。毕竟在掠牛的环境中，牛群数量不可能持续稳定增长，总量是有限的。为了争夺有限的战利品，各方势必要加强自身力量，最直接的方式就是获得更多枪支。

　　1985～1986 年乌干达在完成最后一次政权暴力更迭后，南方地区虽然恢复和平稳定，但北方、东北地区的各类反政府武装仍十分活跃，政府无力控制卡拉莫贾地区。在与以其他族群为主体的反政府武装及政府

① Ben Knighton, "The State as Raider among the Karamojong: Where There Are No Guns, They Use the Threat of Guns", *Journal of the International African Institute*, Vol. 73, No. 3, 2003, p. 434.

② Ian Skoggard and Teferi Abate Adem, "From Raiders to Rustlers: The Filial Disaffection of a Turkana Age-Set", *Ethnology*, Vol. 49, No. 4, 2010, p. 260.

军的冲突中，卡拉莫贾人逐渐持有了 30000~40000 支 AK47 自动步枪，相当于每十个卡拉莫贾人就会持有一支枪。[1] 代表着秩序、规则的牛文化彻底蜕变为以暴力为核心特征的掠牛文化。据不完全统计，到 2009 年，卡拉莫贾人手上的枪支数量超过 20 万支，而当地人口仅有 110 万人。[2] 家家户户持有枪支，男孩从小就被训练如何偷牛、掠牛。由于频繁掠牛甚至杀人，卡拉莫贾人与周边各族群乃至邻国族群的关系都变得极其恶劣。与卡拉莫贾邻近的阿乔利（Acholi）、兰戈（Lango）、布基苏（Bugisu）、塞贝（Sebei）等地，都受到过卡拉莫贾人的袭击，数十万人流离失所。2002~2007 年，卡拉莫贾及周边地区因掠牛发生的冲突多达 2000 次，造成 5784 人丧生。[3] 2011 年南苏丹独立后随即陷入内战，卡拉莫贾地区的北部边界形同虚设，武器走私更为猖獗。至 2020 年，卡拉莫贾地区的掠牛问题依然严峻，南苏丹琼莱（Jonglei）、肯尼亚西波科特（West Pokot）与埃尔吉约-马拉科维特（Elgeyo-Marakwet）等地的牛群也都成为抢掠目标，这些地方因卡拉莫贾人掠牛而导致的人员伤亡数居高不下。[4] 尽管乌干达政府派驻上万名士兵维持卡拉莫贾地区秩序，但掠牛已成为当地人的基本生计来源，仅靠镇压无法提供可替代的生计模式，终究是治标不治本。

结　语

在欧洲殖民者到来以前，牛成功地在卡拉莫贾人的经济、文化、政治各领域扮演了秩序守护者、社会黏合剂的角色。然而，现代政府与市场对传统的冲击瓦解了牛在文化、政治领域的地位，使其还原为单纯意义的商品。由于缺乏可替代的经济生产方式，卡拉莫贾人增加掠牛活动

---

[1] Anders Närman, "Is Peace Possible?" *Review of African Political Economy*, Vol. 30, No. 95, 2003, pp. 129-133.

[2] Mark O'Keefe, "Chronic Crises in the Arc of Insecurity: A Case Study of Karamoja", *Third World Quarterly*, Vol. 31, No. 8, 2010, p. 1283.

[3] Mark O'Keefe, "Chronic Crises in the Arc of Insecurity: A Case Study of Karamoja", *Third World Quarterly*, Vol. 31, No. 8, 2010, pp. 1286-1289.

[4] Duncane Omondi Gumba, "Cattle Rustling: From Cultural Practice to Deadly Organised Crime", February 28, 2020, https://reliefweb.int/report/south-sudan/cattle-rustling-cultural-practice-deadly-organised-crime.

以维持生计，并发展出畸形的掠牛文化。由此形成的卡拉莫贾人与周边族群的互动呈现破坏性极大的"掠牛-杀人"模式，并在边界管控形同虚设的情况下，被猖獗的武器走私所强化。从殖民时期至今，卡拉莫贾人扮演了"劫牛大盗"的角色，并为周边族群做了示范。掠牛行动如同瘟疫般迅速在各个族群间扩散，导致地区内族群关系的焦点始终是对以牛为中心的财富进行暴力再分配，而忽视了财富扩大再生产。这必然导致暴力经济的持续流行。南苏丹努尔人（Nuer）、丁卡人（Dinka），肯尼亚卡伦津人（Kalenjin）、马赛人（Maasai）等众多尼罗特族群从事的掠牛活动，其基本逻辑都与卡拉莫贾人相似，并使东非、东北非地区呈现同质化的、以对牛的争夺占有为特征的族群对立与冲突。若能充分观照并理解以卡拉莫贾人为代表的尼罗特人的牛文化及其掠牛活动，就能超越对非洲族群冲突过于标签化的部落主义解释思路，进而把握住更深层的、更为根本性的经济因素与族群冲突之间的关系。

【责任编辑】胡洋

非洲研究　2023 年第 2 卷（总第 21 卷）

第 144—158 页

SSAP ©，2023

《混乱岁月》中的多维空间漫游
及其政治文化隐喻

高文惠

【内容提要】《混乱岁月》描写了主人公奥费伊在非洲乌托邦、域外、本土不同区域、神话原型空间等多个空间的漫游。奥费伊的漫游具有丰富的政治和文化隐喻。小说前半部分的漫游政治寓意突出，既有对马克思主义倾向的乌托邦社会的构建，也有对非洲新殖民主义和独裁政权暴力的揭露，还有对比夫拉内战前后陷入政治混乱的尼日利亚的现实指涉。小说后半部分的漫游则更多转向了文化隐喻。奥费伊营救爱人的漫游与俄尔普斯和奥贡神话的对应关系，不仅象征着对被束缚的艺术创造力和社会希望的拯救，而且更深层地展现了存在于民族文化意识深处的再生循环观念和与之相伴随的重建社会秩序的期许。奥费伊也因此经历了由马克思主义政治理想的实践者向个人主义悲剧英雄的转变。

【关键词】索因卡；《混乱岁月》；多维空间；漫游；政治文化隐喻

【作者简介】高文惠，德州学院文学与新闻传播学院教授，文学博士，主要研究方向为非洲英语文学（德州，253023）。

索因卡的第二部长篇小说《混乱岁月》（1973）是一部交织着神话与历史、物质与精神、非洲与世界、启蒙与革命等多重对立元素、意义复杂的作品。小说虽然有写实的内容，但总体上是一部具有象征结构的非洲现代主义作品，作品丰富的政治文化内容大多以象征隐喻的形式呈现出来。小说的标题明示小说的中心主题是"混乱",而这个主题则主要是通过主人公奥费伊(Ofeyi)在不同空间的几次漫游逐渐呈现出来的。奥费伊的漫游包括:对非洲乌托邦埃耶罗(Aiyero)的访问、以学习为目的的跨国漫游、为传播埃耶罗的思想而进行的跨区际漫游、为救回被囚禁的爱人而在地狱一样的空间的漫游。通过奥费伊在多维空间的漫游,"索因卡向我们展示了人类社会的多样性和生活方式的诸多差异,有时这种不同会发展为在伦理、文化、道德、宗教、经济等领域和不同阶级间的激烈斗争"。① 《混乱岁月》创作于比夫拉内战之后,奥费伊的漫游实则承载了索因卡本人对暴力的谴责、对国家命运的忧虑、对非洲道路的探索和对民族精神本源的深深思考。

一　非洲乌托邦的漫游与社会理想的政治实践

奥费伊的漫游始自对与世隔绝的埃耶罗的访问。为了推动卡特尔(Cartel)公司的可可业务,从欧洲留学归来的奥费伊带着他的广告团队来到一个具有原始共产主义性质的乌托邦社会埃耶罗。埃耶罗主要以渔业和农业为生,共同体成员共同参加劳动,共享财产。在"被利益推动的全球社会里",埃耶罗是一个"不合时代的"存在。在当权者的眼里,埃耶罗是一个对政府"既形不成威胁,也构不成妨碍"② 的"不科学的地方自治主义的原始样板"。③ 因为政府的忽视,这个"袖珍乌托邦"④ 得以存在了大半个世纪。在埃耶罗,人人平等,没有特权阶层,阿赫米(Ahime)是实际的领导者,地位类似于部落的酋长,但他一心为公,富有远见,他敏锐地意识到来访者的纷至沓来是出于现代城市社会的猎奇心理,共同体的自给自足式的生活方式和生产模式因无法融入全球现代商品社会网络而面临停滞危机。为了解决埃耶罗的发展困难,他开始广泛了解世界各地的社会模式,包括马克思主义思想,甚至开始阅读毛泽东的著作,在与奥费伊的交流中,他给予了毛泽东高度评价:"难道这个

---

① Annie Gagiano, "Anomy and Agony in a Nation in Crisis: Soyinka's 'Season of Anomy'", *English in Africa*, 1999, 26 (2), p.136.

② Wole Soyinka, *Season of Anomy*, London: Rex Collings Ltd., 1973, p.2.

③ Wole Soyinka, *Season of Anomy*, London: Rex Collings Ltd., 1973, p.2.

④ Wole Soyinka, *Season of Anomy*, London: Rex Collings Ltd., 1973, p.26.

中国人不是独一无二的吗？他掌握了朴素的真理，他还进行了一场巨大的农业实验。我有生以来第一次想出门旅行，去会会一个在书里遇到的人。"① 阿赫米所说的农业实验应该指的是中国 1958 年开始的"人民公社化运动"，阿赫米期待埃耶罗也能进行一场这样的社会革新运动。

埃耶罗的状况是实行平均主义的非洲早期公社制社会的一个缩影。当欧洲殖民势力撤出非洲，非洲国家面临自治道路问题选择的时候，非洲公社制的传统使得一些非洲思想者和政治家天然地倾向于选择社会主义这条道路。阿赫米在某种程度上是这些早期探索者的代表。然而，原始公社制的建构实际上无法适应非洲社会急遽的现代化转型，恩克鲁玛曾经对非洲原始公社制予以嘲笑，称之为"一个田园式的，非洲无阶级社会……享受一种麻醉般的宁静"。② 为了引进新的思想，满足埃耶罗"对新鲜血液的需求"，③ 阿赫米选择奥费伊这个外来人做新的谷物管理人（埃耶罗最重要的职位）。奥费伊接受了这个职位，是因为他也正在寻找一个能把他"从欧洲带来的模式"进行实践的地方。

奥费伊从欧洲带来的模式是马克思主义的政治哲学，作为非洲马克思主义思想的早期启蒙者，奥费伊希望的是不同于阿赫米所期待的另一种社会疗救，他所期待的社会治疗不仅仅是埃耶罗的内部改革，更是要把埃耶罗的社会理想传播到全国各地，推动整个社会的变革。在他看来，应该像播种可可种子一样，"利用卡特尔强大的宣传机器把埃耶罗的社会理想撒播到各地"。④ 在播下思想火种之前，奥费伊对埃耶罗的朴素社会理想进行了进一步的理论提升和目标定位，他要"为埃耶罗树立起劳动人民跨越人为疆界联合起来的理念，让具体的、充满感情的埃耶罗的理想传播到整个大陆，逐渐削弱基于对民众劫掠、侮辱和伤害的卡特尔的上层建筑，从而结束新的奴役时期"。⑤ 奥费伊的计划是让散布在全国各地的埃耶罗成员成为"播种新思想"⑥ 的先锋队，通过思想启蒙去实践他的政治理想。奥费伊为埃耶罗构建的政治模式与 20 世纪七八十年代曾经

---

① Wole Soyinka, *Season of Anomy*, London：Rex Collings Ltd.，1973，p. 27.
② 〔美〕D. 格拉泽：《非洲的马克思主义运动》，郑祥福、陈超超译，《马克思主义与现实》2014 年第 4 期，第 113 页。
③ Wole Soyinka, *Season of Anomy*, London：Rex Collings Ltd.，1973，p. 6.
④ Wole Soyinka, *Season of Anomy*, London：Rex Collings Ltd.，1973，p. 19.
⑤ Wole Soyinka, *Season of Anomy*, London：Rex Collings Ltd.，1973，p. 27.
⑥ Wole Soyinka, *Season of Anomy*, London：Rex Collings Ltd.，1973，p. 24.

盛行的非洲社会主义浪潮是一致的，非洲的社会主义者们也曾努力尝试
"把共同生活的传统经济模式注入现代国家"① 的治理模式。全世界劳动
人民联合起来的理念就是早期国际共产主义运动的核心思想。奥费伊设
想的马克思主义思想的实现之路呈现的是 20 世纪 70 年代非洲马克思主义
的一种普遍模式："就是非洲的马克思主义政府在将人民阵线或军政府转
变为先锋党时所运用的模式，它向人们展示的是：国有化政策、国家管
控下的发展和全民动员。"②

　　《混乱岁月》勾勒出了一个融入马克思主义政治思想的非洲乌托邦的宏
大政治蓝图，然而，这个蓝图却似乎仅仅出现在奥费伊的观念领域里，索
因卡并没有对这一蓝图在埃耶罗的具体实施方案和实现过程展开具体描写。
对此问题，有学者指出："我们不能从成功的政府治理的角度解读埃耶罗，
而应把它视为成功的文化实践模式。"③ 这种观点与埃耶罗人对自己社会
的看法也是一致的。在埃耶罗人看来，埃耶罗的缔造者创建埃耶罗的
"目的是要发现一种生活方式"，他们所信奉的谷物神"甚至不能称得上
是一种宗教，它只不过是一种生活方式，你也可以称它为哲学"。④ 发现
生活方式的目的直接把小说的叙事由政治话语建构引向了文化话语建构。

二　跨国漫游与非洲道路选择

　　奥费伊对马克思主义思想的接受是在海外留学期间。作品开篇就提
到他刚从欧洲留学归来，试图把从"欧洲带来的模式"运用于非洲，奥
费伊对马克思主义思想接受的途径是马克思主义进入非洲的主要模式之
一："通过殖民主义。殖民地的活动分子通过与共产党员接触，以及殖民
大都会中的劳工运动，获得了他们所属的马克思主义。这种联系发生在
非洲学生在欧洲各国大都市学习的时候。"⑤ 因为从奥费伊创作的"劳动

---

① 　John Mbiti, *African Religion and Philosophy*, London: Heinemann, 1975, p. 223.

② 　〔美〕D. 格拉泽：《非洲的马克思主义运动》，郑祥福、陈超超译，《马克思主义与现
　　实》2014 年第 4 期，第 119 页。

③ 　Hugh Hodges, "Return to Sender: The Small Town in Wole Soyinka's The Interpreters, Sea-
　　son of Anomy, Aké and Isara", *Journal of Commonwealth Literature*, 2007, 42 (1), p. 10.

④ 　Wole Soyinka, *Season of Anomy*, London: Rex Collings Ltd., 1973, p. 10.

⑤ 　〔美〕D. 格拉泽：《非洲的马克思主义运动》，郑祥福、陈超超译，《马克思主义与现
　　实》2014 年第 4 期，第 114 页。

之歌"及他的相关活动中嗅到了异端思想的味道，公司中断了奥费伊的工作，把他派到欧美去学习先进的广告学专业理念，奥费伊因而有了又一次被动的跨国漫游。奥费伊的跨国漫游在小说中虽然没有太多直接描写，却暗暗指向后独立时期非洲国家的道路选择这一地缘政治问题和意识形态对立弥漫于 20 世纪全球的冷战思维。在跨国漫游过程中，奥费伊努力在不同的政治、文化立场之间进行协调，以求找到最适合非洲的社会变革之路。

　　奥费伊在欧洲漫游期间，结识了牙医德马金（Demakin）。同奥费伊一样，德马金也从欧洲接受了马克思主义思想，但他比奥费伊更加激进。在德马金眼中，奥费伊是"头脑糊涂的理想主义者"，① 他的主要方式是以暴抗暴，以选择性暗杀的方式清除社会毒瘤，他提出两人联手摧毁公司控制的暴力组织杰库（Jeku）。德马金的方案代表了以埃耶罗为缩影的非洲社会主义实现的另一种实践——革命马克思主义。奥费伊从一开始就意识到自己与德马金的联合可能是"冷血的必要"，② 他从德马金那里得到启示，有必要"组建一支武装力量"③ 来保卫埃耶罗。但对于德马金的暴力革命，奥费伊的内心是有抵触的，他一再强调"暴力不是我想从埃耶罗得到的东西"，④ 对于与德马金的合作，奥费伊一直心有疑虑，这种犹豫不决一直持续到小说最后。在德马金的帮助下，奥费伊救出了被囚禁在监狱里的爱人艾丽伊丝（Iriyise），但两个人依旧没有同行。

　　奥费伊的跨国漫游就其自身来说，他接触到了马克思主义思想。然而，就派他去欧美国家学习的卡特尔公司来说，则希望他接受发达资本主义国家的商业社会逻辑洗礼。这种意图在安排他行程的公司官员的叮嘱中表现得非常明确："我们会安排你去美国、日本、德国等尽可能多的国家。在这些国家里，你可以观察你的同行是怎么工作的，你也会从他们那儿学来一些理念。……世界上最好的广告业在美国，美国人真正了解这个领域，这是美国能够成为如此富裕的国家的原因。"⑤ 在公司的决策者那里，显然希望复制以美国为代表的西方发达资本主义国家的治理模式和消费社会理念。这个一切以利润为导向的垄断着全国可可贸易的

① Wole Soyinka, *Season of Anomy*, London：Rex Collings Ltd., 1973, p. 112.

② Wole Soyinka, *Season of Anomy*, London：Rex Collings Ltd., 1973, p. 136.

③ Wole Soyinka, *Season of Anomy*, London：Rex Collings Ltd., 1973, p. 24.

④ Wole Soyinka, *Season of Anomy*, London：Rex Collings Ltd., 1973, p. 23.

⑤ Wole Soyinka, *Season of Anomy*, London：Rex Collings Ltd., 1973, p. 21.

卡特尔公司的"运作主要是代理人模式，代理人既包括代表传统威权的
酋长，如小说中的一个人物——酋长巴塔吉（Chief Batoki），也包括政府
的税务官等官员，以及偏远地区的底层农民。这表明，卡特尔的势力无
处不在，已控制了社会的各个阶层，而其顶层的管理者则是国际主人"。①
以羚羊角为象征的杰库党为卡特尔公司所控制，他们拥有军队和警察，
而他们的国际主人则明显是欧美发达资本主义国家。小说第三部分中描
写的那个因同情和帮助埃耶罗人而被审讯的破产农民在为自己辩解时，
提到家乡的土地因为白人无节制地开矿而遭到的破坏，"白人在这片土地
上采矿采了很长时间了……当他们停下来时，土地已经完全不适合耕种
了，只剩下了岩石……这一切从村长告诉我们，我们的领导人扎基（Za-
ki）允诺白人可以在他们看中的任何地方挖矿的时候开始"。② 很明显，
索因卡借这个破产农民之口谴责非洲财阀与欧美资本联手对非洲民众进
行剥夺。总之，小说中卡特尔的运营模式映射着后独立时期非洲的新殖
民主义的现实状况，卡特尔的管理者们要垄断财富，因此仇视马克思主
义的信仰者，在他们看来，民众是"天生的失败者"（born losers），③ "共
产主义者想把国家弄个底朝天，是因为他们自己什么也没有。他们想把
所有人的生活都拉到同他们一样低的水平"。④ 出于这种狭隘，他们甚至
排斥从莫斯科留学归来的化学家们的研究报告。在小说中大量存在的意
识形态对立和阶级对立的细节描写中，20 世纪弥漫于全球的二元对立式
冷战思维跃然纸上。

因此，奥费伊的跨国漫游不仅是地理学意义上的漫游，它更隐喻着
非洲国家治理模式的选择问题。确切地说，反映了社会主义和资本主义
这两大社会政治制度在非洲的博弈。在《混乱岁月》中，索因卡借奥费
伊的探索表达了自己的倾向性：非洲只有选择以马克思主义思想为指导
的社会主义政治制度，才会走出混乱，重建秩序，复归被权力腐蚀了的
人性。

---

① 宋志明：《索因卡〈反常的季节〉中的社会政治想象》，《外国文学研究》2020 年第 4
期，第 140 页。

② Wole Soyinka, *Season of Anomy*, London: Rex Collings Ltd., 1973, p.123.

③ Wole Soyinka, *Season of Anomy*, London: Rex Collings Ltd., 1973, p.144.

④ Wole Soyinka, *Season of Anomy*, London: Rex Collings Ltd., 1973, p.143.

三　跨区际漫游与尼日利亚现实隐喻

为了传播埃耶罗的社会理想，使埃耶罗的社会理想能够在更大的社会中得以实践，奥费伊穿梭于埃耶罗、埃耶拖莫（Aiyetomo）和交河地带（cross-river）这三个地区之间。通过奥费伊的跨区际漫游，小说以隐喻的方式呈现了比夫拉内战前后尼日利亚的混乱现实图景。

《混乱岁月》故事的发生地是一个虚构的区域，匿名地理使这部小说具有了寓言体小说的特质。小说中虽未提及尼日利亚，但从小说中描写的庞大的可可贸易网络、有国际资本支持的矿业开采、资本与军队的联合、埃耶罗从埃耶拖莫脱离出来的历史、埃耶罗与埃耶拖莫和交河地带之间的区际冲突、针对埃耶罗的大清洗、埃耶罗所在的大河三角洲地区的地理位置等细节描写中，很容易让人联想到比夫拉内战前后深陷伊博、豪萨、约鲁巴三大种族纷争的尼日利亚社会。索因卡也从不遮掩自己借这部作品对内战前后尼日利亚政治乱象的谴责意图，在一次访谈中提及"混乱岁月"这个书名的意义时，他说："'混乱'能概括我们身在其中的政治混乱……我借这个说法来描述希望的破灭。还有与政治相伴的残忍、暴力、选举舞弊……"[①]

在精神倾向和政治实践上，奥费伊有一定的索因卡的自传色彩。众所周知，索因卡在比夫拉内战时期被军政府单独监禁两年。据索因卡所说："我的一系列活动导致了我的被捕：我在尼日利亚报纸上对战争的谴责，我对东部地区的访问，我试图发动国内外的知识分子组建一个压力集团去制止各方对尼日利亚各个区域进行军售的行为，我动员第三方力量……同时制止比夫拉的分离运动和来自独裁军政府的种族灭绝行为的努力等。"[②] 在《混乱岁月》中，奥费伊也像索因卡一样，试图通过自己的社会活动，"逐渐削弱政治精英的影响，他去访问埃耶罗，他决心在埃耶罗和其毗邻地区创造一个平衡关系……"[③] 作为埃耶罗与埃耶拖莫和交

---

① 索因卡、史国强：《我的非洲大地》，《东吴学术》2012 年第 3 期，第 41 页。

② Wole Soyinka, *The Man Died: Prison Notes of Wole Soyinka*, Harmondsworth, Middlesex: Penguin Books, 1975, p. 18.

③ Joyce Johnson, " ' The Transitional Gulf': A Discussion of Wole Soyinka's Season of Anomy", *Journal of Postcolonial Writing*, 1979, 18（2）, p. 293.

河地带的协调人，奥费伊努力在埃耶罗的传统精神主义和埃耶拖莫、交河地带的现代世俗主义，埃耶罗合作共享的集体主义和埃耶拖莫、交河地带的个体主义之间进行调停。

因为奥费伊在埃耶罗与埃耶拖莫和交河地带间的调停活动，小说得以借穿梭在两个世界的奥费伊的眼睛展现混乱图景。这部分描写中的混乱，首先指向由资本控制的独裁政权制造的末世图景。埃耶拖莫和交河地带是由酋长巴塔基（Batoji）、交河地带的独裁者扎基·阿姆利（Zaki Amuri）、酋长比卡（Biga）和陆军总司令四人控制的经济政治上的卡特尔，这四个人的共同特征是专制凶残，他们的统治方法非常简单，就如同最残忍的巴塔基在一次香槟晚宴上所叫嚣的："百姓都是懦夫。你杀死两个人，就会吓跑栏杆后面的几十个人，剩下的人就会举止规矩，服从命令。如果他们不听命令，就在后面加一个零。杀死 20 个人，把几百个人放在栏杆后面，让他们观看。如果他们再不听话，那就杀死几千人，把剩下的都投入监狱。"[1] 奥费伊称他们为"可怕的四人"，这个称呼隐约指向《圣经·启示录》中用荣耀、权力、财富和死亡毁灭人类的四骑士。这个隐含的指涉在暴力组织杰库针对异见者和外来者的一系列惨无人道的暴行和针对埃耶罗种族大屠杀的灾难场景中得以更清晰的显现。大屠杀之后的三角洲区域成为"末世的第五张脸"[2]，奥费伊再次回到被屠戮后的三角洲地区，如同进入了"地狱之门"，街上堆满了死于有组织的大屠杀的人的尸体，"在任何一个池塘里丢进一块石头，都会有腐烂的尸体浮出"，"街道上的尸体高高堆起，秃鹫已因吃得过多而动作迟缓……于是卡车开了进来，把这些残骸倾倒进蓄水池里"。[3] 奥费伊在人间地狱的漫游回应了索因卡对暴政的谴责："暴政毁掉了这个国家。"[4] 借奥费伊的眼睛和感受，索因卡对比夫拉内战前后尼日利亚军政府的现实暴行进行了愤怒的谴责。其次，混乱也指向对权力的贪婪引发的暴力。在索因卡看来，权力是"大众群体受传染的潜在进程，权力传染着那些天天接近权力的人，也传染着日日暴露在饥饿与寒冷、人性弱点和物资

---

[1] Wole Soyinka, *Season of Anomy*, London：Rex Collings Ltd. , 1973, p. 137.

[2] Wole Soyinka, *Season of Anomy*, London：Rex Collings Ltd. , 1973, p. 159.

[3] Wole Soyinka, *Season of Anomy*, London：Rex Collings Ltd. , 1973, p. 194.

[4] Quayson, "Wole Soyinka and Autobiography as Political Unconscious", *Journal of Commonwealth Literature*, 1996, 31（2），p. 30.

匮乏之中的人们"。① 权力导致了人的堕落，更导致了国家的分裂，比夫拉内战之所以会发生就是因为伊博、豪萨、约鲁巴三大种族争夺权力，索因卡借医生柴奥（Chail）之口表达了对陷于区际冲突、种族纷争中的国家命运的忧虑："你认为这个国家还会再团结成为一个整体吗？"②

　　在《混乱岁月》中，除了指向尼日利亚政治混乱和内战灾难的现实维度之外，还有由现实混乱引发的奥费伊的精神漫游这一心理维度。小说中，时不时地穿插着奥费伊的想象、回忆、联想和一个个在地狱般的环境中穿梭的噩梦。可以说，《混乱岁月》在公共政治和群体文化建构的意图之外，还有个体精神建构的努力。奥费伊为了实现自己的政治和文化理想在充满暴力的世界里四处活动的同时，也在苦苦探索自己的精神家园。除了爱人艾丽伊丝之外，奥费伊还被一个留学期间结识的印度姑娘泰伊拉（Taiila）所深深吸引。泰伊拉代表一种来自亚洲冥想的宁静哲学，她处在一个"和平、平静和慈爱的世界"。在奥费伊看来，与泰伊拉的短暂接触，是"一段让心灵获得休息的令人愉快的田园生活时光，机场变成了孤独灵魂的乐园。"③ 奥费伊几乎同时与代表宁静的泰伊拉和与代表暴力的德马金相遇，在与阿赫米的谈话中，奥费伊分析这种偶然性："如果我迷信的话，那么我可能会想泰伊拉的出现是个奇迹，她把我从牙医所代表的通往地狱之路上拯救回来。你知道，这边是好的天使，那边是坏的天使。"④ 在大屠杀发生之后的混乱中，奥费伊与泰伊拉再次相逢，还是情不自禁地被她的宁静气质深深吸引，认为她就是"埃耶罗的微观世界"的化身，甚至心中掠过"和泰伊拉结婚忘掉外面混乱世界"⑤ 的念头。很明显，德马金和泰伊拉这两个形象的同时共呈和两相对比指向了奥费伊内心深处两种相反的意识倾向：积极干预现实生活的社会意识和向往精神乌托邦的个体意识。精神上向往和平与宁静的奥费伊在现实中却让自己卷入了社会事件的旋涡中心，正如他对泰伊拉所说："我不相信暴力，但是我看见了暴力，我认识了暴力，我必须正视它。"⑥ 奥费伊选择直面暴力，显示了非洲知识分子强烈的社会责任担当

①　Wole Soyinka, *Season of Anomy*, London: Rex Collings Ltd., 1973, p. 92.

②　Wole Soyinka, *Season of Anomy*, London: Rex Collings Ltd., 1973, p. 229.

③　Wole Soyinka, *Season of Anomy*, London: Rex Collings Ltd., 1973, p. 22.

④　Wole Soyinka, *Season of Anomy*, London: Rex Collings Ltd., 1973, p. 25.

⑤　Wole Soyinka, *Season of Anomy*, London: Rex Collings Ltd., 1973, p. 238.

⑥　Wole Soyinka, *Season of Anomy*, London: Rex Collings Ltd., 1973, p. 100.

意识。然而，奥费伊在现实中的一系列反对独裁、抵制暴力的活动却均以失败而告终，奥费伊失败的社会实践传达出索因卡的一个观点："在一个希望的源头完全被整体的反人性（社会和精神的混乱）所扼杀的社会里，任何努力都不可能获得成功。"① 创作《混乱岁月》时期的索因卡对尼日利亚国家命运的预见有些近于绝望的悲观。

四 神话原型的漫游和象征空间的社会拯救

《混乱岁月》的前三部分主要讲述奥费伊乌托邦政治理想探索及其与现实社会的冲突，这种探索因社会暴力而遭遇了严重挫折。从第四部分开始，小说的叙事发生了一个明显的变化：叙事抛下了主人公社会理想探索这个主题，转向了奥费伊寻找并营救爱人艾丽伊丝的漫游。艾丽伊丝被囚禁的德谟克（Temoko）是一个集精神病院、麻风病人聚集区、监狱为一体的黑暗、阴森、混乱、诡异如同地狱一样的地方，奥费伊的这场营救与其说是在现实的空间中，不如说是在神话的象征空间里发生。索因卡有一种将历史与神话连接起来的创作倾向，按照桑戈尔的观点，此种创作策略"在受历史驱动的诗人和作为历史的超越者的诗人之间架起了一座桥梁"。② 也就是说，映照历史与现实是索因卡文学实践的目的，但他更要超越现实历史的层面去探索形而上的关于本源的、存在的哲学领域。斯坦利·马斯布赫（Stanley Macebuch）对索因卡此种倾向的判断切中肯綮："索因卡对于神话的坚持不懈的思考是揭示非洲文化和非洲历史源头的一种尝试。"③ 在《混乱岁月》中，贯穿索因卡创作的这种倾向再次显现。

奥费伊营救艾丽伊丝的旅程与俄尔普斯去地狱营救爱妻欧律狄刻的古希腊神话有明显的关联。俄尔普斯与奥费伊同为音乐家和诗人；俄尔普斯的爱人被毒蛇咬死落入冥府，奥费伊的爱人艾丽伊丝则被独裁者的

① Annie Gagiano, "Anomy and Agony in a Nation in Crisis: Soyinka's 'Season of Anomy'", *English in Africa*, 1999, 26（2）, p. 133.

② Wole Soyinka, *The Burden of Memory, the Muse of Forgiveness*, Oxford: Oxford University Press, 1999, p. 20.

③ Obi Maduakor, *Wole Soyinka: An Introduction to His Writing*, New York and London: Garland Publishing, 1986, p. 320.

手下绑架，被囚禁在德谟克的最深处不省人事；双方都为了找回爱人费尽周折：俄尔普斯驯服了守卫冥府大门的三头狗，奥费伊则说服了德谟克的忠诚的门卫——模范犯人苏波鲁（Suberu）。《混乱岁月》与俄尔普斯神话的对应关系使得作品的意义超出了现实层面，具有了隐蔽却深刻的文化象征内涵。而对作品深层象征内涵的解读在很大程度上有赖于对艾丽伊丝这一被奥费伊追寻的形象的理解。《混乱岁月》对于奥费伊与艾丽伊丝真实爱情的描写是飘忽的和缺少情感温度的。与作为现实爱人这个角色相比，艾丽伊丝更像是一个文化象征符号。

首先，一方面她是乐队的成员，是一名舞蹈艺术家，是奥费伊艺术思想的体现者，奥费伊关于可可的广告艺术设想是通过她的舞蹈呈现出来的。另一方面她也是艺术表现的对象物，是被商品化了的艺术处境的象征。她是卡特尔公司发行的可可广告的海报中的海报女郎，是可可促进运动中被称作"可可女王"的具有商业价值的商品偶像。在这个意义上，艾丽伊丝的形象象征着艺术与商业的结合以及逐利的商业逻辑对以真善美为旨归的艺术的损害。艾丽伊丝 3/4 处于沉睡状态的海报形象，她在一次演出中因为双方争吵引发的舞台混乱无法走出"巨壳"而发出的愤怒的呼喊，她被囚禁在一个像个"壳"一样的德谟克的囚室里的毫无生机的濒死形象，等等，都是艺术被异己的商业力量所囚禁的表征。随着奥费伊推动可可事业的展开，艾丽伊丝变得越来越孤独、痛苦。可以说，艾丽伊丝的形象实则是挣扎于艺术诉求与商业需求之间的奥费伊的精神世界的外在折射，创造艺术家奥费伊则是包括索因卡在内的现代艺术家形象的化身，奥费伊对艾丽伊丝的寻找也就意味着将艺术和人从资本中解放出来的努力。另外，艾丽伊丝是希望的象征。艾丽伊丝所跳的可可从豆荚中破土而出的舞蹈被视作埃耶罗文化意识的象征。人们相信她的舞蹈有祈雨的功能，能够给共同体带来风调雨顺，因此埃耶罗人把她称为"天空"。她的存在被视作"埃耶罗人及其反抗暴政的盟友们的鼓舞力量和号召力。她是人类冲出困境的希望，尽管救出一个昏迷不醒的人，对反抗斗争来说并无实际效益，然而这个解救却会重新唤醒继续反抗压迫的决心以等待革命时机的来临"。① 总之，艾丽伊丝在作品中是一个非常重要的艺术家个体精神和集体文化的象征符号，她的被掳掠、

---

① Annie Gagiano, "Anomy and Agony in a Nation in Crisis: Soyinka's 'Season of Anomy'", *English in Africa*, 1999, 26（2），p. 133.

被监禁意味着多层面的混乱，所以必须被解救。对她的解救既是艺术家对艺术自身的拯救，同时也是对集体精神的召唤。

　　与俄尔普斯地狱漫游的神话原型的对应构成了《混乱岁月》的第一层象征文化空间，而在这层象征空间之下，还有一层更深层的约鲁巴文化的象征空间。索因卡的文化视野明显具有欧洲文化的元素，但是作为非洲艺术家，索因卡却一直有一种试图使非洲文化普适化的倾向。而在索因卡那里，在很多情况下，非洲文化其实就是约鲁巴文化。索因卡对约鲁巴神话使用的目的，"几乎和普及古老的传统文化没有关系，他的关心看起来更像是要在神话历史中发现某些原则，当代人的行为可以以这些原则为行动基础和进行合理性判断的标尺"。① 在众多的约鲁巴神灵中，索因卡选择了奥贡作为自己的艺术之神和创造力之源。奥贡是索因卡的戏剧作品中或隐或显频频出现的一个神话形象。在他看来，希腊神话中的狄俄尼索斯、普罗米修斯、阿波罗（作为阿波罗的儿子、擅长音乐的俄尔普斯是阿波罗的变体）等神都是奥贡的对应物。也就是说，奥贡兼具希腊神话中的酒神、人类的文化恩神、艺术创造力之神等多重功能。在创作实践中，索因卡总是试图在欧洲神话和奥贡神话之间建立联系，并运用奥贡神话的文化隐喻去阐释欧洲的神话，《混乱岁月》延续了这种努力。在约鲁巴神话中，奥贡的首要功能是路神的功能，他是约鲁巴神话中第一个征服连接过去、未来、现在三个时空的中间通道以使失序的世界重获秩序的文化英雄，奥贡征服中间通道的神话实质是约鲁巴人的再生神话。这种再生文化意识贯穿《混乱岁月》始终。在小说开篇不久，索因卡详细地描写了一次埃耶罗埋葬已逝领袖的死亡祭仪。死亡祭仪的主持者阿赫米对埃耶罗人说："在众多的神灵中，我们给予奥贡最显著的地位。"② 观看祭仪的奥费伊则想到"这些仪式都是为了使精疲力竭的灵魂恢复活力"。③ 这场死亡祭仪的高潮部分是播种公牛的牛角和把公牛的鲜血洒向大地，求祈风调雨顺和共同体的平安。死亡祭仪背后的再生文化意识在后面的艾丽伊丝所跳的舞蹈中得以进一步延续和深化。这是一个象征着季节循环的舞蹈，在这个舞蹈中，艾丽伊丝化身为一个自然女神，她"躺在一个黑暗中的巨壳里，看起来好像这是她的一种永恒状态。

---

① Hugh Hodges, "Return to Sender: The Small Town in Wole Soyinka's the Interpreters, Season of Anomy, Aké and Isara", *Journal of Commonwealth Literature*, 2007, 42 (1), p. 10.

② Wole Soyinka, *Season of Anomy*, London: Rex Collings Ltd., 1973, p. 13.

③ Wole Soyinka, *Season of Anomy*, London: Rex Collings Ltd., 1973, p. 13.

壳内一点光也没有……她麻木地等待着光的到来和生命的时刻。然后……光穿透了壳壁……她从黑暗中浮出，她的皮肤下面有一层棕榈油，她走上一个被泥土覆盖着的舞台……她投身进暴风雨，她的脖子和手指上长出了叶子和新芽，她随意地摇晃着头发，摇落老叶和泥土，她通过每一个毛孔吸收光和空气……绿色的画卷从她的假发中伸展开来，冲破黑夜……她回到了她的巨壳中……等待着再次的自由"。①

艾丽伊丝的舞蹈形象地展示了植物从种子到萌芽到抽枝长叶到收获到复归种子状态的生命循环和季节的更替。小说五个部分的标题"种子、萌芽、细枝、收获、胚种"与艾丽伊丝的舞蹈也形成呼应，共同传达出小说潜藏的再生循环主题。

奥贡的再生神话模式除了体现约鲁巴人的再生文化意识之外，还有另外一层文化含义：在混乱失序近乎死亡的转换时期中，总有一个英雄勇于凝视深渊，以个体的痛苦为代价使世界重获平衡，再建秩序。索因卡对奥贡征服第四空间的神话的解释是："奥贡是潜藏在那些为了充分实现自我而立志服务社会的人们内心深处的普罗米修斯冲动的化身，他还是……初始混乱的探索者……只有奥贡经历过被宇宙之风撕成碎片，而后利用精神世界里未经触碰的意志的力量从危险的、不确定的整体崩溃的边缘拯救自己的过程。这是约鲁巴玄学中的奥贡独一无二的本质：他是体现在被选定的人身上的社会和集体意志的化身。"② 索因卡把奥贡视作第一个悲剧英雄，他征服第四空间的神话是约鲁巴的原型悲剧。现代悲剧作家就应该"以真实的当代行动去重建奥贡故事，体现人类征服转换的第一次积极斗争的情感"。③ 奥贡的原型悲剧是索因卡针对悲剧提出来的，但在创作长篇小说时，索因卡也在努力实践这一艺术理念。在《阐释者》中，奥贡的功能分别由留学归国的几个知识分子展现，而在《混乱岁月》中，与奥贡有对应关系的则无疑是奥费伊。小说从乌托邦的和谐社会图景写起，中间经历埃耶罗的思想火种在各地播种，卡特尔公司的暴力导致社会失序，象征生命、创造力和希望的艾丽伊丝被囚禁，最终奥费伊凭借意志、冒着生命危险穿过混乱，救出艾丽伊丝，于是，

---

① Wole Soyinka, *Season of Anomy*, London: Rex Collings Ltd. , 1973, pp. 40-41.

② Wole Soyinka, *Myth, Literature and the African World*, Cambridge: Cambridge University, 1978, p. 30.

③ Wole Soyinka, *Myth, Literature and the African World*, Cambridge: Cambridge University, 1978, p. 149.

"黎明到来，德谟克被密封在世界之外，……在森林里，生命开始苏醒"。①
世界复归和谐的希望再次出现，新的生命循环即将开始。因此，在象征
的层面上，奥费伊是奥贡在现实生活中的一个变体，他的地狱漫游则是
奥贡原型悲剧在小说中的再现。索因卡在《混乱岁月》中，将乌托邦理
想的传播、探索者对社会道路的寻找与季节演替和世界的再生循环运动
这一具有神话色彩的文化意识结合了起来。

在《混乱岁月》中存在希腊神话原型和约鲁巴神话原型两层象征空
间。其中，约鲁巴的神话空间是更本质的一层。因为，在索因卡看来，
俄尔普斯本质上是奥贡的类同体。与奥贡、俄尔普斯对应的奥费伊则是
具有革命色彩的乱世时期的探路者，这一形象寄托了索因卡对能够引领
陷入混乱的尼日利亚重建社会秩序的时代英雄的期许。

结　语

综上所述，《混乱岁月》描写了主人公奥费伊在非洲特殊地区、域
外、本土不同区域、神话原型空间等多个空间的漫游。奥费伊漫游的意
义远远超出地理空间的迁移这个层面，具有丰富的政治和文化隐喻。小
说前半部分描写的漫游政治寓意突出，既有马克思主义倾向的乌托邦社
会政治理想的构建，也有对非洲新殖民主义和独裁政权暴力的揭露，还
有对比夫拉内战前后陷入混乱与灾难的尼日利亚的现实指涉。小说后半
部分的漫游则更多转向了文化隐喻。奥费伊营救爱人的漫游与俄尔普斯
和奥贡神话模式的对应关系，不仅象征着对被束缚的艺术创造力和社会
希望的拯救，而且更深层地展现了存在于民族文化意识深处的再生循环
观念和与之相伴随的重建社会秩序的期许。主人公奥费伊也因此经历了
由马克思主义政治理想的实践者向个人主义悲剧英雄的转变。通过这种
转变，索因卡或许传递出这样的信息：从世界借用来的思想在非洲会出
现水土不服的问题，要解决非洲问题，还须向非洲本土资源寻求解决之
道。然而，索因卡在小说中提供的解决之道只存在于纯意识层面，根本
上是无法为现实问题提供具体可行的解决方案的。不得不说，《混乱岁
月》从政治隐喻向文化隐喻的转变暴露出作家的创作意识中的一些断裂。

---

① Wole Soyinka, *Season of Anomy*, London: Rex Collings Ltd., 1973, p. 320.

所以，从思想和艺术整体性角度来看，《混乱岁月》并非一部完美的小说，但其丰富的政治文化隐喻和复杂的表现手法在非洲现代小说中是非常突出的，值得非洲现代小说史给予其一席之地。

【责任编辑】杨惠

非洲研究　2023 年第 2 卷（总第 21 卷）
第 159—173 页
SSAP ©，2023

论阿迪契创伤小说的叙事诗学[*]

黄　夏

【内容提要】　创伤叙事是尼日利亚新生代女作家奇玛曼达·阿迪契介入现实的一种策略。在阿迪契的创伤小说中，身体叙事通过表面的标记，对个体与集体意识层面的抽象且无实体的创伤记忆进行具象化、实体化与符号化处理。非线性叙事则能契合创伤记忆的破碎、零散、不成体系等特性，刻画出创伤主体在不同时空维度错综复杂的心态变化。对于创伤再现的见证危机，阿迪契借助不可靠叙事来呈现后创伤视域下的伦理思考。总体而言，阿迪契的创伤叙事是立足于尼日利亚与非洲社会的现实，对以往人民经历的暴力压迫、分裂战争以及种族歧视等创伤性事件进行梳理和反思，以此重新构建非洲在世界文学舞台中的叙述话语体系，彰显出非洲作家的使命意识与责任担当。

【关键词】　阿迪契；创伤叙事；身体叙事；非线性叙事；不可靠叙事

【作者简介】　黄夏，华中师范大学文学院比较文学与世界文学博士研究生（武汉，430079）。

作为尼日利亚新生代女作家，奇玛曼达·恩戈兹·阿迪契（Chimamanda Ngozi Adichie，1977-　）是近年来备受瞩目的非洲文坛新秀，被学界视为非洲现代文学之父钦努阿·阿契贝（Chinua Achebe）的传人。阿

---

* 本文系 2019 年国家社科基金重大项目"非洲英语文学史"（19ZDA296）、2017 年国家社科基金后期资助项目"非洲文学史"（17FWW001）的阶段性成果。

迪契对尼日利亚乃至非洲现实有着敏锐的洞察力，擅长以辛辣的笔触直击非洲社会的痛点，书写非洲人民生活中的苦难与悲怆，创伤（trauma）亦由此成为其创作实践中反复提及的关键词。从内容层面来看，阿迪契的三部长篇小说均涉及不同形式的创伤记忆，充分展现其文学创作的野心与魄力。《紫木槿》（Purple Hibiscus，2003）书写了源于父权压迫与精神控制的家庭创伤；而《半轮黄日》（Half of a Yellow Sun，2007）表现了国家分裂战争带来的历史创伤；《美国佬》（Americanah，2013）则着重于刻画西方社会的种族身份政治背后的文化创伤，整体呈现为一种多元立体的创伤文学版图，可以将其归为"创伤小说"系列。目前，已有部分学者关注到阿迪契的创伤书写，但主要是探讨其代表作《半轮黄日》，如张勇评价阿迪契的《半轮黄日》是"以非'独调'性的多元化叙事形态建构起小说的历史创伤叙事"；[1] 或如伊曼纽尔·马扎罗·恩格维拉（Emmanuel Mzomera Ngwira）关注乌古人物引出的作者身份问题，认为《半轮黄日》运用"元小说"（metafiction）、"自反性"（self-reflexivity）等叙事元素来呈现创伤文本的生产过程。[2] 相对而言，关于《紫木槿》和《美国佬》的创伤研究成果较少，甚至鲜有学者从系统上追踪阿迪契的三部长篇小说共同构建的创伤叙事谱系及其诗学问题。

　　事实上，阿迪契在创伤书写方面所揽下的"写作任务"并非易事。由于创伤具有"延宕性""潜伏性""重复性"等特性，创伤事件在主体记忆中的再现"往往是时空倒错、碎片式的和无逻辑的，无法直接和全面地把控"，[3] 这对作家的写作功力有着近乎苛刻的要求。安妮·怀特海德（Anne Whitehead）指出："在试验形式的界限时，创伤小说试图将叙述的本质和局限置于最显著的位置，传达创伤事件的毁坏和扭曲的冲击力。"[4] 面对创伤小说的叙事难题，阿迪契表现出超越年轻作家的老练，并别求新声、另辟蹊径，积极探索与创伤特性相契合的叙事手法，如身体叙事、非线性叙事与不可靠叙事等策略，形成独树一帜的创伤叙事诗

---

① 　张勇：《大历史，小叙事——阿迪契〈半轮黄日〉中的历史创伤叙事》，《当代外国文学》2019 年第 3 期，第 76 页。

② 　Emmanuel Mzomera Ngwira, "'He Writes about the World That Remained Silent': Witnessing Authorship in Chimamanda Ngozi Adichie's *Half of a Yellow Sun*", *English Studies in Africa*, 2012, 55 (2), p.43.

③ 　何卫华：《创伤叙事的可能、建构性和功用》，《文艺理论研究》2019 年第 2 期，第 173 页。

④ 　〔英〕安妮·怀特海德：《创伤小说》，李敏译，河南大学出版社，2011，第 94 页。

学。而且，从创作目的来看，创伤书写只是阿迪契介入现实的一种方式，其最终旨归是解决尼日利亚与非洲社会固有的"沉疴旧疾"。通过这些创伤叙事策略，阿迪契成功观照了尼日利亚及非洲人民在暴力压迫、分裂战争以及种族歧视等重大创伤事件中的生命体验与生存危机，并以此重新构建非洲在世界文学舞台中的叙述话语体系，具有鲜明的伦理反思意识。

一　隐形的伤痕与身体叙事

从词源来看，"创伤"一词最早在医学意义上是指身体或物理层面的伤口，而随着研究领域的扩大，创伤的概念越来越抽象，从一种肉眼可见的伤口逐渐发展为个体乃至集体无意识的悲怆。这种潜藏在精神意识层面的痛楚，是一种无法直观感受的隐形伤痕，给创伤的再现造成明显的障碍。对此，阿迪契的应对策略是重新回到创伤的起点，通过身体叙事来展现人物内心深处的情感旋涡。彼得·布鲁克斯（Peter Brooks）曾在其著作《身体活：现代叙述中的欲望对象》中断言现代叙述出现了身体的符号化（semioticization）以及与之对应的故事的躯体化（somatization）的趋势，认为"身体必定是意义的根源和核心，而且非得把身体作为叙述确切含义的主要媒介才能讲故事"。① 作为一种生理客体，身体承载着主体在创伤事件或灾难语境中的感官体验，同时记录着其"被撞击、敲打、碾碎，进而被摧毁"② 的受创过程。当这些被特殊标记的身体进入创伤叙事活动之时，实际成为另一种强有力的符号能指，为创伤主体的自我表达提供了某种可能：用身体标记代替口头言说，以最简单的方式触及其生命不能承受之痛。正如伊莱因·斯卡里（Elaine Scarry）所说，身体的疼痛与语言结构的对抗，是促使主体回到一种前语言阶段，即"恢复到人类学会语言之前的发声与哭泣的状态"。③

---

① 〔美〕彼得·布鲁克斯：《身体活：现代叙述中的欲望对象》，朱生坚译，新星出版社，2005，第 2 页。

② 〔美〕约翰·奥尼尔：《身体形态：现代社会的五种身体》，张旭春译，春风文艺出版社，1999，第 3 页。

③ Elaine Scarry, *The Body in Pain: The Making and Unmaking of the World*, New York and Oxford: Oxford University Press, 1985, p. 4.

身体是进行创伤展演的公共空间，可以将个体私密的、抽象的、隐形的创伤体验转换成一种公开的、具象的、可见的叙述文本。尤其是在叙述者选择沉默的语境中，身体层面的标记便成为"一个最终会在叙述中的恰当时机被阅读的符号"，① 有助于受述者辨认和识别创伤事件中不同主体的身份。在《紫木槿》中，相比于"鸟吃食"般的声线，母亲比阿特丽斯脸上的伤痕更能证明其遭受虐待和家暴的创伤经历，并对施暴者尤金构成有力的控诉。"当时她的眼睛很肿，又黑又紫，像熟过了头的鳄梨。"② 除此之外，文中还提到哥哥扎扎受伤的小指，康比丽被迫剪短的指甲、被烫伤的双脚，等等。一方面，这些身体的标记见证了兄妹俩共同经历的父权压迫与精神控制，说明他们处于一种丧失主体性的极度弱势状态；另一方面，他们不惜以如此孱弱的身体与强权对峙，以小博大，凸显出一种不容小觑的颠覆性与反抗性。而针对尤金身体的叙述，主要是强调其作为独裁者或施暴者的身份。"他的脸看上去已经肿了起来，遍布着发脓的疹子，而且还在继续膨胀。"③ 尤金脸上出现的肿、发脓、膨胀等症状，是一种无比畸形和怪诞的身体状态。据巴赫金研究，怪诞的身体是不会定型的，它永远都处于建构中、形成中，"总是在吞食着世界，同时自己也被世界所吞食"。④

怪诞的身体状态，象征着尤金在家宅空间中掌握着绝对话语权，占据主导地位，其权力的基础是尼日利亚社会父权至上的性别结构。但如果将尤金放置在更大的权力话语体系即军人独裁政治局面中，这个人物便显得势单力薄了。因为得力编辑阿迪·考克的意外去世，尤金的民主事业元气大伤，他的脸相对应出现了凹陷、萎缩的症状："那几个周里，他的眼睛后面出现了两个凹洞，好像有人吸去了那里的血肉，他的眼睛陷进去了。"⑤ 这些身体层面的变化预示着专制家长与独裁政治对抗的悲剧走向，为我们刻画出尤金人物背后不为人知的脆弱与无奈。不断吞食他者生存空间的尤金，如今也成为被他者吞食的对象，甚至迎来被妻子

---

① 〔美〕彼得·布鲁克斯：《身体活：现代叙述中的欲望对象》，朱生坚译，新星出版社，2005，第 28 页。

② 〔尼日利亚〕奇玛曼达·阿迪契：《紫木槿》，文静译，人民文学出版社，2017，第 9 页。

③ 〔尼日利亚〕奇玛曼达·阿迪契：《紫木槿》，文静译，人民文学出版社，2017，第 6 页。

④ 钱中文主编《巴赫金全集》（第六卷），李兆林、夏忠宪等译，河北教育出版社，1998，第 368 页。

⑤ 〔尼日利亚〕奇玛曼达·阿迪契：《紫木槿》，文静译，人民文学出版社，2017，第 164 页。

比阿特丽斯下毒的结局。这恰恰是阿迪契的高明之处：以一位暴君陨落的全过程，追溯家庭创伤的源头，进而批判尼日利亚及非洲大陆的父权至上的社会性别结构与政治话语体系。

至于饥饿、疾病甚至是死亡等反常的身体状态，则可以重点渲染创伤事件的极端语境，比如分裂战争的残酷、沉重与压抑氛围。在《半轮黄日》中，阿迪契将笔墨放在饥饿的身体上，其目的是书写比亚法拉曾因北部政府的军事封锁而陷入大面积饥荒的历史创伤。"这个孩子的肚子最近看上去像是吞吃了一个大球，头发一簇簇地掉落，皮肤颜色变浅，从红褐色变成病恹恹的黄色。其他四个孩子经常调侃他。他们经常叫他面包果肚子（Afo mmili ukwa）。"① 这只如"吞吃了一个大球"的肚子是一种夸张化处理，为我们勾勒出比亚法拉人民艰难的生存状态。在战争期间，很多人连基本的温饱都不能得到保障，被迫沦为风餐露宿、居无定所的难民。天真的孩子并不明实情，他们想到的外号"面包果肚子"极具讽刺意味，戏谑的玩笑透露出的是粮食短缺与物资匮乏的残酷现实。再者，由于长期未能摄入充足的粮食，身体的过度饥饿导致免疫力急剧下降，与之相伴而来的便是疾病的困扰。在奥兰娜的女性视角里，她看到自己的月经变得稀少、孩子的头发出现脱落、记忆力不断衰退……其中，"面包果肚子"便是集中呈现在孩子身上的恶性营养不良病症，比亚法拉地区的人称之为哈罗德·威尔逊（Harold Wilson）综合征，实际是想以英国首相的名字来影射英国政府对尼日利亚内战的干涉。外部势力的介入使得战争双方的关系更加错综复杂，演变到最后势必会出现民不聊生、路有饿殍，甚至尸横遍野的局面。

值得注意的是，尸体意象是阿迪契的创伤小说中多次出现的身体叙事片段，营造出一种超乎寻常的绝望感。经历过战场厮杀的乌古，他在重伤后的第一次苏醒时，看到了犹如地狱的尸体摆放景象："他们把他留在医院里，他不再想死，但他担心自己会死；他的四周乱扔着许多尸体，席子上，床垫上，光秃秃的地上，随处可见。到处都是鲜血，如此多的鲜血。"② 由这个场景可知，战争造成的伤亡人数已经远远超过医院的承载能力，弥漫在医院里的死亡气息如此凝重，给幸存者的视觉、嗅觉、

---

① 〔尼日利亚〕奇玛曼达·阿迪契：《半轮黄日》，石平萍译，人民文学出版社，2017，第437页。

② 〔尼日利亚〕奇玛曼达·阿迪契：《半轮黄日》，石平萍译，人民文学出版社，2017，第430页。

触觉以及听觉等感官带来极大的冲击。有史学家称此次内战造成的死亡人数为 100 万~300 万人，几乎摧毁了这个新生且脆弱的统一国家。① 个体生命的死亡折射出的是民族国家的灾难，这场内战使得新生的尼日利亚国家政权错失了稳步发展的良好契机，当中的损失与内耗是难以估计的。近 30 年后，康比丽梦中的知识分子，仍是以破碎尸体的惨状出现——"我梦见阿迪·考克烧焦的身体碎块散落在餐桌上，在他女儿的校服上，在那个小婴儿的麦片碗里，在他那盘鸡蛋上"。② 康比丽的噩梦真实地反映出 20 世纪 90 年代军人独裁统治下的白色恐怖气氛，有力地证明了后内战时期尼日利亚社会民主建设事业依旧面临重重挑战。从这个意义上讲，身体叙事已是超越生理层面疼痛的文化苦难书写。阿迪契的创伤小说中的尸体意象成为战争创伤与民族悲剧的隐喻，这不单是尼日利亚一个国家的问题，而是关于自近代以来非洲大陆深受民族矛盾、地区冲突、独裁政治等桎梏之苦的历史叙述。

进入西方社会的文化空间，非洲黑人的身体特征变成一种扁平化、类型化的种族脸谱，实质是极具创伤性的身份政治问题。在《美国佬》中，人物的发型变化微妙地展现了非洲移民在白人主流社会遭遇的种族歧视与文化创伤。为了提高面试的成功率，乌苿姑姑决定解开自己的发辫，"假如你有辫子，他们会认为你不专业"。③ 刚到美国的伊菲麦露并未能理解头发背后的审美霸权，而当她同样需要拉直头发来获得面试官的认可之时，这段惨痛的身体记忆便成为其种族身份意识觉醒的关键。"起先，伊菲麦露只感到轻微的灼痛，可当美发师要冲洗掉直发膏时，伊菲麦露的脑袋后仰靠到塑料水池上，针刺般的疼痛从她的头皮的各个部分升起，下传至她身体的各处，再重新回到头上。"④ 这些生理性痛苦皆是乌苿姑姑和伊菲麦露改造身体特征所付出的高昂代价，其象征的是黑人因自我否定与自我怀疑引发的创伤体验。她们在无意识之间戴上否认黑人身份的"白面具"，接受了主流社会崇尚的审美标准，由此参与了文化创伤的再生产过程。"所谓理想的头发都是参照白人的审美标准，其中包括修长而顺直（通常是金黄色），也就是要求头发不能是古怪或卷

---

① Toyin Falola and Matthew M. Heaton, *A History of Nigeria*, Cambridge：Cambridge University Press, 2008, p. 158.

② 〔尼日利亚〕奇玛曼达·阿迪契：《紫木槿》，文静译，人民文学出版社，2017，第 164 页。

③ 〔尼日利亚〕奇玛曼达·阿迪契：《美国佬》，张芸译，人民文学出版社，2018，第 120 页。

④ 〔尼日利亚〕奇玛曼达·阿迪契：《美国佬》，张芸译，人民文学出版社，2018，第 206 页。

曲的。"① 在白人主导的文化场域中，非洲黑人原本的黑皮肤、卷曲发等相貌特征，被视为一种相对白人的次等、丑陋、低下的标志，甚至以此作为衡量他们道德、智力和专业水平的标准与尺度。身处其中，非洲黑人很有可能受到主流文化的强势支配，自觉或不自觉地认同了西方社会的权力话语，或与之合谋，将自我放置在"二等人民"的历史坐标上，最终动摇他们对本民族的身份认同与文化自信。由此可见，从黑人的头发到种族身份政治的跃迁，阿迪契不仅书写出非洲移民在异国他乡的创伤体验，而且打通了生理与心理乃至历史与文化层面的脉络，真正做到细致入微、由小见大，展现出独具匠心的创伤叙事艺术。

二 记忆的碎片与非线性叙事

自亚里士多德肇始，追求故事的连贯性、同质性与统一性的观点在很长时间内占据着西方文学的主流地位。在《诗学》中，亚里士多德认为一个完整的事件是由起始、中段和结尾组成的，"事件的结合要严密到这样一种程度，以至若是挪动或删减其中的任何一部分就会使整体松裂和脱节"。② 近代以来，随着叙事理论的发展，越来越多的学者主张这种理想的线性故事越发难以实现，如 J. 希利斯·米勒（J. Hillis Miller）认为"无论以何种方式采取线条的意象来探讨小说中的一连串事件，作为思维之工具的该意象本身都具有潜在的矛盾性"。③ 在创伤事件的极端语境中，这种线性叙事活动的矛盾性更是代表着一种"不及物写作"，即"书写者或讲述人不是超然于所讲述的事件之外来讲述，而是处于事件当中"。④ 创伤事件所带来的强烈冲击与巨大震撼，早已超出人类的接受范围，以至于留存在创伤主体大脑中的记忆是碎片化、零散化、无序性的，他们无法用语言完整地叙述自我创伤经历的始末。面对创伤记忆的这些特性，阿迪契很自然地选择非线性叙事策略，以复杂、无序、多变的叙事时空体来刻画人物凌乱、崩溃、破碎的创伤体验，由此表现出不同时

---

① Ingrid Banks, *Hair Matters: Beauty, Power, and Black Women's Consciousness*, New York and London: New York University Press, 2000, p. 2.

② 〔古希腊〕亚里士多德：《诗学》，陈中梅译注，商务印书馆，1996，第 78 页。

③ 〔美〕希利斯·米勒：《解读叙事》，申丹译，北京大学出版社，2002，第 46 页。

④ 林庆新：《创伤叙事与"不及物写作"》，《国外文学》2008 年第 4 期，第 27 页。

期尼日利亚人民经历暴力、混乱与分裂的社会现实，以及非洲移民在全球化时代遭遇的身份危机与文化困惑，等等。

在其创伤书写实践中，阿迪契经常打断叙事时间上的单向、连续、统一的线性进程，并由此延伸出不同于主线的叙事副线，着重表现出创伤患者挣扎在过去与现在、记忆与现实等双重时空的痛苦与绝望。从本质上讲，创伤患者讲述的故事是一种双重叙述，他们的意识不断游走在之前面对的死亡威胁与其衍生的生存危机的并置时空语境中，所呈现的状态自然也是在创伤事件的不可承受性与生存的不可承受性之间的摇摆。[①] 换句话说，创伤患者不仅要面对幽灵般的苦难过往，而且其余生都要背负着痛苦的创伤记忆。他们的生存现实是一种停滞的双重时间：一边是反复重演的过去，一边是无法更新的未来。

以《紫木槿》为例，圣枝主日便是小说中十分关键的节点，是康比丽叙述家庭创伤、回顾过去伤痛的时间线索。在小说的前三章，康比丽以圣枝主日为界，划分出当天、之前及之后的三个时空，并按照上述的顺序依次叙述各个时间段发生的创伤事件。具体而言，在圣枝主日当天，康比丽目睹哥哥扎扎的"反常"表现——不仅没有去领圣餐，且对父亲的威慑无动于衷。哥哥的反抗行动促使康比丽展开叙事的"第一次"闪回，并诱发其自我意识的"觉醒"：通过对比在自己家与在伊菲欧玛姑妈家的不同经历，逐步察觉到自身及其家人的创伤体验。在这之后，康比丽转回圣枝主日的话题，重新将断裂的事件接续起来，开始描述在"打碎神像"后发生的家庭悲剧。热拉尔·热奈特（Gérard Genette）指出："研究叙事的时间顺序，就是对照事件或时间段在叙述话语中的排列顺序和这些事件或时间段在故事中的接续顺序，因为叙事的时序已由叙事本身明确指出，或者可从某个间接标志中推论出来。"[②] 乍一看，康比丽只是将圣枝主日的"打碎神像"事件抽离出来，看似在叙述其他事件之时并没有出现时间的倒错，但对照故事的"现在时"便会发现，康比丽已经身处"打碎神像"的三年后，之前的一系列叙述活动都是其记忆的碎片。阿迪契选取了最具代表性的故事横截面即"打碎神像"事件作为《紫木槿》的开局，首先为我们刻画了被禁锢在过去创伤语境中的康比

---

①　Cathy Caruth, *Unclaimed Experience: Trauma, Narrative, and History*, Baltimore and London：The Johns Hopkins University Press, 1996, p. 7.

②　〔法〕热拉尔·热奈特：《叙事话语　新叙事话语》，王文融译，中国社会科学出版社，1990，第 14 页。

丽，同时重点描摹出康比丽家中主要成员的性格画像：暴虐的父亲、沉默的母亲、"叛逆"的哥哥。这不仅提前奠定了压抑、窒息、恐怖的叙事基调，还充分调动读者见证康比丽创伤经历的积极性，在追踪的过程中反思其家庭创伤何以形成。

在《美国佬》中，阿迪契在掌控叙事时间方面的表现越发炉火纯青。阿迪契利用不起眼的玛利亚玛非洲编发沙龙作为叙事空间，对伊菲麦露的创伤记忆进行了蒙太奇式的拼贴展演，极致地表现了非洲移民在种族身份政治之下的彷徨、凌乱、无助。为了保证现在与过去双重时空的自然过渡效果，阿迪契运用了丰富的电影转场技巧，使得空间与时间的转换融为一体、天衣无缝：既可以由一组头发的特写镜头回到过去的尼日利亚，"伊菲麦露从小在母亲头发的阴影下长大"，[①] 亦可以由美发沙龙的燥热气氛转向 13 年前的美国，"每次的热浪均令伊菲麦露想起她刚来时度过的第一个夏天"。[②] 通过意识的流动，伊菲麦露想起自己就业之时曾因为种族歧视而多次受挫，并在别无选择的情况下经历了一次令其终生难忘的创伤事件——接受了网球教练的"按摩"工作。在这段回忆中，阿迪契掺杂了"现在时"即事业有成的伊菲麦露的价值判断，而不仅仅是表现当时人物内心的痛苦与无助。伊菲麦露否认将自我的创伤经历简单归结为一种忧郁症，她在过去与现实的交叠对比中向西方社会的文化暴力提出质疑。"忧郁症是美国人得的病，他们出于自我开脱的需求，把每一样东西都说成病。她没有患忧郁症，她只是有一点疲惫，有一点迟钝。'我没有忧郁症。'她说。多年后，她会在博客上写到这件事：'关于非美国黑人得了他们不肯承认名字的病的话题。'"[③] 在此，阿迪契将过去与现实两个时空混杂在一起，打乱了故事时间自然的排列组合，创设出一种共时性的双重叙述语境，从而对比受到重创的主人公在不同时期的心态变化。如此一来，故事情节便可以从现在、过去以及过去的过去、过去的未来等时空之间来回跳转，呈现一种碎片化而又有迹可循的创伤叙述：一方面重申了创伤记忆的零散无序表征，另一方面则凸显出受创的主人公所经历的成长。

相比于另外两部小说，《半轮黄日》的叙事时空结构是最为特殊的，

---

① 〔尼日利亚〕奇玛曼达·阿迪契：《美国佬》，张芸译，人民文学出版社，2018，第41页。

② 〔尼日利亚〕奇玛曼达·阿迪契：《美国佬》，张芸译，人民文学出版社，2018，第104页。

③ 〔尼日利亚〕奇玛曼达·阿迪契：《美国佬》，张芸译，人民文学出版社，2018，第160~161页。

更接近于一种拼图式叙事。阿迪契将不同的叙事片段错落放置，组成一个无序、非线性、毫无章法的故事地图。她有意将内战爆发的 60 年代拆分成四个时空，即把 60 年代初与 60 年代末交替放置，以形式上的"乱局"来呈现民族国家的混战局面以及创伤患者的精神错乱。从亲历者来看，乌古、奥兰娜和理查德身份各异，阿迪契安排他们分别从阶级、性别与种族的不同视角见证战争的残酷与血腥，且他们各自所占的篇幅比重大体相同，确保创伤叙事上的不偏不倚。如此一来，不同叙事线索同步向前推进，小说整体便形成了一种既相互独立又相互交叉的网状叙事格局。除了安排多条线索的叙事结构之外，阿迪契在《半轮黄日》中尤其强调"现在时"的叙事时间，营造出一种特别的"在场"感，为早已掩埋在历史深处的战争创伤增加一些真实感。赵静蓉指出，"在伤害发生时，记忆的主体必定是在场的"。这种"亲历性"是创伤记忆最核心的因素：要么是在空间上具有场地性，要么是在时间上具有即时性以及广义上的时段性。[1]

阿迪契充分运用亲历者的感官体验，去记录分裂战争的血腥、暴力、残酷，并通过幸存者的身份不断延长他们观察的时限，可以将一段惨痛的战争历史转化成一场鲜活的"现场直播"，极大地强化了"亲历性"。比如小说中提到一场血洗哈科特港的空袭，凯内内和理查德亲眼看见仆人伊凯基德被轰炸机投下的弹片削去了脑袋，以一种极其痛苦的方式死去："理查德看向别处，然后又瞥了伊凯基德一眼，他的头却不见了。他的身体略微前倾，双臂四下挥舞，仍在跑动，唯独头没有了。只剩下一个鲜血淋漓的脖颈。"[2] 伊凯基德断头的遭遇只是尼日利亚内战百万牺牲者的一个缩影，这"鲜血淋漓"的一幕令目击者凯内内和理查德触目惊心。这样的"在场"感凸显出创伤事件的某一个横截面，但并没有完全将战争历史限定在一个封闭的时间段中，从而使得创伤书写具有极大的开放性、灵活性和解构性。

结合作家本人的身份背景来看，阿迪契生于战后的 70 年代，没有亲身经历民族灾难，关于内战的故事素材很大部分来源于家庭谈话和书籍资料，其创作的过程不仅包含着创伤记忆的代际传递，还涉及了后来者对历史创伤事件的价值判断。尤其是这种回顾先辈经历的创伤性事件的

---

① 赵静蓉：《创伤记忆：心理事实与文化表征》，《文艺理论研究》2015 年第 2 期，第 111 页。
② 〔尼日利亚〕奇玛曼达·阿迪契：《半轮黄日》，石平萍译，人民文学出版社，2017，第 346 页。

叙述，是"通过记忆重演反思创伤带来的延续性破坏"，① 对阿迪契而言是为了反思分裂战争给民族国家带来的历史后遗症，从而重构尼日利亚社会对现代政治共同体的集体认同与精神归属。

三　见证的危机与不可靠叙事

从创作主体来看，见证文学属于经历过毁灭性战争、种族大屠杀等浩劫性事件的幸存者的自传性叙述，其真实性主要依赖"作者不容许自己拥有小说家那样的自由，不容许他的'我'一步跳入其他人物的'内部'，把他们各自的主观世界——呈现出来"。② 在灾难之后，幸存者需要对受众或读者说出实情，他们所提供的创伤叙述文本，理应对历史或事件的真相负有伦理责任。然而，在创伤叙事活动中，这种见证的真实性是极其脆弱的。从客观层面来看，创伤事件涉及的非人道暴行，对当事人造成极大的精神冲击，致其记忆出现紊乱、扭曲，他们在事后很难将创伤记忆组织成条理清晰的叙事记忆。从主观因素来看，出于个体的自卫机制，创伤主体有可能会隐瞒一些对自身不利的事实，只会选择部分呈现创伤事件的样貌。对于叙述的不可靠问题，韦恩·布斯（Wayne Booth）认为是源自"叙述者的言行与作品的规范（即隐含作者的规范）"的不一致。③ 这种不一致既有可能是事实层面的，叙述者在记录故事的时候出现偏差，如遗漏信息或夸大事实；也有可能是价值层面的，叙述者受到自身条件的限制，而无法做出公允的判断。

在不可靠叙述的理论视域下，关于创伤叙述的争议主要围绕其见证的真实性与否展开，即创伤记忆的叙述版本与创伤事件的实际情况是否一致，其中又蕴藏着多少有待探究的心理动机和伦理意识？这也是为什么有学者认为，见证叙事所引发的"见证的危机"，实质指向的是伦理的危机。④ 作

---

① 王欣：《创伤记忆的叙事判断、情感特征和叙述类型》，《符号与传媒》2020 年第 2 期，第 187 页。

② 〔法〕克洛德·穆沙：《谁，在我呼喊时：20 世纪的见证文学》，李金佳译，华东师范大学出版社，2015，第 18 页。

③ Wayne C. Booth, *The Rhetoric of Fiction*, Chicago and London：The University of Chicago Press, 1983, pp. 158-159.

④ 陈全黎：《伪证：见证叙事的伦理问题》，《外国文学研究》2016 年第 1 期，第 153 页。

为创伤叙事的受众，读者则需要超越叙述者主客观条件的限制，推断出创伤事件的本来面目，并进一步还原创伤主体的心路历程。可见，从不可靠叙事切入，有助于我们具体评估创伤叙事的表达效果，并重新审视叙述者与幸存者双重身份的张力，反思阿迪契对人物的创伤体验及其价值判断的伦理思考。

对于涉及分裂战争或民族冲突等宏大的历史叙事，幸存者的创伤叙述的真实性是有待推敲的。多里·劳伯（Dori Laub）指出，历史是无须见证而自足存在的：不仅是因为事件的现实情况和缺乏反应的旁观者，也是因为身处事件的内部，证人的存在是难以想象的，即作为"能够跳出事件发生之时强势的极权主义和非人道的框架，而提供一个相对独立的参照系来观察事件"① 的个体。

在《半轮黄日》中，乌古是三位亲历者当中真正上过战争前线的人，所以书中关于双方作战的正面描写主要来自乌古的视角。他向读者描述了战场双方厮杀的血腥与残酷，塑造了自己死里逃生的受害者形象，却选择对施暴者的创伤记忆有所保留。以朱迪斯·赫尔曼（Judith Herman）的话说，即"为了逃避对自身罪行的追究，施暴者会竭尽全力推进遗忘，保密和沉默是他们的第一道防线"。② 作为阿迪契认定的作者形象，乌古在其写作的文本中梳理了国家的独立、内战时期的饥荒、针对伊博族的屠杀等历史事件，但并未提及自己与队友抢占居民用车、在酒吧集体强奸女招待事件。正如申丹所说："叙述者的'可靠性'问题涉及的是叙述者的中介作用，故事事件是叙述对象，若因为叙述者的主观性而影响了客观再现这一对象，作为中介的叙述就是不可靠的。"③ 根据小说现有的叙述版本，乌古是在队友的"精神绑架"之下对妇女施暴的，看似摘除了其作恶的嫌疑，但过程中仍有"一种引发自我憎恨的释放"，④ 他无法否认自我在暴力活动中获得的强烈快感，向读者暴露出更为复杂的心理活动与情绪反应。这些无法对外言说的施暴经历，恰恰印证乌古身份的

① Dori Laub, "An Event Without a Witness: Truth, Testimony and Survival", in Shoshana Felman, Dori Laub, eds., *Testimony: Crises of Witness in Literature, Psychoanalysis and History*, New York and London: Routledge, 1992, p. 81.

② Judith Herman, *Trauma and Recovery: The Aftermath of Violence—From Domestic Abuse to Political Terror*, New York: Basic Books, 2015, p. 8.

③ 申丹：《何为"不可靠叙述"？》，《外国文学评论》2006 年第 4 期，第 137 页。

④ 〔尼日利亚〕奇玛曼达·阿迪契：《半轮黄日》，石平萍译，人民文学出版社，2017，第399 页。

两面性：既是分裂战争的牺牲品，承受着"战争创伤带来的难以治愈的青春之痛"；① 亦是他者创伤的施暴者，被迫站在女性受害者的反面。尤其是结合文中另一个小女孩乌仁娃被神父侵犯后的结局，我们不难推断，酒吧女招待在经历如此痛苦的创伤事件后，极有可能需要独自承受意外怀孕的后果。由此，通过乌古的不可靠叙述，我们除了能看到青少年群体经历的战争创伤，还可以看到妇女群体在战争期间遭受的性别暴力。这是阿迪契有别于乌古代表的男性作家群体的创作视角，她重新发现了被男性叙事传统遮蔽的女性声音，为我们挖掘出更为悠远绵长的性别创伤记忆。

英国白人理查德对经历种族屠杀的伊博族人缺乏一种真正意义的共情，而无法提供一份可靠的创伤文本，主要是受其族裔身份以及文化立场影响。"镜子里的他没有任何变化，眉毛依旧无所顾忌地竖起，眼睛依旧是教堂彩色玻璃中的蓝色，他感到异常震惊。他的面容应该因目睹的一切而变形。他的羞耻应该在脸上留下红色的疙瘩。当他目睹恩纳埃梅卡被枪杀的时候，他并未感到震惊，而是万分庆幸凯内内没有与他在一起，因为他无力保护凯内内，他们会察觉到她是伊博族人，开枪打死她。"② 鉴于其与凯内内的情侣关系，理查德知道自己"应该"对伊博族人担负伦理责任，"应该"为目睹血腥的屠杀产生强烈的悸动，"应该"利用记者的身份去记录非人道的暴行。而实际上，理查德并不能将"应该"变成现实，他从镜子的投射中看到一个"置身事外"以及无法排解满腹疑惑的自我，代表的是旁观者无法对异族灾难感同身受的伦理立场。包括理查德多次尝试书写尼日利亚的故事：从《盛手的篮子》到《套绳青铜罐的时代》，再到聚焦比亚法拉苦难的《我们死去时世界沉默不语》，他始终未能突破写作瓶颈，无法触及创伤叙事的内核。在此，理查德人物的不可靠叙述明显是阿迪契有意为之，这不仅是为了证明其所代表的西方叙事传统对非洲而言始终是一种"他者的凝视"，表现出创伤叙事所面临的主体性问题。更重要的是，理查德设想的书名《我们死去时世界沉默不语》最终被乌古挪用，并付诸文本内嵌于故事中，暗含着阿迪契作为新生代非洲作家的野心与魄力：大胆挑战以往西方文学对非洲叙事的强势地位，重新在世界文学舞台夺回非洲书写的权利，具有深刻的现实意义。

---

① 王卓：《后殖民语境下〈半轮黄日〉的成长书写》，《外国文学》2022年第2期，第29页。

② 〔尼日利亚〕奇玛曼达·阿迪契：《半轮黄日》，石平萍译，人民文学出版社，2017，第170页。

在处理个体创伤经历方面，创伤患者的认知水平与知识体系是影响其叙述话语之可靠性的重要因素。像《紫木槿》中不可靠的创伤叙述文本，在很大程度上受到康比丽自身年龄以及家庭地位的限制。面对父亲在家宅空间实施的诸多暴力，年幼的康比丽并不能准确认知其性质，甚至尝试将父亲的行为合理化，掩饰悲剧的事实。当父亲殴打母亲之时，康比丽将楼上的撞击声"想象是门卡住了，而父亲正在努力打开它"；①而自己因为体罚晕倒住院之时，班上的同学们听到的消息是"从一场车祸中幸存"②……这些反应其实都属于受虐儿童常见的心理调适机制，对于无法承受的事实，他们选择"自我改造"，即"通过心理防御，虐待不是被隔离在意识和记忆之外，仿佛从未发生过，就是被淡化、合理化和原谅，这样一来不管发生什么都称不上虐待"。③作为家中的小女儿，康比丽无论在年龄还是性别上都处于极度的弱势状态，导致其第一人称视角出现观察的"盲区"，极大地削弱了创伤叙述的可靠性。在《美国佬》中，作为受过高等教育的知识分子，伊菲麦露敢于在博客平台中披露美国社会针对黑人群体的种族政治。而对于自身遭遇的"性侵"事件，伊菲麦露从未对外言说，直到回国才选择告知初恋男友奥宾仔真相。对比之下，伊菲麦露越是能大胆书写黑人群体的文化创伤，反而越能凸显出其内心无法言说的性别创伤经历，这种创伤叙述的不可靠便是人物自主选择的结果。詹姆斯·费伦（James Phelan）认为，"秘密的保守和泄露也始终有一个伦理维度。"④最初伊菲麦露选择对创伤经历缄默不言，是出于自我保护的生存策略，而当她选择向奥宾仔分享自我的秘密，是为了寻求他者的情感慰藉。置身在他们熟悉而亲切的沉默里，伊菲麦露感觉自己是"安全无虞"的，重新拾得一份独属于拉各斯的救赎。⑤

对于人物提供的不可靠叙述文本，阿迪契并非站在创作者的角度去苛责他们有所保留、自欺欺人，甚至是掩过饰非的行为。相反，她是出于一种温情的视角去书写他们内心压抑的创伤、痛苦与恐惧，并尽可能

① 〔尼日利亚〕奇玛曼达·阿迪契：《紫木槿》，文静译，人民文学出版社，2017，第 27 页。
② 〔尼日利亚〕奇玛曼达·阿迪契：《紫木槿》，文静译，人民文学出版社，2017，第 170 页。
③ Judith Herman, *Trauma and Recovery: The Aftermath of Violence—From Domestic Abuse to Political Terror*, New York: Basic Books, 2015, p. 102.
④ 〔美〕詹姆斯·费伦：《作为修辞的叙事：技巧、读者、伦理、意识形态》，陈永国译，北京大学出版社，2002，第 92 页。
⑤ 〔尼日利亚〕奇玛曼达·阿迪契：《美国佬》，张芸译，人民文学出版社，2018，第 447 页。

体认他们无法面对创伤事件真相的心理事实，体现出创伤书写的伦理关怀。再者，阿迪契创伤小说的不可靠叙事也让读者看到了见证文学的限度：永远留存一块"不可见"或"不可说"的空间，促使我们从系统或结构的层面反思究竟是什么导致了创伤患者不能触碰的禁忌话题。

结　语

奇玛曼达·阿迪契是近年来颇具光环的当代非洲文坛新星，凭借其出色的小说创作拿下多项国际性大奖，成为"尼日利亚的新晋代言人"。就其创作而言，阿迪契的三部长篇小说以一种极其开阔的社会视野进行创伤书写与伦理反思，披露尼日利亚与非洲社会面临的现实问题：父权压迫与独裁政治，民族矛盾与分裂势力，种族歧视与文化霸权……在创伤书写的具体实践中，阿迪契探求突破传统的写作路径，选取了与创伤记忆的特性相吻合的叙事策略。身体叙事通过人物表面的伤口、接收的感官刺激等方面，对个体乃至集体意识层面的抽象且无实体的创伤记忆进行具象化、实体化、符号化的处理。非线性叙事则能契合创伤记忆破碎、零散、不成体系等特性，有助于刻画出创伤主体在不同时空维度错综复杂的心态变化。对于创伤再现的见证危机，阿迪契借助不可靠叙事来呈现后创伤视域下的伦理思考。在此期间，阿迪契从通过身体的标记关注主体的创伤经历，到探讨创伤记忆如何转化为叙事记忆，再到反思创伤叙事的表达效果，层层递进，一步步去深入触及创伤问题的核心。与之对应的是，创伤叙事架构的空间场域亦是由一个伊博族家庭，转到一个国家即尼日利亚，再到欧美社会乃至全球场域，由点及面，由此生发出更具普适性的伦理思考。从方法论的层面来看，创伤记忆具有"见证过去、反思现实以及建构历史"的结构性意义。[①] 而阿迪契的创伤叙事正是立足于盘根错节的现实情况，回到幽暗深远的历史岁月，清算那些不为人提及的悲怆与痛楚。尤其是在多元文化背景下，阿迪契对创伤问题的反思亦有助于重新建构非洲在世界文学舞台中的叙述话语体系，并进一步为非洲人民书写更具可能性的未来。

【责任编辑】杨惠

---

① 赵静蓉：《作为方法论的创伤记忆》，《江西社会科学》2016年第2期，第74页。

非洲研究　2023 年第 2 卷（总第 21 卷）
第 174—188 页
SSAP ©，2023

非洲华文学校发展回顾与进路展望[*]

郑　崧

　　【内容提要】 非洲华文学校是全球中文传播网络的重要组成部分。当前非洲华文学校发展环境向好，发展呈现多元化与本土化趋势，但地理空间分布不均衡，办学水平偏低，特别是难以满足广大非洲新侨的教育需求，因此分类办学势在必行。中国是中文母语国，国际中文教育是构建中国国际传播体系的关键依托。因此，中国政府在国际中文教育顶层设计、扩大资源供给、统筹资源配置等方面责无旁贷。未来，中国政府应该充分利用当前良好形势，积极统筹和精准配置资源，在非洲筹建面向华侨的中文国际学校，支持本土化的华文学校开展华文教育，引导非洲华侨华人社团以及在非中资企业参与办学。

　　【关键词】 非洲华文学校；华侨教育；华人教育；中文教育

　　【作者简介】 郑崧，教育学博士，浙江师范大学国际文化与社会发展学院教授，博士研究生导师（金华，321004）。

　　华文学校是华文教育的中坚力量，也是全球中文传播网络的重要组成部分。华文学校通常是指华侨华人在居住国与入籍国兴办的，主要面向华侨华人子女，开展以中华语言文化为核心内容教育的学校。受环境影响，华文学校类型多样多变，它既包括社团或个人创办的私塾与学堂、以华语为主要教学媒介语的全日制学校、以华语和当地官方语言为教学

---

　　* 本文系 2021 年度国家社科基金重大项目"人类命运共同体视域下非洲百年汉语传播研究"（21&ZD311）、中华全国归国华侨联合会重大项目"21 世纪南部非洲华文教育研究"（19DZQK20）、教育部人文社会科学研究规划基金项目"非洲孔子学院奖学金项目评估研究"（17YJA880108）的阶段性成果。

媒介语的双语学校、并入所在国国民教育体系但仍然以华文教育为特色的学校，也包括各种华文补习学校。① 当前，在全球"中文热"的背景下，越来越多的当地非华侨华人青少年进入华文学校学习。随着学生族裔结构的变化，一些华文学校的办学宗旨和办学目标也有所调整，或者说华文学校正在分化。因此，对华文学校的内涵与外延，学者的观点不尽相同。参考贾益民所提出的"大华文教育"② 理念，本文将华文学校界定为海外华侨华人兴办的，开展中华语言文化特色教育的学校。

　　就华侨华人以及华文学校数量而言，非洲并不突出。非洲依托华文学校的华文教育发展已逾百年。根据笔者的整理，非洲目前有 30 余所较为稳定的华文学校。如果世界范围内由华侨华人主办的华文学校以约 2 万所计，③ 那么非洲的华文学校仅占 0.15%。正因为如此，非洲华文学校和华文教育容易成为研究与服务的盲区。现有非洲华文学校与华文教育的研究主要集中于毛里求斯、南非、马达加斯加等少数几个国家和地区。贺鉴和黄小用曾对 20 世纪非洲华人教育的发展、变化与特征做过梳理。④ 迄今为止，国内对非洲华文学校和华文教育最为翔实的历史研究见于李安山的著述。此外，吕挺就非洲华侨华人新移民教育需求分析与供给模式探索做过专题研究，并提出了针对性的发展建议。⑤ 总的来说，非洲华文学校和华文教育的研究成果数量很少，覆盖范围有限；国别研究多，区域性研究少；历史梳理多，现状分析少；整体描述性分析多，系统专题性研究少。

　　21 世纪以来，非洲逐渐成为中国外交的战略支点、经济发展的重要伙伴、展现中国外交形象的重要舞台、提升中国国际话语权的重要平台。⑥

---

① 　贾益民主编《华文教育概论》，暨南大学出版社，2012，第 212~214 页。

② 　贾益民：《"大华语"的三个层次和"大华语战略"》，《语言战略研究》2017 年第 4
　　期，第 83 页。

③ 　贾益民：《世界华文教育发展新形势与多元驱动》，《世界华文教学》2017 年刊，第 78~
　　81 页。

④ 　贺鉴、黄小用：《非洲华人教育浅探》，《比较教育研究》2001 年第 12 期，第 38~41
　　页；黄小用：《论非洲华人教育的发展变化》，《邵阳学院学报》2004 年第 2 期，第 110~
　　112 页。

⑤ 　吕挺：《非洲华侨华人新移民教育需求分析与供给模式探索》，贾益民等主编《华侨华
　　人研究报告（2016）》，社会科学文献出版社，2017，第 259~283 页。

⑥ 　罗建波：《中非关系为什么如此重要？》，《学习时报》2013 年 4 月 1 日，http://theory.
　　people.com.cn/n/2013/0401/c136457-20983606-4.html，最后访问时间：2022-10-19。

当前，在世界处于百年未有之大变局之际，中非关系处于历史最好时期，人员往来日益密切。在 21 世纪第一个 20 年，非洲华侨华人人数从 20 余万人增加到 100 余万人。[①] 2021 年 11 月，习近平主席在中非合作论坛第八届部长级会议上提出"构建新时代中非命运共同体"及"推动构建高水平中非命运共同体"的主张。然而，非洲华文学校和华文教育的发展和研究，与非洲在我国外交战略中的重要性极不相称。鉴于中非关系的重要性，以及非洲华侨华人在构建更加紧密的中非命运共同体中所具有的独特优势，加强非洲华文学校的建设与研究非常必要和迫切。

那么，非洲华文学校发展现状如何？呈现哪些特征？未来非洲华文学校应通过怎样的进路实现发展？这些是本文探讨的主要问题。

一　百年发展回顾

非洲华文学校与华文教育在百年发展历程中经历了肇始、初兴、衰落与复兴的复杂过程。其发展既与中国与中华民族的兴衰沉浮休戚相关，同时也深受全球化背景下华侨华人的流动与聚居、居住国政治与经济环境等因素的影响。

（一）华文学校的肇始与初兴

华人移民非洲始于 17 世纪，但直到 20 世纪初，在毛里求斯、法属留尼汪、马达加斯加和南非等国家和地区才形成基于稳定的华侨家庭的华侨社会，而这是海外华文学校得以创建的重要前提。1911 年，毛里求斯的华人侨领集资创办了一所私塾，并从中国聘请了一名教师，招收了 20 多名少年。1912 年，因学生人数增加，经费短缺，私塾由客家人创办的仁和旅馆接办为正式学校，命名为"新华小学"，从而诞生了非洲第一所华文学校。[②] 到 20 世纪 20 年代末，毛里求斯、南非、马达加斯加、法属留尼汪、葡属东非（即今莫桑比克）共有 9 所华文学校。[③]

20 世纪 30 年代抗日战争爆发后，移民非洲的华侨增加，而侨童回国

---

① 李新烽、格雷戈里·休斯敦等：《非洲华侨华人报告》，中国社会科学出版社，2019，第 16~17 页。

② 李安山：《非洲华人社会经济史》，江苏人民出版社，2019，第 630 页。

③ 李安山：《非洲华人社会经济史》，江苏人民出版社，2019，第 629 页。

接受教育的道路受阻，加之一些非洲国家殖民政府的歧视性教育政策（如南非禁止华人入白人学校），非洲华文学校迎来了寻求自我发展的机会。二战结束后，非洲华文学校发展仍呈繁荣景象。非洲广大华侨表现出了强烈的国家认同和文化认同，以及创办华文学校的热情。1948年，葡属东非贝拉城的华侨四处奔波为扩建华校筹款，他们在呼吁书中这样写道："侨校的前途暗淡了，侨童必将逐渐与外人同化而消失其对祖国之观念了。那还能说得上为国家育人才的百年树人大计呢？"① 到20世纪50年代初，非洲华文学校数量有40多所，其中毛里求斯有10余所，南非13所，马达加斯加9所，留尼汪12所，葡属东非2所。② 华文学校的教育层次也从初等教育延伸到中等教育。这期间毛里求斯华文学校的学生人数激增，1944年，新华学校的学生数占学龄华人青少年总数的44.4%；1947年，新华学校步入鼎盛时期，学生人数达1019人，有教员39人。③

（二）华文学校的衰落与复兴

非洲华文学校的繁荣期是短暂的，在20世纪50年代中期即走向衰退。衰退的主要原因有：新中国于1955年宣布不承认双重国籍政策；侨居国调整外籍公民入籍政策；一些侨居国当局敌视社会主义中国，对中国采取封锁政策，禁止与中国交往；等等。这些因素导致大量华侨入籍居住国，与中国之间联系的削弱和断裂使得华文教育的实用价值大为下降。出于在居住国继续接受教育、就业和向上流动的动机，华人家庭纷纷放弃华文教育。因此，大部分华文学校生源急剧减少，办学经费难以为继以致被迫关闭。1973年（一说1975年），毛里求斯华文教育的最后一个阵地——新华中学及其附属小学关闭停办；1977年，法属留尼汪中法学校已没有一名华裔学生；南非伊丽莎白港华侨教育学院和开普敦中华学校分别在1970年和1980年关闭。④ 剩下的华文学校苦苦支撑，艰难寻求生存之道。华文学校大量关闭，在很大程度上造成一些地区华文教

---

① 李安山编著《非洲华侨华人社会史资料选辑》，香港社会科学出版社有限公司，2006，第245页。

② 李安山：《非洲华人社会经济史》，江苏人民出版社，2019，第629~643页；黄小用：《论非洲华人教育的发展变化》，《邵阳学院学报》2004年第2期，第110~112页。

③ 刘岩：《毛里求斯汉语教学的发展及现状》，马洪海主编《汉语国际级教育研究》，上海交通大学出版社，2016，第199~210页。

④ 李安山：《非洲华人社会经济史》，江苏人民出版社，2019，第1055~1057页。

育数十年的空窗期,例如莫桑比克。这对非洲华文教育的传承与发展造成了严重的负面影响。

20 世纪末,非洲来自中国内地、台湾和香港等地的新移民呈现快速增长的态势。1996 年,非洲的华侨华人只有 13.6 万人,2002 年达到 25 万人,2006~2007 年为 55 万人,2012 年达到 110 万人。[①] 在这一背景下,非洲的华文教育出现复苏的势头,不仅新建了一批华文学校,而且原有的华文学校也逐渐恢复了活力。据不完全统计,截至 2021 年,在南非、毛里求斯、马达加斯加、科特迪瓦、莱索托、赞比亚、埃及、乌干达、莫桑比克、尼日利亚、博茨瓦纳、安哥拉等 10 多个国家先后建立了 25 所华文或中文学校 (见表 1)。其中华侨华人最为集中的南非共有 10 所华文学校,南非成了非洲华文教育的中心。

表 1　20 世纪 90 年代以来新建的华文 (中文) 学校

	国家	学校名称	创建时间
1	科特迪瓦	华侨中文班	20 世纪 90 年代初
2	莱索托	中华学校	1991
3	南非	华人中文班	1996
4	南非	华心中文学校	1996
5	南非	华侨学校	1997
6	斯威士兰	中华学校	1997
7	南非	斐京中文班	1998
8	毛里求斯	光明学校	1999
9	科特迪瓦	中文学校	1999
10	毛里求斯	华夏中文学校	2004
11	南非	树人中文学校	2008
12	赞比亚	中文国际学校	2009
13	马达加斯加	孔子小学 (马达加斯加汉语学习中心)	2009
14	埃及	德仁中文学校	2010
15	乌干达	鲁扬子中学*	2011
16	南非	开普敦中国国际学校	2013
17	南非	德班树德书院	2013

① 李安山:《非洲华人社会经济史》,江苏人民出版社,2019,第 824~825 页。

	国家	学校名称	创建时间
18	南非	南非中国文化和国际教育交流中心中文学校	2013
19	南非	非洲华文教育基金会中文学校	2015
20	肯尼亚	华韵学堂	2016
21	博茨瓦纳	华文教育辅导中心	2017
22	莫桑比克	中华国际学校	2017
23	南非	新堡阳光中文学校	2018
24	尼日利亚	华文学校	2018
25	安哥拉	中安桥中文国际学校（安哥拉通达瓦拉国际学校）	2021

＊鲁扬子中学现已发展为鲁扬子理工学院，但延续了中华语言文化教育特色，见学校网页，https：//luyanzi. ac. ug。

资料来源：李安山：《非洲华人社会经济史》，江苏人民出版社，2019，第1313~1314页。

二　发展特点

"语言国际传播史证明，国际政治对语言国际传播可能带来机遇，但也可能带来风险。友好的国际政治环境可营造语言传播的良好政治和社会生态，为语言的国际传播提供政治保障及和谐的社会文化环境，从而推动语言的国际传播。"[1] 当前非洲华文学校发展环境，特别是政治环境与20世纪上半叶不可同日而语。

在20世纪上半叶，中国积贫积弱，中文缺乏国际声望和地位，进入21世纪，中国的崛起使得中国的国际形象和中文的国际地位发生了重大改变。在携手构建更加紧密的新时代中非命运共同体的过程中，无论是非洲华侨华人还是非华裔的当地人，都深切感受到了中文的价值，意识到这是"一种负载着'魅丽文化'且具有'实用价值'的'未来语言'"。[2] 截至2023年2月，非洲42国共有67所孔子学院和10所孔子课堂。[3] 此外，30余所非洲大学设立了中文系或中文专业，16个国家将

---

① 郭晶、吴应辉：《大变局下汉语国际传播的国际政治风险、机遇与战略调整》，《云南师范大学学报》（哲学社会科学版）2021年第1期，第46页。

② 《李宇明语言传播与规划文集》，北京语言大学出版社，2018，第31页。

③ 数据来自全球汉语传播动态数据库，http：//47.92.52.47：39009，最后访问时间：2023-2-28。

中文纳入了国民教育体系。① 这些数据表明，中文教育在非洲正处于历史最好时期。总体而言，当前非洲华文学校发展具有以下几个特点。

（一）学校类型多元化

学校类型多元化主要表现为办学主体、办学性质和办学宗旨的多元化。20 世纪上半叶创办的非洲华文学校主要是由华侨华人社团、国民党支部和宗教组织兴建的；而现在非洲华文学校的办学主体除了华人社团和宗教组织之外，还有中资企业、华侨华人个体、中文教师联合会以及文教基金会等。例如，在南非的华文学校中，德班树德书院由南非夸纳省华文教育基金会创办；斐京中文班由国际佛光会斐京协会及斐京妇女会创办，2008 年 7 月 1 日起由新成立的斐京文教基金会提供财政支援；树人中文学校由私人创办；开普敦中国国际学校、南非中国文化和国际教育交流中心中文学校得到中国政府相关部门的支持；而安哥拉通达瓦拉国际学校则由中资企业安哥拉一带一路国际有限公司投资创办。

早期的非洲华文学校办学性质和宗旨较为单一，即解决华侨华人子女的教育问题，提高华侨华人子弟的生存技能和文化道德素养，具有鲜明的公益性。当代由华侨华人社团、宗教团体主办以及中国政府支持的华文学校保持了这种公益性特征，学生基本上是华侨华人子弟，办学宗旨更强调培养学生对祖籍国语言文化的认同。而由个人与企业创办的华文学校则具有明显的功利性，它们选择市场化和开放办学的路径，学生不限于华侨华人子弟，常常聚焦中文教学，注重提高学生的中文能力。也正因为如此，一些华文学校已不是真正意义上的以华侨华人为服务主体的华文学校，而只是开设中文课程的学校，当然它们仍发挥了传播中华语言文化的作用。

（二）办学方向本土化

在教育国际化的过程中，本土化是适应发展新环境，实现可持续发展的重要策略。同时，这也是华侨华人为适应生活环境而选择的必然策略。非洲华文学校在创办之初，往往在开展华语教学的同时，实施西语教学。例如，在 20 世纪上半叶，南非华侨在创办华文学校的过程中，即"一方面想借学校传授祖国的文化知识，另一方面也想通过学校学英语，

---

① 《新时代的中非合作》，中华人民共和国国务院新闻办公室，2021 年 11 月 26 日，http://www.scio.gov.cn/ztk/dtzt/44689/47462/index.htm，最后访问时间：2022-10-19。

以适应环境和作为谋生手段"。①

南非斐京华侨公学（Pretoria Chinese School）是非洲华文学校本土化的典型。1934 年，南非华人青年文化联盟和比勒陀利亚华人社区创建了斐京华侨公学。学校成立初期，只招收华人学生授以华文课程，希望华人子弟不忘本。不过，学校也同时聘请白人教师教授南非本地课程。目前，该校已经逐步发展为一所知名的私立国际学校。学校培育包容多元的校园文化，师生员工有着 40 多种不同的文化背景。学校课程设置遵循南非独立教育委员会的要求。大部分课程使用英语授课，但南非荷兰语、中文等语言课程用各自的语言授课。与此同时，全校所有学生必须接受每周 2.5 小时的中文必修课程，且成绩必须及格方可毕业。10～12 年级学生甚至有机会把中文作为一门预科课程修习。斐京华侨公学的办学特色之一是有丰富多彩的中文课外活动。在这种模式下，学生不仅学习中文，还学习中国文化，参加各种中国文化体验课外活动。斐京华侨公学在学校介绍材料中这样写道："我们遵循独立考试委员会的教学大纲和要求，但真正让我们与众不同的是我们的中国文化。"②

类似于斐京华侨公学的华文学校还有马达加斯加的塔马塔夫华侨学校、费内维尔中山学校等。历史与现实经验告诉我们，本土化有助于非洲"华文教育转型升级，实现可持续发展"。③

（三）地理空间分布不均衡

进入 21 世纪，特别是第二个十年，非洲华文学校的地理空间分布有了较为明显的扩大，但是仍主要集中于非洲华侨华人最早移入和聚居的国家和地区，即印度洋非洲国家和南部非洲国家，特别是南非、马达加斯加和毛里求斯三国。当然，这与这些国家华人社区形成早、规模大有关，但是却与当前非洲华侨华人的增长态势与空间分布不相适应。

随着中非经贸关系的日益密切，非洲华侨华人的数量在过去二三十年间增长很快，新侨人数的增加尤为显著。根据学者李新烽的研究，2019 年底非洲华侨华人的总数已略超过 100 万人。从国家分布来看，华

---

① 李安山编著《非洲华侨华人社会史资料选辑》，香港社会科学出版社有限公司，2006，第 434 页。

② The Pretoria Chinese School, Independent Education, https://www.ieducation.co.za/the-pre-toria-chinese-school/. Accessed 2022-10-19。

③ 鲍蕊：《本土化有助南非华文教育发展》，《中国社会科学报》2022 年 4 月 25 日，第 7 版。

侨华人数量超过 10 万人的有南非和尼日利亚，其中南非约有 30 万人，尼日利亚约有 20 万人。华侨华人数量在 5 万~10 万人的国家有安哥拉、马达加斯加、埃塞俄比亚、阿尔及利亚、苏丹和肯尼亚六国。华侨华人数量在 1 万~5 万人的国家和地区包括刚果（金）、留尼汪岛、毛里求斯、埃及、加纳、莫桑比克、赞比亚、津巴布韦等。华侨华人数量不到 1 万人的国家有坦桑尼亚、加蓬、几内亚、乌干达、莱索托、贝宁、博茨瓦纳、佛得角、刚果（布）、马拉维、纳米比亚、塞内加尔、突尼斯等。除数量分布不均且梯度性鲜明等特点外，非洲华侨华人的另一大鲜明特点是新侨为华侨华人的主体，占总数的 90%左右。非洲新侨中短期劳工数量大，技术与管理人员数量逐步增加，新侨绝大多数处于侨居状态，没有计划加入居住国国籍，但不乏移民到北美和澳洲者，主要驱动力是子女教育。总的来说，"总体数量基本稳定、国家之间流动性强、人员素质普遍提升构成非洲华侨的三大特点"。① 从现有的资料看，华侨华人数量超过 5 万人且尚未建立华文学校的非洲国家有埃塞俄比亚、阿尔及利亚、苏丹和肯尼亚，而尼日利亚和安哥拉仅有 1 所。不均衡性是非洲华文学校建设中一个不可忽视的问题。

（四）华侨是决定性因素

从非洲华文学校的诞生、兴盛、衰落以及复苏的历程中可以看出，华侨是一个决定性因素。海外华侨华人创建华文学校的动因或者基于华侨落叶归根的文化心理，或者因为华侨华人在居住国受到歧视和排斥，难以进入主流教育。因此，早期的华文学校在办学模式上要么移植和对接国内的教育体系，要么探索本土化模式。前一种模式下的华文教育在很大程度上等同于华侨教育。

回顾非洲华文学校百年发展史，可以看出，非洲华文学校在 20 世纪上半叶的初兴和 21 世纪的复苏与在非华人数迅猛增加有关，而 20 世纪下半叶的衰退同样与在非华侨大量入籍居住国有关。因此，华侨成为非洲华文学校发展的决定性因素。如果说非洲华侨在 20 世纪上半叶难以加入居住国的国籍，那么今天非洲华侨是不愿意加入居住国的国籍，其背后的原因是中国已经发展为世界第二大经济体。如前所述，新侨是当前

---

① 李新烽、〔南非〕格雷戈里·休斯敦等：《非洲华侨华人报告》，中国社会科学出版社，2019，第 23~32 页。

非洲 100 万华侨华人的主体，约占总数的 90%，因此非洲华侨潜在教育需求巨大，这种需求推动了非洲华文学校的复兴。但是因为缺乏师资和经费，他们往往没有能力创办与国内教育接轨、质量可靠的华文学校。在有 20 余万华侨华人的尼日利亚，仅有 1 所办在拉各斯中国商城内的华文学校，办学条件简陋，师资不足。此外，考虑非洲国家的治安状况、语言文化环境的差异，许多非洲华侨在携带子女，特别是学龄段子女赴非问题上常常陷于两难境地。"将孩子留在国内，眼见每次回国他变得愈发自闭和冷漠，实在于心不忍，于是将他带去非洲，亲子感情逐渐得以恢复，却又忧未来无法与国内教育接轨。"[1] 非洲现有的华文学校大部分限于办学条件与能力不足，不能提供全日制全科教育，难以保证教学质量。一些赴非的国家公务人员和中资企业技术与管理人员如将子女带在身边，往往也是将子女送入国际学校就学。然而，国际学校的教育无法与中国的教育衔接，华侨子女回国就学又不得不重新适应国内的教育。一项对非洲 22 国 39 名华侨华人社团负责人所做的调查显示，52.6% 的受访者将子女留在中国国内上学，31.6% 的受访者子女与当地人在当地学校一起就学，其中竟无一人将子女送入当地中国人开办的华文学校上学。[2]

三 未来发展进路

当前，国内对外汉语教学、国际上的汉语作为第二语言教学和海外华文教育存在资源共享、互补合作的趋势。从华文教育的视角来说，其内涵与外延不断扩大。正因为如此，学术界提出了"大华文教育"[3] "国际中文教育"[4] 等包容性很强的概念。但是很显然，在教育实践中，实际

---

① 吕挺：《非洲华侨华人新移民教育需求分析与供给模式探索》，贾益民等主编《华侨华人研究报告（2016）》，社会科学文献出版社，2017，第 268~269 页。

② 吕挺：《非洲华侨华人新移民教育需求分析与供给模式探索》，贾益民等主编《华侨华人研究报告（2016）》，社会科学文献出版社，2017，第 266 页。

③ 贾益民：《新时代世界华文教育发展理念探讨》，《世界汉语教学》2018 年第 2 期。

④ 王辉、冯伟娟：《何为国际中文教育》，光明网，2021 年 3 月 15 日，https://m.gmw.cn/baijia/2021-03/15/34688036.html，最后访问时间：2022-10-19；郭熙、林瑀欢：《明确"国际中文教育的内涵和外延"》，《中国社会科学报》2021 年 3 月 16 日，第 3 版；吴应辉：《国际中文教育新动态、新领域与新方法》，《河南大学学报》（社会科学版）2022 年第 2 期。

上很难在同一课堂中和同一教学模式下，同时满足华侨、华人、非华裔学生的不同学习需求，也很难实现不同的教学目标，因为针对不同类型学生的华文教育其性质和任务是不同的。因此，郭熙和林瑀欢提出，在积极推动国际中文教育事业协同发展的同时，要充分考虑教学对象的差异，重视不同类型国际中文教育的性质、任务和目标的区别。①

对于华文学校来说，既要区分华裔与非华裔学习者，还要区分华侨与华人学习者。海外华侨华人办教育已有 300 多年的历史。在海外华文学校发展初期，华人社团中华侨华人并没有严格区分，华文教育的对象也是如此。但因历史时空变换，华侨和华人两个群体实际上已发生分离，华侨和华人的教育需求呈现明显差异，因此曾经无区别地服务于华侨华人的华文学校也必将经历分化过程。简言之，华侨教育不同于华人教育。"华侨教育是指华侨为其子女学习中国语文和科学文化知识，在侨居地兴办的教育"，② 它按中国的学制办学，以汉语言文字为教学媒介，教师、教科书来自中国，具有中国国民教育的性质。而"华人教育是指已成为他国公民的华人所接受的教育，它包括以当地语言为媒介的教育、中华语言文化和其他方面的教育"。③ 尽管二者都重视华文教学，重视对祖籍国文化的认同，但是因为教学对象身份的不同，所以针对这两个群体的华文教育在教学目标、管理体制，甚至在华文教学的课时安排、教材、教法上均有所不同。目前，学界对此重视不够，常常笼而统之，用华文教育进行表述。这显然不符合实际状况，因此分类办学势在必行。

中国是中文母语国，国际中文教育是构建中国国际传播体系的关键依托。因此，中国政府在国际中文教育顶层设计、扩大资源供给、统筹资源配置等方面责无旁贷。

（一）积极推动在非洲筹建面向华侨的中文国际学校

习近平总书记多次将华侨华人称为中外友好和互利合作的亲历者、见证者、推动者。他希望海外侨胞成为中华文化的热情传播者，中华民族文化同世界各国文化交流互鉴的积极促进者，住在国人民同中国人民

---

① 郭熙、林瑀欢：《明确"国际中文教育的内涵和外延"》，《中国社会科学报》2021 年 3 月 16 日，第 3 版。

② 贾益民主编《华文教育概论》，暨南大学出版社，2021，第 13 页。

③ 马兴中：《华侨华文教育的回顾与前瞻》，《暨南学报》（哲学社会科学版）1999 年第 2 期，第 126~127 页。

友好交往的民间使者。在构建更加紧密的中非命运共同体的过程中，非洲华侨华人有着独特的优势。华侨是中国公民的一部分，海外华侨教育应该是中国国民教育在海外的延伸，是中国整个国民教育体系的组成部分。因此，中国政府有义务、有责任建设和改进海外华侨教育。

新冠疫情出现后，非洲华侨回流趋势明显。不过，李安山曾指出，21 世纪中国人移民非洲的人数将大大增加，理由是：中国经济的发展需要开拓新的市场；资源丰富的非洲是一个具有互利合作巨大潜力的大陆；华人及东亚模式的示范作用；非洲实行与欧美国家不同的移民政策。[①] 按照这样的预测，非洲华侨的教育需求仍将不断扩大，对教育质量的要求也会不断提升。而且，与世界其他大洲的华侨华人群体相比较，非洲华侨华人中的新侨比重远远"高于世界其他各洲……这一特点决定了非洲中国新移民的教育需求有别于其他地区，具有华侨教育的特殊性质"。[②]

非洲华侨需要高质量的，能与国内国民教育相衔接的教育。那么，在非洲华文学校严重缺乏这种教育供给能力的情形下，如何满足非洲华侨的教育需求呢？一些学者或全国政协委员提出，借鉴美国、法国、加拿大等国家在海外创办"美国学校""法国学校""加拿大学校"，服务海外侨民的经验，将非洲作为中国政府在海外创建中国学校或中文国际学校的先行试验区。[③] 这类学校"主要指的是针对因公或因私而长期或短期在外国生活的中国公民或侨民子女提供跟中国国内教育体系相接轨的中文教育学校"。[④]

令人欣喜并值得期待的是，政府相关部门已就学者和全国政协委员的建议做出了积极回应。2019 年，教育部在关于政协十三届全国委员会第二次会议第 0405 号（教育类 073 号）提案的答复函中表示，"推进海外华文教育，建设海外中国国际学校，有利于稳定我驻外干部队伍，凝

---

① 李安山：《非洲华侨华人史》，中国华侨出版社，2000，第 513~514 页。

② 吕挺：《非洲华侨华人新移民教育需求分析与供给模式探索》，贾益民等主编《华侨华人研究报告（2016）》，社会科学文献出版社，2017，第 263 页。

③ 吕挺：《非洲华侨华人新移民教育需求分析与供给模式探索》，贾益民等主编《华侨华人研究报告（2016）》，社会科学文献出版社，2017，第 259~283 页；郭建玲：《莫桑比克华文教育的历史、现状与挑战》，《非洲研究》2019 年第 2 期；傅军：《关于切实解决我国在海外工作人员子女入学问题的提案》，2019 年 3 月 3 日，网易财经，https://www.163.com/money/article/E9BLMRE900258105.html，最后访问时间：2022-10-19。

④ 王春辉：《历史大变局下的国际中文教育——语言与国家治理的视角》，《云南师范大学学报》（哲学社会科学版）2021 年第 2 期，第 60 页。

聚海外中国公民、华人华侨的祖国情怀，培养海外国际化人才，增进与所在国民心相通，服务国家外交大局"，"制订既体现海外中国国际学校特点，又满足国家基本课程设置标准和升学要求的课程体系。根据所在国法律及政策要求，结合试点学校的教学阶段和学生情况，鼓励各校因地制宜，按照国内中小学课程标准制订详细的教学方案和计划，确保语文、数学、思政、传统文化等重点课程课时，坚持教学进度与国内同步"。就非洲而言，答复函提出"结合非洲情况，推进中国国际学校建设"，"鼓励并支持非洲条件成熟的地区兴办华文教育、建设海外中国国际学校，传承民族语言文化，努力解决我外派工作人员和当地华侨子女的中文教育问题，促进中国与非洲各国文化交流和民心相通"。① 2021 年11 月，教育部答复政协第十三届全国委员会第四次会议相关提案——《关于应对国际中文教育面临的挑战和风险的提案》时表示，未来会积极将华文教育、国际学校等纳入支持框架。②

（二）支持本土化华文学校开展华文教育

华侨教育和华人教育实际上属于两种不同的国民教育。国民教育亦称"公共教育"，是一个国家为本国国民（或公民）实施的学校教育，一般为国家规定的每个公民必须接受的基础教育。从教育内容来看，国民（或公民）教育均强调对国家历史、政体结构和政治生活过程的理解，强调培养国民的国家认同与民族文化认同。正因为如此，所以面向华侨的华文学校和面向华人的华文学校在管理体制、办学模式等方面存在本质差异。面向华侨的华文学校，或者说中文国际学校，其管理主体是中国政府，在办学模式上遵循国内公立学校基本模式，其中中文教学处于基础和核心地位；而面向华人的、被纳入当地国民教育序列的华文学校，其管理主体是所在国教育主管部门，在办学模式上遵循所在国公立学校基本模式，其中中文教育处于从属与次要地位。因此，面向华侨的华文学校和面向华人的华文学校实质上是两种不同性质的学校，需要分开办

---

① 《关于政协十三届全国委员会第二次会议第 0405 号（教育类 073 号）提案答复的函》，中华人民共和国教育部，2019 年 12 月 6 日，http://www.moe.gov.cn/jyb_ xxgk/xxgk_ jy-ta/jyta_ gjs/201912/t20191206_411147.html，最后访问时间：2022-10-19。

② 《关于政协第十三届全国委员会第四次会议第 2624 号（教育类 091 号）提案答复的函》，中华人民共和国教育部，2021 年 11 月 4 日，http://www.moe.gov.cn/jyb_ xxgk/xxgk_ jyta/yuhe/202111/t20211104_577702.html，最后访问时间：2022-10-19。

学。而且，分开办学也是避免文化、舆论和意识形态冲突的理性选择。

华人身份及面向华人的华文教育的特殊性决定了本土化是面向华人的华文学校实现自身可持续发展的必由之路。已有 80 多年历史的南非斐京华侨公学和马达加斯加塔马塔夫华侨学校的办学历程也证明了这一点，因此其本土化的成功经验值得总结和借鉴。面向华人的全日制华文学校，其本土化应该有如下特点。第一，以培养具有中华文化气质，能服务所在国社会建设的公民为目标，[①] 把他们培养成中外友好交流与合作的推动者，既有助于所在国的建设，也有助于中国的发展。第二，得到所在国教育主管部门的审批认可，按照官方规定的教学大纲组织教学，不分族裔招收学生，但至少部分是华人学生。第三，将华文和中华文化作为教学内容和办学特色纳入学校的课程体系。当然，在教师、教材和教学方法等方面适应当地的需求。

此类面向华人的全日制华文学校为包括所在国人民提供了一个很好的接受双语双文化教育，甚至是多语多文化教育的平台。特别是在全球"中文热"的背景下，这类学校的华文教育特色对于非华裔学生来说颇有吸引力。中国政府应该在不干预此类学校办学自主权的前提下，为学校更好开展华文教育提供各种资源支持，包括师资培养、教学设备、教学材料等。

（三）引导和支持非洲华侨华人社团以及中资企业参与办学

非洲华侨华人社团以及在非中资企业是非洲华文学校提升自身办学能力的重要依靠，中国政府特别是中国政府驻非洲各国大使馆，应积极引导和支持华侨华人社团以及在非中资企业参与创办华文学校。

21 世纪以来，非洲各国华侨华人社团蓬勃发展。其中一些社团积极投身华文教育。仔细考察非洲现有华文学校创办背景，我们可以看出其中许多华文学校与华人社团有着紧密的联系。华文学校与华人社团之间的这种共生关系，其实是全球华文教育发展过程中一个普遍性特征。2012 年 6 月 9 日，在各侨领的大力推动以及广大旅南华侨的共同参与下，南非华文教育基金会成立，并筹集了 200 万兰特的启动资金。

数量不断增加的中资企业也是非洲华文教育发展的重要力量。根据

---

① 陈荣岚：《全球化与本土化：东南亚华文教育发展策略研究》，厦门大学出版社，2007，第 6~7 页。

中国政府商务部的统计数据，中国在非洲设立企业超 3500 家，其中超过 70% 属于民营企业。① 中资企业办华文学校，既有资源优势，又是履行社会责任的体现，因为华文学校既可招收企业中方员工子弟，又可以招收本土员工及其子弟。因此，中资企业办华文学校既可以稳定企业员工队伍，又可以促进企业内部中外员工的跨文化交流。此外，创办华文学校也是在非中资企业实现多元化经营的一种路径。2021 年，中安商会会长、安哥拉一带一路国际有限公司董事长沈永忠先生创办了安哥拉通达瓦拉国际学校和安哥拉通达瓦拉职业中专。学校面向广大在安华人学生、安哥拉学生以及外国学生招生。在学校招收的第一批学生中包括 30 名接受免费教育的孤儿，这一善举得到了当地政府的好评。学校与中国华侨大学合作，开展中文教育。学校自创办之初，就将中文作为国际学校的办学特色，在全部班级开设中文选修课程，在初中以上年级将中文课程纳入当地课程体系，在高中开设中文课程强化班，并与安哥拉总统基金会、华侨大学合作开办留学中国预科班等中文特色项目。②

此外，在孔子学院与孔子课堂逐步覆盖非洲国家，越来越多的非洲国家将中文教育纳入国民教育体系，线上中文培训不断发展的情况下，非洲华文学校还需思考如何确定自身在所在国中文教育网络中的位置与角色，如何与其他中文教育机构在共享资源的前提下协调发展，形成国际中文教育的发展共同体，打造更加开放包容、更优质可及的国际中文教育新格局，更好地满足各国人民学习中文的需要。同时，海外华文学校未来的发展应该坚守实现中华民族伟大复兴这一初心与使命，以促进海外华侨华人全面发展为中心，守正创新，笃行致远。

【责任编辑】 欧玉芳

---

① 周顿：《商务部：中国在非洲设立企业超 3500 家，民企占比超七成》，2021 年 11 月 17 日，https://baijiahao.baidu.com/s? id=1716643815609347595&wfr=spider&for=pc，最后访问时间：2022-10-19。

② 《中国驻安哥拉大使龚韬视察通达瓦拉国际学校》，《安哥拉华人报》2022 年 3 月 4 日，https://mp.weixin.qq.com/s? __biz=MzA3NjUzMzAwMQ==&mid=2649881820&idx=1&sn=63d4360b0e968c97db92e9ddda2552bf&chksm=875a80bab02d09ac82f02181ab1d6686319306f37b91cccdacb72a05013a68228a8184af109d&scene=27，最后访问时间：2022-10-19。

中非合作

非洲研究 2023 年第 2 卷（总第 21 卷）
第 191—208 页
SSAP ©, 2023

中国式现代化对非洲发展及中非合作的启示[*]

李 丹 王丽君

【内容提要】 发展是人类社会的永恒追求，现代化作为发展的重要维度之一，对全球发展事业起到了重要推动作用。中国式现代化开辟了实现现代化的新路径，可为与中国有历史、现实、理论、情感等逻辑上内洽的非洲国家提供借鉴。非洲国家现代化发展需以减贫发展为首要，以工业基建为重点，以科技教育为支撑，以自主发展为动力。在中国式现代化视域下，构建中非发展命运共同体须在具体实践中不断探索，打造更加紧密的中非发展伙伴关系、促进中非农工商贸产业融合、增强中非可持续发展潜力、提升中非实现跨越式发展的能力。

【关键词】 中国式现代化；中非发展命运共同体；中非合作

【作者简介】 李丹，厦门大学公共事务学院教授、博导，厦门大学一带一路研究院兼职研究员、副院长，主要研究方向为全球治理；王丽君，厦门大学公共事务学院博士研究生（厦门，361005）。

发展是人类社会的永恒主题，是破解各种难题的关键钥匙。2000 年"千年发展目标"（MDGs）提出"推动全球合作促进发展"，2015 年联合国《2030 年可持续发展议程》指出"以包容性方式实现所有人的可持续发展"，2021 年"全球发展倡议"强调"推动实现更加强劲、绿色、健康的全球发展"，发展已成为国际社会的首要议题。对非洲大陆而言，其

---

* 本文系福建省社科基金研究阐释党的二十大精神重大项目"构建人类命运共同体视域下中国式现代化的世界意义研究"（FJ2023Z010）的阶段性成果。

所有的政治、经济、社会及对外关系问题，本质上都与发展问题相关联。发展问题是这块大陆所有问题的纽结、焦点与源头。[①] 作为国际发展的主流路径，现代化是不同国家和民族摆脱落后、实现发展的共同选择。中国式现代化，是中国共产党领导的社会主义现代化，是人口规模巨大的现代化，是全体人民共同富裕的现代化，是物质文明和精神文明相协调的现代化，是人与自然和谐共生的现代化，是走和平发展道路的现代化，[②] 为人类实现现代化提供了新选择，也为非洲发展和中非合作提供了借鉴。2013 年，习近平在出访坦桑尼亚期间首次提出"中非从来都是命运共同体"的重要论断，使中非超过 26 亿人的命运与发展紧密联系在一起。在第三届"一带一路"国际合作高峰论坛开幕式上，习近平表示"我们追求的不是中国独善其身的现代化，而是期待同广大发展中国家在内的各国一道，共同实现现代化"。[③] 中国是世界上最大的发展中国家，非洲是发展中国家最集中的大陆，中国式现代化或可为中非合作提供更多发展增长点，助力构建新时代中非发展命运共同体，促进全球发展进程实现新突破。

一　中国式现代化与中非发展命运共同体的逻辑内洽

中国式现代化在推进中华民族伟大复兴的同时，也为人类实现现代化提供了新的选择。在 2023 年中非领导人对话会上，习近平表示中国"愿做非洲现代化道路的同行者"。作为人类命运共同体在地区层面的具体化、在合作领域的深入化，中非发展命运共同体是一个互利共赢、互促互进的有机联系整体，与中国式现代化实践经验相呼应，具有内洽的历史逻辑、现实逻辑、理论逻辑与情感逻辑。

（一）历史逻辑：在继往开来中追求发展

现代化是人类历史长河中的一个过程，其形成非一时之力可为，所

---

① 刘鸿武：《国际思想竞争与非洲研究的中国学派》，《国际政治研究》2011 年第 4 期，第 95 页。

② 《中国共产党第二十次全国代表大会文件汇编》，人民出版社，2022，第 18~19 页。

③ 习近平：《建设开放包容、互联互通、共同发展的世界——在第三届"一带一路"国际合作高峰论坛开幕式上的主旨演讲》，《光明日报》2023 年 10 月 19 日，第 2 版。

推动的也非一时之效。中非的发展有着长期、深厚的历史积淀，构建中非发展命运共同体虽是对现代化发展需求的响应，但也并非突如其来的构想。汉朝张骞出使西域，开启了丝绸之路，中非陆路通道被全程打通，两地开始进行贸易往来。随着中国造船与航海技术的发展，唐宋时期便已开辟了中非直达航线。[①] 元代中国与非洲的海上交通可分为至北非、至东非沿岸、至马达加斯加岛这三条航线，中国人对非洲南部的知识随之增加。明代郑和七下西洋，其中四访非洲，进一步增进了中非间的认识与了解。[②] 在历史沉浮中，中非间的直接往来与贸易虽受到过冲击，但间接贸易从未停止。

没有摆脱依附地位的国家难以推动现代化建设，实现真正的发展。新中国成立后，毛泽东、周恩来等党和国家领导人与非洲老一辈政治家共同开启了中非关系新纪元，双方开始紧密联系，以寻求后发国家的现代化之路。二战结束后，亚非拉受压迫民族纷纷独立，以期探寻自身发展。新中国一成立就站在亚非拉国家一边，坚定支持这些国家的反帝反殖斗争。1955 年万隆会议召开，中国在和平共处五项原则基础上提出了万隆会议十项原则，得到与会亚非国家的认同，万隆精神后来也成了中非关系的核心支柱。1956 年 5 月 30 日，新中国和埃及正式建立了外交关系，拉开了中非现代外交的序幕。1963 年底至 1964 年初，周恩来率领中国代表团先后访问了 10 个非洲国家，并在访问过程中提出了中国对外援助的"八项原则"，为中国赢得了广泛的国际赞誉和非洲的真诚友谊。

改革开放后，中国对非友好合作更加贴近双方发展实际。中国适时调整了对非援助模式，从一开始多为不求回报的单方给予，逐渐将援助与贸易和投资结合为一体，探索出互利合作模式。1978 年，邓小平在会见马达加斯加政府经贸代表团时说："我们现在还很穷，在无产阶级国际主义义务方面，还不可能做得很多，贡献还很小。到实现了四个现代化，国民经济发展了，我们对人类特别是第三世界的贡献可能会多一点。"[③] 1978 年至 1998 年，42 位非洲国家领导人访华，中国 22 位领导人对非洲国家多次进行友好访问。[④] 从 1991 年起，中国外长连续 33 年选择非洲作

① Philip Snow, *The Star Raft: China's Encounter with Africa*, London: Weidenfeld and Nicolson, 1988, pp. 2-3.

② 艾周昌、沐涛：《中非关系史》，华东师范大学出版社，1996，第 51~72 页。

③ 《邓小平文选》（第二卷），人民出版社，1994，第 112 页。

④ 戴严：《邓小平外交思想与中非关系》，《中国经济时报》2006 年 8 月 21 日，第 1 版。

为新年出访的第一站。

（二）现实逻辑：在互利共赢中把握发展

中国式现代化是在结合中国自身发展特色的情境下不断形成的，非洲各国的现代化之路也各具发展特点。构建中非发展命运共同体需要结合双方特色，在优势互补中实现共赢，取得现代化成果。迈入 21 世纪，中非合作论坛的设立为加强中非伙伴关系提供了沟通渠道，成为协调中非关系的理想机构，[①] 也成为推动中非合作不断向全方位、多层次、高质量发展的长效机制。论坛通过的一系列文件为中非发展合作提供了前瞻性指导，鼓励和支持中非地方政府、高校、企业、青年和非政府组织开展形式多样的经验交流与务实合作，不断赋予中非发展命运共同体新的时代使命。在共建"一带一路"过程中，中非合作不断朝着高标准、可持续、惠民生的方向发展，众多港口和铁路线的开发已成为"一带一路"的旗舰项目。

中非之间存在彼此补益和互惠的空间，使得双方在此长彼短的领域有形成优势互补的可能。一方面，中非关系的加强可为中国经济的可持续发展提供原料、市场和投资场所的后续保证；另一方面，非洲也可通过大力发展中非关系得到发展资金、技术和经验，并使其原料出口多元化，同时在开发自有资源的过程中有了更多自主选择的权利。互利共赢原则作为中非在处理共同发展问题上的基本遵循，促使双方在合作中不断寻找利益的"最大公约数"。在推动构建中非全面战略伙伴关系的过程中，中非积极将各个领域的互补优势转化为发展优势，在资源、技术、经贸等领域构建起了无数的利益交汇点，有力促使中非发展合作不断深化。

除却上述长期性的现实基础，突发性的现实考验更凸显了构建中非发展命运共同体的必要。尤其是在全球新冠疫情肆虐、公共卫生安全遭到严重挑战的特殊背景下，中国是第一批向非洲捐赠疫苗的国家之一，各级政府和国有企业通过医疗队为非洲提供各项援助。[②] 中国还专门组建了远程专家指导团队，通过召开远程视频会议的方式与非洲 54 个国家开

---

① Ambrosé Du Plessis, "The Forum on China-Africa Cooperation, Ideas and Aid: National Interest (s) or Strategic Partnership?", *Insight on Africa*, Vol. 6, No. 2, 2014, p. 122.

② Folashadé Soulé, "Mapping the Future of Africa-China Relations: Insights from West Africa", South African Institute of International Affairs, Occasional Paper 330, 2021, pp. 7-8.

展技术交流，针对新冠疫情在非洲各国的不同发展程度，采取针对性的援助办法。总体而言，中非具有构建发展命运共同体的现实依托、能力与需求，既是主动作为，也是顺势而为。

（三）理论逻辑：在开放合作中推动发展

任何国家的现代化都不是闭关锁国的现代化，而是要在对外开放中和其他国家进行深度交往。① 中国式现代化始终坚持以开放的态度同世界各国开展平等的交流合作，积极借鉴其他国家现代化发展的有益经验，② 不以损害他国利益谋求自身发展。非洲国家在探索现代化过程中，与中国有着广泛的发展共识、发展利益和发展空间，双方在开放合作中不断增进了解，紧抓发展重点，将中国梦与非洲梦进行有机结合，以现代化成果推动中非发展命运共同体的构建，并以该共同体的构建助推双方现代化进程。

"中非关系最大的'义'，就是用中国发展助力非洲发展，最终实现互利共赢、共同发展"，③ 构建发展命运共同体符合中非各国的核心利益。习近平指出，"长期以来，中非一直互帮互助、同舟共济，中国将为非洲减贫发展、就业创收、安居乐业作出新的更大的努力"。④ 在长久的开放合作中，中国帮助非洲突破发展瓶颈，成为非洲发展的可靠朋友。无论是在基建、农业、工业、电商等产业，还是在卫生、教育、科技、环保等领域，中国都提供了大力支持，为非洲国家减少贫困、改善投资环境、提升工业化水平、促进经济发展做出了巨大贡献。构建中非发展命运共同体将中国式现代化、中非共建"一带一路"、非洲各国落实非盟《2063年议程》、中非与全球共同推进联合国《2030年可持续发展议程》联成一体，是中非抱团取暖、携手同行共谋发展合作、共促民生福祉的体现，是双方发展合作深化的必然，极大地拓展了中非发展空间，挖掘了双方合作潜力，对推进全球发展也具有重要意义。中非关系深化发展历程见表1。

---

① 贾磊：《论中国式现代化对四重张力的超越克服》，《理论建设》2023年第3期，第15页。
② 刘卓红：《全面认识中国式现代化新道路之"新"》，《人民论坛》2021年第24期，第15页。
③ 习近平：《开启中非合作共赢、共同发展的新时代》，《论坚持推动构建人类命运共同体》，中央文献出版社，2018，第297页。
④ 《习近平谈治国理政》（第三卷），外文出版社，2020，第450页。

表 1 中非关系深化发展历程

时间	场合	中非关系定位	内涵
2000 年	中非合作论坛部长级会议	中非新型伙伴关系	长期稳定、平等互利
2006 年	中非合作论坛北京峰会	中非新型战略伙伴关系	政治上平等互信、经济上合作共赢、文化上交流互鉴
2013 年	中国国家主席习近平访非期间演讲	中非命运共同体	可靠朋友和真诚伙伴、真实亲诚、正确义利观
2015 年	中非合作论坛约翰内斯堡峰会	中非全面战略合作伙伴关系	政治上平等互信、经济上合作共赢、文明上交流互鉴、安全上守望相助、国际事务中团结协作
2018 年	中非合作论坛北京峰会	更加紧密的中非命运共同体	责任共担、合作共赢、幸福共享、文化共兴、安全共筑、和谐共生
2021 年	中非合作论坛第八届部长级会议	新时代中非命运共同体	坚持团结抗疫、深化务实合作、推进绿色发展、维护公平正义
2023 年	中非领导人对话会	高水平中非命运共同体	共同推动公正合理的国际秩序、共同维护和平安全的全球环境、共同建设开放包容的世界经济

资料来源：笔者根据公开资料整理。

（四）情感逻辑：在同舟共济中稳定发展

中国式现代化打破了西方"文明冲突论"的桎梏，推动着各种文明交相辉映，用真心真情为构建中非发展命运共同体提供了情感支撑。毛泽东、周恩来在非洲享有崇高威望，不仅因他们立场鲜明地把非洲民族解放事业看作人类社会进程中的"伟大斗争"，也因他们发自内心地把非洲人民当作"自己人"，切实为他们的利益着想。中非在同帝国主义和殖民大国的斗争中相互支持，建立了深厚而真诚的友谊。[①] 中国历来崇尚和平，始终坚定走和平发展的现代化道路，并积极维护全球公平正义。1960 年在阿尔及利亚反法独立斗争中，毛泽东向该国临时政府代表团表示，中国坚定站在非洲一边。1964 年周恩来总理访问加纳时，亲自慰问遇刺的恩克鲁玛总统，并带去了毛泽东的亲笔书信，表达了中国政府支

---

① Li Xinfeng and An Chunying, *The Changing World and Africa*, Singapore: Social Sciences Academic Press, 2022, p. 341.

持恩克鲁玛总统的决心。1965年，毛泽东会见来访的坦桑尼亚总统尼雷尔时，对其提出的援建坦赞铁路请求慷慨应允。中国第一代领导人的侠肝义胆和真挚情怀，赢得了非洲国家人民的拥戴。赞比亚总统卡翁达曾用"全天候朋友"形容中赞关系，1988年邓小平接见他时，卡翁达又说"中国是非洲真正的朋友"，"中国对非洲的帮助是真正无私的帮助，我们为有中国这样的朋友而骄傲"。坦桑尼亚总统尼雷尔也曾强调"对华友好永远是坦桑尼亚对外政策的基石"。[①]

无论是中国援建坦赞铁路和非盟会议中心、助力国际社会援非抗击埃博拉病毒与新冠疫情，还是非洲国家无私支持中国重返联合国、在汶川地震和玉树地震灾害后积极向中方捐款，都体现了中非患难与共的兄弟情谊。习近平在解释中非友好历久弥坚、永葆活力时说："其根本原因就在于双方始终坚持平等相待、真诚友好、合作共赢、共同发展。中非永远是好朋友、好伙伴、好兄弟。"[②] 这样饱含深情的表述在中国对非文件和领导人讲话中比比皆是，是中非关系深情厚谊的真实写照。2013年提出的"真、实、亲、诚"和正确义利观高度凝练和概括了中国的对非政策理念，是中国对非情谊的又一表达。中国以互帮互助、共同发展、亲诚惠容、互利共赢的逻辑代替了以往国际关系中的零和思维、冷战思维、强权思维和势力范围思维，[③] 将情感逻辑与和平共处五项原则、"四个坚持"、"五不"原则等国际关系规范有机结合在一起，开创了对非洲兄弟讲信义、重情义、扬正义、树道义的友谊外交。

二　中国式现代化对非洲发展的启示

世界是一个共生、共建、共享的有机整体，中国式现代化道路具有世界性意义。[④] 有国外学者曾言，基于当下发展的情境，中国的成功给了

---

① 戴严：《邓小平外交思想与中非关系》，《中国经济时报》2006年8月21日，第1版。

② 习近平：《开启中非合作共赢、共同发展的新时代》，《论坚持推动构建人类命运共同体》，中央文献出版社，2018，第295~296页。

③ 吴传华：《中非命运共同体：历史地位、典范作用与世界意义》，《西亚非洲》2020年第2期，第19页。

④ 黄宝成、周育国：《中国式现代化道路的内涵特质、原则遵循、实践方略》，《经济问题》2022年第2期，第11页。

非洲大陆领导人一个替代西方领导的经济和政治改革方案的选择。① 尼日利亚中国研究中心主任查尔斯·奥努纳伊朱表示，中国式现代化为发展中国家特别是非洲国家做出了很好的示范。② 在很多方面，诸如重视减贫发展、关注工业基建、着眼科技教育、挖掘自主动力等，非洲与中国都各自采取过不同措施，但因国情不同，各领域投入的力度、方式不同，故取得的成效也不同。但相对于西方的发展理念，与非洲国家具有同样历史遭遇、基本国情相似且都是后发国家的中国，其现代化探索经验对非洲国家来说显然更具有借鉴意义。

（一）以减贫发展为首要

无论是中国还是非洲，终结贫困都是实现现代化的最基本要求，是实现共同发展的前提条件，是构建中非发展命运共同体的首要内容。受贫困羁绊的发展不是真正意义上的发展，"第二次世界大战结束以来，消除贫困始终是广大发展中国家面临的重要任务"。③ 西方主导的现代化导致了贫富两极分化的格局，而中国式现代化则不断推动全体人民向共同富裕的目标迈进，"全国八百三十二个贫困县全部摘帽，近一亿农村贫困人口实现脱贫，九百六十多万贫困人口实现易地搬迁，历史性地解决了绝对贫困问题，为全球减贫事业作出了重大贡献"。④ 中国带领规模巨大的人口创建了卓有成效的扶贫减贫模式，提前实现了联合国《2030 年可持续发展议程》所提出的减贫目标，对全球减贫贡献率超过 70%。长期且没有完全根除的贫困是使中国领导人如此关注发展减贫问题，并对非洲贫困感同身受的重要原因。国际社会关于"非洲崛起"的言论时有响起，但非洲大陆的发展前景仍面临现实挑战：贫困依旧影响着近 4 亿撒哈拉以南的非洲人，他们每天只能靠着不到 1.25 美元的生活成本生存；⑤ 2022 年世界上最贫穷的 25 个国家中，非洲占了 21 个，最穷的前 9 个国

---

① Israel Nyaburi Nyadera, Billy Agwanda and Michael Otieno Kisaka, "Beyond the Yuan: Rethinking China's Attractiveness to Africa", *China Report*, Vol. 56, No. 4, 2020, p. 442.

② 万宇、刘军国：《中国是非洲探索现代化发展道路上的好伙伴》，《人民日报》2023 年 6 月 6 日，第 3 版。

③ 习近平：《携手消除贫困 促进共同发展：在 2015 减贫与发展高层论坛的主旨演讲》，人民出版社，2015，第 2 页。

④ 《中国共产党第二十次全国代表大会文件汇编》，人民出版社，2022，第 7 页。

⑤ Garth le Pere, "China's Belt and Road Initiative: Boosting Trade Opportunities for Sub-Saharan Africa", *Trade Hot Topics*, Iss. 143, 2017, p. 1.

家都在非洲；① 乌克兰冲突导致数百万非洲人陷入贫困，且使非洲债务高风险国家的比例也有所提升（预计 2023 年将从 53% 提升到 61%）②。对非洲国家来说，发展的首要问题就是减贫，减贫是发展的第一步，舍此谈发展就是误导，撇开民生谈民主更是不负责任。中国一直是世界减贫事业的积极倡导者和中非减贫合作的有力推动者，在中非合作论坛第一届部长级会议中，双方就将减贫发展列为重要议题。2014 年《中国和非洲联盟加强中非减贫合作纲要》出台，成为指导中非不断探寻新时代下减贫新形式与新内容的纲领。中国还十分重视非洲国家的债务问题。王毅在第八届部长级会议成果落实协调人会议上表示，中方将免除非洲 17 国截至 2021 年底对华到期无息贷款债务 23 笔。中方也积极参与国际多边框架下的对非减债行动，呼吁国际社会有关各方在减轻非洲国家债务负担方面采取更有力的行动。

（二）以工业基建为重点

工业化进程涉及社会经济复杂的全面转型，一直是结构转型和由此产生的经济发展的支柱。多年来，非洲领导人重申促进工业发展的决心，将其作为实现经济有效转型、社会可持续变革的手段。中国在追求现代化的过程中已基本实现新型工业化，通过自身探索找到了一条成功的工业化道路。中国对工业化进程的理解不同于西方，具有独特的有效性和灵活性，促进了中非价值链上下游企业的纵向合作，并为同类产品制造商提供了横向聚集的基础设施。③ 作为国家贸易交流与产能合作发展的基础，设施联通对进行有效配置资源、提高生产力具有积极意义，④ 可大大降低商品交易成本和使用成本，产生经济回报。现代化的长远发展离不开基础设施的铺垫，"道路通百业兴""要想富先修路"是中国脱贫致富的成功经验，且设施的扩散效应仍在继续凸显。非洲是世界上面积第二

---

① Poorest Countries，"Top 25 Poorest Countries in the World in 2022"，https：//poorest-coun-tries-in-the-world. com.

② "World Employment and Social Outlook：Trends 2023"，Switzerland：International Labour Organization，2023，pp. 59-60.

③ Tang Xiaoyang，"Different Strategy"，http：//www. chinadaily. com. cn/a/202307/19/WS64b71f79a31035260b8172b9. html.

④ Courage Mlambo，Audrey Kushamba and More Blessing Simawu，"China-Africa Relations：What Lies Beneath？"，*The Chinese Economy*，Vol. 49，No. 4，2016，p. 262.

大的大洲，基础设施发展有助于推动该大陆各国经济与全球市场的融合，减少区域社会经济发展的不平等。据调查，仅改善基础设施每年就可能使非洲地区的增长率至少提升1.2个百分点。[①] 但非洲国家依靠自身财政难以解决基建投入问题，而在长期同西方国家的合作中该问题得不到重视。[②] 习近平曾表示要"为最不发达国家、内陆发展中国家交通基础设施建设提供更多支持，促进共同繁荣"。[③] 加之基础设施建设本身就是一项风险高、周期长、见效慢的投资，需要稳定的环境以促使其良好发展。中国具有平稳的社会环境，可确保项目持续推进。然而，在许多非洲国家因政治动荡、战乱纷争，很多项目难以施为。另外，在中非基础设施建设中最困难的往往不是工程技术，中国官员和开发商更需慎重考虑政治、法律制度、公众情绪等因素的影响。近年来，在"一带一路"合作的带动下，中非在交通、电力、能源和通信等基础设施领域的合作成效显著，受到非洲国家政府和人民的广泛欢迎和支持，成为助力非洲现代化建设、构建中非发展命运共同体的重要力量。

（三）以科技教育为支撑

中国式现代化是物质文明和精神文明相协调的现代化，中国在追求国家富强的同时造就了人类文明新形态，并以教育为主要手段来推动人的现代化。党的二十大报告强调，"教育、科技、人才是全面建设社会主义现代化国家的基础性、战略性支撑"，[④] 中国建成了世界上最大规模的教育体系，筑就了中国式现代化的坚实人力基础。非洲也不断加强对教育的重视，其《2063年议程》明确提出要通过创新、科学和技术革命来发展人力和社会资本，非洲大陆教育战略（CESA）旨在调整非洲的教育和培训系统，以培养具有促进国家、次区域和大陆可持续发展所需知识、技能和创造力的人才。但仍有众多非洲儿童在能够接受教育的边缘徘徊，2019年大约有1.05亿小学和中学年龄段的儿童失学，这是全世界该年龄段失学儿童数量的41%。非洲每10万人中接受职业技术教育与培训的平

① World Bank Group, *Africa's Pulse*, Washington: World Bank, 2017, p.67.
② 杨宝荣：《"一带一路"携手非洲共同发展》，中国社会科学出版社，2020，第35页。
③ 习近平：《与世界相交 与时代相通 在可持续发展道路上阔步前行——在第二届联合国全球可持续交通大会开幕式上的主旨讲话》，人民出版社，2021，第3页。
④ 《习近平著作选读》，人民出版社，2023，第27~28页。

均人数为 762 人，而全球为 801 人。① 在非洲，仅仅取消学费往往不足以保证最贫困家庭的儿童上学，机会成本、周边学校或学习中心不足、普遍的社会规则、冲突和安全问题等都应被纳入考虑范围——这些都是中国需要特别注意的。但总体而言，中非对科教兴国、人才强国的共识，推动双方科教合作不断深化，并呈现学生规模日益扩大、教育领域不断拓展、教学形式趋于多样、培育层次逐步提升等特点。中国通过为非洲国家修建中小学校舍、提供教学物资，为其量身打造本地教材，支持非洲基础教育；通过援建大学图书馆、教学区，开展中非高校"20+20"合作计划，加强科研合作与师生互访，推动文凭和学位互认，发展高等教育；积极开展汉语教学和文化交流活动，使孔子学院成为中非教育合作的一个优质品牌，培养了一批非洲的"中国通"。这些不同层次人才的培养使非洲的人口资源转化为了人口红利，为中非发展命运共同体的构建提供了智力支持。

（四）以自主发展为动力

世界上没有一个国家是依靠外来力量拯救自己命运的，西方援助既非没有代价，也非国家发展的捷径，自主发展才是根本动力和切实路径。中国式现代化打破了"现代化悖论"，破除"现代化＝西方化"的迷思，以独立自主的姿态走上了现代化新道路，拓展了发展中国家走向现代化的路径选择，为广大发展中国家独立自主迈向现代化树立了典范。② 对于饱受外部干涉的非洲国家来说，发展更应是从发展实际出发、创造发展条件、实现自主发展的过程。非洲学者莫约明确提出，过去数十年西方主导下的国际社会对非洲的援助不仅无效，而且更是造成非洲发展失败的重要原因。这些居高临下的恩赐式支配性外援，给非洲发展带来结构性障碍……既引发深重腐败，又断送了非洲自主发展的可能与机会。③ 加纳的非洲—中国政策与咨询中心执行主任保罗·弗林蓬认为，"默认情况

---

① 联合国儿童基金会、非洲联盟委员会：《非洲教育转型：基于循证的概况简述及对长期改进的建议》，https://www.unicef.org/media/107971/file/Africa%20Education%20Report%20Summary%20CH%20.pdf。

② 颜英、何爱国：《论中国式现代化的本质要求》，《理论与现代化》2023 年第 2 期，第 85 页。

③ Dambisa Moyo, *Dead Aid: Why Aid Is Not Working and How There Is Another Way for Africa*, New York: Farrar, Straus and Giroux, 2009, p. 49.

下，几乎在非洲每个国家，我们的对话都是西方主导或策划的。但由于现在信息获取的便捷，人们可以真正欣赏不同的声音和新的视角"。[①] 一个国家的发展不能单凭"拿来主义"，而应在比较他国经验与本国实际后进行取舍。中国式现代化是在吸取国外经验教训后进行的本土化改造，非洲的现代化道路发展应不外如是。中国政府模式是独一无二的，其具有强有力的政党领导，并是全球经济的主要参与者，这意味着政府能够集中力量规划和建设大量大型项目。在一些非洲国家，政府机构实际上可能缺乏必要的权力和资金，无法无缝地进行总体规划。且许多非洲传统的社区结构仍然是强大的政治和经济力量，他们的利益与政府的利益往往不一致。[②] 故中非在交流合作中，应全方位考虑实际差异，审慎借鉴发展经验。中国领导人呼吁发展中国家要增强内生发展动力，习近平在出任国家主席后首次出访非洲时就指出要"加强同非洲国家在农业、制造业等领域的互利合作，帮助非洲国家把资源优势转化为发展优势，实现自主发展和可持续发展"。[③] 从"十大合作计划"到"八大行动"再到"九项工程"，从"新型伙伴关系"到"新型战略伙伴关系"再到"全面战略合作伙伴关系"，激发非洲自主发展潜力逐渐成为中非合作的核心重点与目标方向。

三 中国式现代化助力构建中非发展
命运共同体的实践路径

中国式现代化兼具民族性与世界性，在探索进程中不仅致力于实现自身发展，而且注重并不断加强与世界各国合作共赢。[④] 在中国式现代化视域下，构建中非发展命运共同体须在具体实践中不断探索，打造更加

---

① "China's Modernization Success Inspires African Countries to Seek Independent Development Paths", https://northafricapost.com/71702-chinas-modernization-success-inspires-african-countries-to-seek-independent-development-paths.html.

② Wade Shepard, "Why China's Development Model Won't Work in Africa", https://www.forbes.com/sites/wadeshepard/2019/10/31/why-chinas-development-model-wont-work-in-africa/?sh=1e2175b657af.

③ 《习近平谈治国理政》（第一卷），外文出版社，2014，第 307 页。

④ 鲁明川：《中国式现代化道路的生成逻辑与世界意义》，《行政论坛》2021 年第 4 期，第 9 页。

紧密的中非发展伙伴关系、促进中非农工商贸产业融合、增强中非可持续发展潜力、提升中非实现跨越式发展的能力。

（一）打造更加紧密的中非发展伙伴关系

全球化的发展使各国的命运相互交织，亦使各国的现代化联系更为密切。中国式现代化开辟了发展中国家走向现代化的新路径，也无疑增强了非洲国家探索符合自己国情的现代化道路的信心。中非顺应时势变化，在合作中既注重抓好各国间的双边关系，亦关注处理好多国间的多边关系，为发展命运共同体的构建提供了可能性。

一是加固双边伙伴关系。非洲国家是"一带一路"倡议、全球发展倡议、全球安全倡议、全球文明倡议的支持方。截至 2023 年 6 月，53 个同中国建交的非洲国家中，有 52 国以及非盟委员会已经同中国签署共建"一带一路"的合作文件。据统计，中国已与 21 个非洲国家和非盟委员会建立双边委员会、外交磋商或战略对话机制，同 51 个非洲国家建立经贸联（混）合委员会机制。[①] 中非双方须继续完善各项倡议与各项国际倡议之间的协调机制，推进非洲大陆一体化和次区域组织一体化建设的协调发展，签订具有针对性的合作协定、谅解备忘录，实现发展利益最大化。

二是加快多边关系发展。中非设立了一系列更为专业化的平台进行深入合作：中非企业家大会、中国—非洲联合工商会、中非跨境电商平台等在不同领域搭建了中非对话平台；中非发展基金、中非产能合作基金、金砖国家新开发银行等成为促进中非投融资的重要平台，为推动构建新时代中非发展命运共同体注入新鲜动力。作为中非区域间合作机制，中非合作论坛是由中国面向一个大洲创设的第一个国际机制，虽然在推进中非关系发展方面发挥了巨大作用，但论坛机制的制度化建设还有待加强，[②] 需对论坛后续机制进行优化。

三是加强发展议题对接。为更快、更好地推动中非发展命运共同体的建构，双方在中非合作中不断加强发展思路和理念对接，不断丰富议题形式。中国倡导的全球发展倡议与非洲《2063 年议程》高度契合：全球发展倡议呼吁"坚持发展优先""坚持行动导向"，关注的八大重点领

① 中华人民共和国国务院新闻办公室：《新时代的中非合作》，人民出版社，2021，第 12 页。
② 郭佳：《中非论坛：务实合作的长效机制》，《中国社会科学报》2015 年 12 月 10 日。

域几乎囊括非洲所有亟须发展的优先领域；《2063 年议程》确定了非洲发展的核心框架，制定的各类发展计划与全球发展倡议暗合。

（二）促进中非农工商贸产业融合

经济发展是现代化的基础和动力，中国现代化建设的稳定性与持续性将会直接对全球经济发展基本格局产生重要影响。中国现在是非洲最大的经济伙伴，双方通过经贸合作，促进经济社会发展，不断巩固构建中非发展命运共同体的物质基础，为该共同体的实现提供了可行性。

一是深化农业合作。根据联合国粮农组织最新统计，在 45 个需要粮食援助的国家中，非洲占有 33 个。① 在撒哈拉以南非洲地区，农业增长带来的国内生产总值增长与由非农业增长带来的同等幅度的国内生产总值增长相比，在减轻贫困方面的作用要高 11 倍。② 农业作为中非合作的传统领域和重要利益交汇点，双方可依托在非各类经贸合作园区，推动涵盖农产品种植、加工、销售等环节的全产业链合作，共同提高非洲农产品本地化加工能力，提高农产品附加值。例如，中阳建设集团在赞比亚投资建设的中阳生态农业产业园，成为中非农业合作领域的典型示范园。

二是升级工业合作。工业化是非洲实现持续性发展的前提，非盟在《2063 年议程》中将实现工业化视为非洲经济转型的引擎。中国拥有门类齐全、独立完整的产业体系，双方开展工业化合作的各项条件均趋于成熟。中方支持有实力的中国企业在尊重东道国市场规则的基础上，赴非洲国家建设和运营境外经贸合作区、经济特区和工业园区；鼓励中方劳动密集型产业向非洲转移，开展进口替代型和出口主导型合作；支持中企赴非投资，建立完整的产业链并开展本土化经营，助力非洲产业升级；帮助非企学习更多的商业理念与管理模式，提升非洲国家经济多元化程度和自主发展能力。西电埃及是中国技术助推埃及本土制造业发展的缩影，一批类似企业在当地设立生产制造中心，聚集成团、培强做大，成为加快当地工业化速度的重要力量。

---

① "Crop Prospects and Food Situation-Quarterly Global Report No. 1", FAO, https://www.fao.org/documents/card/en/c/cc4665en.

② 安春英：《中非减贫合作与经验分享》，中国社会科学出版社，2018，第 142~143 页。

三是优化投资贸易。就贸易而言,"一带一路"倡议提出十年来,中非贸易总额累计超 2 万亿美元,中国始终保持非洲第一大贸易伙伴国地位。[①] 2022 年,中非贸易额达 2820 亿美元,同比增长 11.1%。中非贸易在实现数量增长的同时,质量结构也得到同步优化。中方设立中非经贸博览会,组织贸易促进团去非洲采购,并通过电子商务平台,举办"非洲好物网购节"等活动,大力推介非洲优质特色产品,贸易渠道不断拓展。2022 年,中国对非新增直接投资 34 亿美元,截至同年年底,中国对非洲直接投资存量超过 470 亿美元,是非洲第四大投资来源国,目前在非洲投资的中国企业有 3000 余家,几乎在所有非洲国家都进行了投资,投资方式更加多样、投资主体日益多元、投资平台逐步升级,贸易投资融合发展态势良好。

(三) 增强中非可持续发展潜力

中国式现代化是人与自然和谐共生的现代化,中国用实际行动证明,保护环境和发展生产力并不冲突,保护环境就是保护生产力,改善环境就是发展生产力。[②] 中非从思想和行动上双管齐下,不断激发绿色潜力,推动中非命运共同体高质量、可持续发展。

一是突出绿色发展理念。非洲"自然、和谐、人道、共有、共享"的传统价值观与中国的"天人合一""和合包容"传统文化精髓高度契合,为中非发展命运共同体的"绿色基因"提供了生长土壤。中国坚定不移走生态优先、绿色低碳发展道路,为非洲走经济建设与生态保护相协调的绿色发展道路提供了有益启示。2021 年 11 月举行的中非合作论坛第八届部长级会议首次发布了《中非应对气候变化合作宣言》,双方一致倡导创新、协调、绿色、开放、共享的可持续发展,明确表示"助力可持续发展,共同构建人与自然生命共同体"。

二是强调清洁能源开发。大量燃烧化石能源会造成严重的环境污染,而传统油气与煤炭资源的消费量占非洲能源消费量的 92%,故开发清洁能源,减少传统化石能源亟须提上非洲发展日程。过去十多年来中国已

---

① 除 2015~2016 年受部分国家金融、经济危机交织出现,国际石油和大宗商品价格大幅下跌影响,2019~2020 年受新冠疫情影响外,中非贸易额总体保持稳定增长。

② 楼宇:《拉美学界关于中国式现代化的若干认知》,《国外理论动态》2023 年第 1 期,第 20 页。

经在光伏和风电等领域确立了全球领先优势，① 为中非在可再生能源领域的合作创造了广阔的发展空间。作为非洲可持续发展的坚定支持者，中国支持非洲国家实现"公正过渡"计划，助力其完成从化石燃料（特别是煤炭）到可再生能源的过渡。② 从埃塞俄比亚的阿达马风电场与阿伊萨风电站，到乌干达的卡鲁玛水电站，再到肯尼亚的加里萨光伏电站，中国和非洲已开展了上百个清洁能源和绿色发展项目的合作，为解决传统能源所带来的环境污染提供了新方案。

三是促进绿色科技发展。循环经济是缓解工业发展对资源和生态环境所造成压力的关键，是实现可持续发展的重要途径，其需具备"硬件"（包括技术基础设施）和"软件"（包括生态创新技能、专业知识和商业模式）两个关键属性。③ 中非积极通过合作开发更为系统、高效的创新技术，将"资源困局"转变为"发展新局"，共享绿色发展机遇。中方可帮助非洲构建生态环境监测网络，制定多种危险预警与早期行动计划，提升非洲国家对环境污染、生态破坏信息的采集与监管能力。

（四）提升中非实现跨越式发展的能力

如何实现发展？关键是自身拥有相应的能力。中国式现代化从被动、外源式、单一的现代化走向了主动、内生性、全面高质量的现代化，其"伟大意义绝不仅限于中国，它还为世界发展作出了巨大贡献，具有重要的世界意义"，④ 为中非发展命运共同体的构建提供了可操作性。

一是数字经济赋能发展。数字产业在促进社会发展和经济增长中发挥着重要作用，中国积极帮助非洲国家消除"数字鸿沟"。截至 2021 年，超过 15 个非洲国家的 17 个城市中的 1500 多家企业选择中国企业作为数字化转型伙伴，29 个国家选择中国企业提供的智慧政务服务方案。⑤ 中国

---

① 张建新、朱汉斌：《非洲的能源贫困与中非可再生能源合作》，《国际关系研究》2018 年第 6 期，第 43 页。

② African Union, *African Union Green Recovery Action Plan （2021-2027）*, Durban: AU, 2021, p. 14.

③ Nicholas Ozor and Alfred Nyambane, *Eco-innovation Policies for Sustainable Development in Africa*, Nairobi: ATPS, 2021, p. 12.

④ 汪青松、马拥军：《积极探索中国道路的世界意义——〈中国道路为世界贡献了什么〉简评》，《人民日报》2017 年 7 月 4 日，第 7 版。

⑤ 中华人民共和国国务院新闻办公室：《新时代的中非合作》，人民出版社，2021，第 23 页。

企业积极参与非洲数字基础设施建设，推动非洲电子商务、移动支付等行业发展，还通过数字化外贸的方式与非洲本土分销商结合，进一步拓宽了中国企业在非洲的销路。目前，已经有数十家中国企业创建的跨境电子商务平台进入非洲市场，加快布局"基地+展贸+营销"跨境电商供应链体系。①

二是加强人力资源开发。非洲大陆拥有 14 亿人口，将数量众多的人口转变为高素质技能型专业人才是非洲国家提高生产力水平的关键。为满足近年来非洲产业的迅速发展以及对专业人才的需求，服务中非发展，中方院校在非洲多国开展了不同类型的培训班，并通过建设工业园区和经济区创造一个良性的"技术—人才—就业"循环来推动非洲的进一步工业化。② 通过开设鲁班工坊，援建职业技术学校或职业培训中心，中方为非洲青年提供实用技术培训，有力促进了当地的职业人才培训和经济社会发展。新冠疫情后，中非都意识到了医卫人才培养的重要性，双方正致力于构建全方位、多层次、立体化的培养体系。

三是激发就业市场活力。据联合国统计，全球 17% 的人口生活在非洲，其中 15 岁以下的比例为 40%，30 岁以下比例高达 70%，这意味着非洲有着巨大的劳动力与消费市场。《新时代的中非合作》白皮书指出，截至 2020 年底，中国在非洲设立各类企业超过 3500 家，聘用非洲本地员工比例超 80%，直接和间接创造了数百万个就业机会。例如，中国广核集团在纳米比亚参建的湖山铀矿项目为当地社区创造了 6000 个临时职位和 2000 多个长期职位；中国在尼日利亚的沿海铁路建设创造了 5 万个直接就业岗位和 15 万个间接就业岗位，而铁路的运营过程也创造了 2 万~3万个稳定的就业岗位。③ 随着大批中非合作项目的落地，中方继续鼓励中国企业同非洲伙伴开展合资合作，在基建项目执行和开发各环节雇用更多本地工人，开拓其就业空间。

总之，中国式现代化是构建人类命运共同体的现代化，是世界各国

---

① 肖瑾、徐薇、李雪冬、张巧文：《"一带一路"与非洲大陆自贸区高质量发展的思考》，《非洲研究》2021 年第 1 期，第 276 页。

② He Wenping, "A Community with a Shared Future Beijing's Vision of China-Africa Relations", *China Quarterly of International Strategic Studies*, Vol. 6, No. 1, 2020, p. 49.

③ Wang Zhizhang and Zheng Shiyan, "The Realistic Dilemma and Countermeasures of Anti-Poverty Industrial-Capacity Cooperation between China and Africa", *Contemporary Social Sciences*, Vol. 5, No. 4, 2020, p. 53.

互利互惠、共同发展的现代化。[①] 构建中非发展命运共同体是一个系统的、长期的、复杂的工程，符合中非发展合作现状，契合中非发展优先关切，是中非合作的深化、拓展与升级。在逆流涌动的全球发展态势下、在风高浪急的地缘政治博弈中，对于"发展依然是最大的政治，是国家利益的核心所在"[②] 的中国和非洲而言，坚定支持彼此的发展利益，打造发展命运共同体，不仅是中非发展的福音，也为推动南南合作与全球发展提供了方案。

【责任编辑】王珩

---

① 贺智慧：《中国式现代化的国际认同：理念与路径》，《湖南社会科学》2023 年第 1 期，第 12 页。

② 刘鸿武：《中非发展合作与人类现代文明的再塑造》，《国际问题研究》2010 年第 5 期，第 19 页。

非洲研究 2023 年第 2 卷（总第 21 卷）

第 209—223 页

SSAP ©, 2023

我国企业对非投资争端解决机制探析*

李祖华　段知壮

【内容提要】 随着我国经济快速发展，对外投资也迅速走向全世界。21 世纪以来，非洲国家日益显现出巨大的市场潜力，被视为投资的热土，已成为中国企业对外投资的重点地区之一。但非洲地区存在政治动荡、恐怖活动频繁、法律易变等不利因素，给中国企业的投资带来诸多政治和法律风险，投资争端如雨后春笋般产生。如何有效地解决争端，最大化保护我国投资者的利益是我国较长时间内均需面对的一个难题。中非投资争端有政治方式、仲裁、国内诉讼三种解决途径，但根据实践以上途径均存在种种弊端。本文在剖析现有途径之优势及局限性的基础上，提出中非投资争端解决机制的新路径——建立以中非投资法院之司法解决为核心的争端解决机制。

【关键词】 中非投资争端；政治途径；国际仲裁；中非投资法院

【作者简介】 李祖华，浙江师范大学行知学院副教授，主要研究方向为诉讼法学；段知壮，法学博士，浙江师范大学行知学院副教授，主要研究方向为法律社会学（金华，321001）。

21 世纪以来，非洲国家日益显现出巨大的市场潜力，已成为中国企业对外投资的重点地区之一。截至 2020 年末，中国企业在非洲地区的 52 个国家开展投资，设立的境外企业超过 3500 家，主要分布在埃塞俄比亚、

* 本文系浙江省社科联项目“中国企业投资非洲的法律风险防控研究”（2017N01）、浙江师范大学非洲研究中心项目“中国民间资本投资非洲的法律风险及其防控研究”（15JDFZ07ZS）阶段性研究成果。

赞比亚、尼日利亚、肯尼亚、南非等。① 但长期以来，非洲被认为是政局不稳定、社会治安状况恶劣的高政治风险地区，譬如 2011 年利比亚危机给中国投资带来的损失超 200 亿元。此外，一些非洲国家法制落后，对投资者缺乏保护，经常发生贪污腐败、投资和金融欺诈、劳资纠纷等。因此，如何建立完善的体制机制预防及妥善处理对非投资争端也就成为中国与非洲国家继续广泛而深入经济社会交往的前提。

中非投资争端类型主要有两种。一种是我国企业与其他投资者之间发生的，即投资者之间争端。该类争端主要是因投资合同引起的争议，属于商业风险，一般与东道国的国家行为无关。② 争端当事人法律地位平等，都是国内法意义上的主体，它们之间的争端可以根据私法原则解决。另一种是投资者与东道国之间的争端，即投资者—东道国争端。该争端多数源于政治原因下东道国的国家行为，比如东道国的征收、国有化、税收、政治危机、战争等。譬如，2014 年乍得政府称中石油将大量原油倒入矿坑违反石油业的环保法规，以此向国内法院提出 12 亿美元赔偿的诉讼，同时还向巴黎国际商会仲裁院提出仲裁申请。中石油否认违规并呼吁撤销索赔。与投资者之间争端不同，首先，该类争端主体之法律地位不平等，一方是私法上的主体，而另一方是公法上的国家；其次，投资者—东道国争端往往兼具私法与公法双重性质，涉及投资者、投资母国政府以及投资东道国政府各方的利益，是私人利益与公共利益的博弈与平衡，③ 是故，对其解决的法律依据既有国内法也有国际法，它更类似于国内宪法、行政法及司法审查机制，而不同于私法、商事合同及商事仲裁机制。④ 自投资者—东道国争端发生以来，如何完善解决它始终困扰着国际社会，对其解决经历了由政治途径走向国内司法和国际仲裁途径的转变。本文立足于中非投资现状，分别剖析各种争端解决途径的优势及局限，进一步提出改善中非投资争端解决机制的构想。

① 中华人民共和国商务部、国家统计局、国家外汇管理局编《2020 年度中国对外直接投资统计公报》，中国商务出版社，2021，第 46 页，http://www.gov.cn/xinwen/2021-09/29/5639984/files/a3015be4dc1f45458513ab39691d37dd.pdf.

② 张磊：《海外投资的争端解决途径与中国的应对》，《探索与争鸣》2017 年第 8 期，第 92~97 页。

③ 李文怡：《"一带一路"投资争端解决机制研究》，博士学位论文，西南政法大学，2018，第 9~10 页。

④ 王彦志：《国际投资争端解决机制改革的多元模式与中国选择》，《中南大学学报》（社会科学版）2019 年第 4 期，第 73~82 页。

一　政治途径：争端解决的传统方式

通过政治途径解决投资者—东道国争端是一种传统的解决方式，主要包括磋商、斡旋、调停、外交保护等。磋商、斡旋与调解等传统手段无须多言，外交保护则是基于 20 世纪发达国家认为发展中国家法制不完善，对发展中国家国内诉讼不信任，利用自身强大的影响力向东道国施加压力，迫使东道国让步、妥协，接受不公平解决方案的一种模式。其本质是片面追求保护本国投资者利益，藐视东道国主权和法律，滥用外交保护权，从而导致国家间纠纷不断，遭到发展中国家普遍反对。[①] 尽管如此，在投资争端解决实践中，外交保护手段并未退出历史舞台，国际社会也认识到外交保护手段无法完全禁止，不如顺势引导其向健康方向发展。例如，2006 年联合国大会通过的《外交保护条款草案》中对外交保护手段的规定，不过与传统外交保护手段相比，现行外交保护的适用受到更多的条件限制，手段趋于和平化。

（一）政治途径解决中非投资争端的现状

首先，协商、磋商是诉讼或者仲裁的前置程序。虽然传统政治途径中的外交保护越来越受到各国特别是发展中国家排斥，但是现代意义上的磋商、调解依然受到普遍关注，只是其被赋予了新的内涵，更多地强调和平解决争端。[②] 此类政治途径符合我国和非洲国家之间的关系发展需要，因此，我国和非洲国家签订的双边投资协议中大多数对此加以肯定。[③] 其次，调解融入了法律程序，现行国际仲裁机构的仲裁制度基本规定了调解程序及制度。[④]

政治途径解决争端易使经济纠纷上升为两国的政治问题，一旦使用外交保护解决争端，将会对投资母国和投资东道国之间的国家关系造成

---

① 姚梅镇：《国际投资法》，武汉大学出版社，2011，第 348 页。

② Coe J. J. Jr. , "Toward a Complementary Use of Conciliation in Investor-State Disputes: A Preliminary Sketch", *Journal of International Law and Policy*, University of California, 2005, 12 (7), pp. 40-43.

③ 如中国和乌干达、埃及等非洲国家签订的双边投资条约中均规定了协商解决争端程序。

④ 《华盛顿公约》《国际商会仲裁规则》等都规定了调解制度。

影响。因此，在实践中政治途径主要适用于重大争端的解决或者作为法律途径的辅助，尤其是外交保护途径，投资母国会谨慎选择使用。事实亦显示，目前我国单纯地使用政治途径解决中非投资争端的实践极少。

（二）政治途径解决中非投资争端的启示

如上所述，政治途径解决争端易于损害正常的国家关系，尤其是外交保护，当争端解决发展到使用报复手段时，将会导致投资母国和东道国两败俱伤，两国外交可能走向严冬。因此，运用政治途径解决中非投资争端有诸多掣肘，其不仅和我国对非外交宗旨相左，甚至会阻碍"一带一路"建设的实施。长期以来，中国和大多数非洲国家互相尊重，真诚相待，与非洲各国建立密切的外交关系是我国一以贯之的方针，更不用说从战略层面我国和一些非洲国家兄弟般的友谊对世界格局的建构具有重要意义。

不过需要指出，未来在穷尽所有手段依然不能解决争端时，我国可以将外交保护作为最后的救济手段。我国对非投资中的资源投资、基础设施建设投资等许多涉及重大利益的投资，争端发生后可能穷尽其他手段仍然不能有效解决，那么我国企业的利益必将受到严重损害。在此情况下，无论基于我国民生大计还是借鉴西方国家200多年来的实践考量，在极端情况下启动外交保护措施来维护我国企业利益当为合理合法之选。

二 仲裁途径：广泛使用的争端解决方式

如何公平、迅速、有效地解决国际投资争端，人类一直在不断地探索，自20世纪中期以来仲裁越来越受青睐。"用仲裁方法解决国际争议，由来已久，是一种行之有效的合理的法律手段"；[1] "国际仲裁已经成为解决国家之间、个人之间、公司之间因国际贸易、商事和投资而产生的争议的最主要方式"。[2]

（一）仲裁途径解决对非投资争端的优势

仲裁方式之所以在国际社会被广泛使用，是因为其优越性十分显著。

---

① 姚梅镇：《国际投资法》，武汉大学出版社，2011，第356页。
② 〔美〕翁·基达尼：《中非争议解决：仲裁的法律、经济和文化分析》，朱伟东译，中国社会科学出版社，2017，第324页。

其一，独立性。仲裁的基本原则要求仲裁员应保持中立和独立。其二，仲裁适用范围更广泛。仲裁机构对案件的管辖权不受国家主权豁免和个人出诉权①限制，因此与诉讼相比仲裁管辖范围更广。其三，仲裁裁决相比于判决更容易得到执行。例如，目前有 45 个非洲国家批准了《华盛顿公约》，根据该公约缔约国提交给国际投资争端解决中心（ICSID）仲裁的案件具有可执行性。另外，截至 2021 年非洲有 41 个国家批准了《纽约公约》，由各仲裁机构做出的裁决在这些国家原则上可以得到执行。如果当事人将争端向东道国以外的法院提起诉讼，判决在东道国几乎不能得到执行。②

（二）仲裁途径解决对非投资争端的障碍

诚然仲裁与其他争端解决方式相比具有明显优势，但通过仲裁解决中非投资争端并非尽善尽美，事实上它存在诸多无法逾越的缺陷。第一，因适用仲裁程序的法律依据存在阙如，故通过国际仲裁解决中非投资争端的可能性极小。③首先，提请国际仲裁机构解决中非投资争端的法律依据原则上是我国和非洲国家签订的双边投资保护条约，而双方签订的具有效力的双边投资保护条约太少，目前中非之间生效的投资条约仅仅 20份。其次，能够提起仲裁的案件范围也极其有限，如我国与非洲国家（除南非外）在 2000 年以前签订的双边投资条约规定只有征收补偿额争议才可以提起国际仲裁，这种情况在 2000 年后才略有改善。第二，裁决的不一致性。暂且不论不同仲裁机构的仲裁规则各异，④国际仲裁机构或者区域性仲裁机构的仲裁员常常来自五湖四海的不同行业，不同的来源

①　根据国际法，原则上只有国家才具有国际法主体资格，个人或者企业不具有国际法主体资格。能够向国际法院提起诉讼的适格当事人是国家，个人因不享有国际法主体资格无权向国际法院提起诉讼，即个人无出诉权。

②　目前，中国仅仅与摩洛哥、突尼斯、阿尔及利亚和埃及 4 个非洲国家签订了双边司法协助条约。

③　如上文提及根据《华盛顿公约》成立的"国际投资争端解决中心"就长期因利用率过低而被质疑，参见 Carlos G. Garcia，"All the Other Dirty Little Secrets：Investment Treaties，Latin America，and the Necessary Evil of Investor-State Arbitration"，*Florida Journal of International Law*，2004，16（1），pp. 301-338。

④　更不用说类似诸如"安全例外条款"的不确定性，参见 William W. Burke-White and Andreas von Stadan，"Investment Protection in Extraordinary Time：The Interpretation and Application of Non-Precluded Measures Provision in Bilateral Investment Treaties"，*Virginia Journal of International Law Association*，2007，48（2），pp. 376-381。

造就仲裁员的文化背景、价值理念相距甚远。实践中仲裁裁决的不一致性已经成为损害仲裁价值的致命缺陷。① 第三，程序不透明，缺乏监督机制。监督机制缺失是仲裁制度由来已久的沉疴，严重损害了裁决的公正。对内，仲裁程序实行"一裁终局"，既没有设置上诉程序亦没有复核程序，对仲裁过程中可能发生的事实认定或法律适用错误缺乏仲裁系统内部的有效监督；对外，因各仲裁规则普遍规定仲裁庭庭审应当秘密进行，② 所以社会对仲裁庭的庭审活动监督无法实施。第四，国际仲裁费用高昂。欧美地区的仲裁机构成立时间长，仲裁规则比较完善、先进，仲裁机构仲裁经验丰富，技能高超，然而向欧美地区仲裁机构提起仲裁费用高昂。例如，经合组织（OECD）调查显示，每一案件的仲裁费用需耗费800万美元到3000万美元。第五，少数非洲国家基于国内法规定对仲裁适用加以严格限制，法院有权干预仲裁，如果东道国与我国没有签订双边投资保护条约或者虽已签订但没有生效，那么运用国际仲裁解决中非投资争端必将处处受到掣肘甚至不能使用。比如，我国对安哥拉的投资在非洲地区多年位居前列，当争端发生时，依据安哥拉《私人投资法》，③ 争端将不能通过国际仲裁解决。第六，仲裁期限比较长。据2012年相关统计数据，国际投资争端解决中心的案件平均审理时间大约为5年。④

三　国内诉讼：争端解决的司法途径

诉讼是最古老的解决争议途径之一，且在古代诉讼一般只能向国内法院提出。近代社会随着国际投资争端的出现，人类不断探索新型的争端解决途径。特别是国际投资争端解决途径的新贵——仲裁被广泛重视与运用，传统的诉讼途径也随之受到了各种各样的质疑与责难。然而需

---

① Susan D. Franck, "The Legitimacy Crisis in Investment Arbitration: Privatizing Public International Law through Inconsistent Decision", *Fordham Law Reviews*, 2005, 73 (4), p. 1521.

② 如《联合国国际贸易法委员会仲裁规则》规定："在没有相反的协议时，庭审应秘密进行……"

③ 安哥拉《私人投资法》规定，在安哥拉发生的投资争端可通过仲裁方式解决，但仲裁须在安哥拉进行，且适用安哥拉法律。

④ A. Raviv, "Achieving a Faster ICSID", in J. E. Kalicki and A. Joubin-Bret, eds., *Reshaping the Investor-state Dispute Settlement System: Journeys for the 21st Century*, Leiden: Brill Nijhoff, 2015, pp. 657–659.

要指出，诉讼实际上仍然是一种无法回避的基本的投资争端解决途径。

（一）在中非投资争端中国内诉讼途径运用的必然性

首先，用尽当地救济原则①是被国际社会普遍遵从的一项国际法原则。非洲国家当然也不例外，许多国家的投资法明确规定，对于外国投资者和东道国发生的投资争端必须首先在东道国法院或东道国仲裁机构解决，譬如南非《投资促进与保护法案》②、安哥拉《私人投资法》③ 等。其次，根据"卡尔沃主义"④，投资争议遵守属地管辖原则要求确保东道国管辖权的完整性，东道国对于在其领土内发生的投资争端具有当然的管辖权。⑤

实践也表明，国内法院对国际投资争议的解决是不可忽视的途径，我国司法部司法协助交流中心网站显示，仅 2021 年（截至 9 月底），我国接收国外司法协助送达文书请求 1754 件，调查取证及判决承认与执行请求 97 件，计 1851 件。在中非投资领域自然也不例外，"由于非洲国家在很多情况下是买卖合同或建筑合同的履行地，所以，在发生争议时，当事人经常在非洲国家法院或仲裁机构提起诉讼或仲裁"。⑥

（二）诉讼途径解决中非投资争端的利弊剖析

针对国际投资争端解决机制，虽然诉讼遭到诸多诟病，但是事物总是具有两面性的，其积极作用和消极影响共同存在。

1. 诉讼途径对中非投资争端解决的积极作用

首先，诉讼程序具有明确性、可预见性。总体观之，各国法律对审判程序的设置、审级制度和实施步骤等都有明文规定，适用的法律、审

---

① 根据国际法原则，一个国家不能代表其本国在外国民，向外国提出权利要求，除非本国国民已依外国国内法的规定，用尽可能利用的当地救济手段。

② 南非《投资促进与保护法案》第 11 条规定："……或将此类争议提交给有管辖权的法院解决……"

③ 安哥拉《私人投资法》规定："外国投资者与安哥拉政府之间的投资争议必须在安哥拉法院根据安哥拉法律解决……"

④ 卡尔沃主义认为国家基于主权平等原则不受任何形式的干涉；提倡外国投资者应与本国投资者被同等对待，不能享受不同于该国国民的权利和特权，只能享受无差别待遇的权利。

⑤ 姚梅镇：《国际投资法》，武汉大学出版社，2011，第 294 页。

⑥ 朱伟东：《非洲涉外民商事纠纷的多元化解决机制研究》，湘潭大学出版社，2013，第 9 页。

判组织比较明确、稳定。其次，审判程序原则上公开进行。审判程序公开、透明，有利于监督。最后，各国审判程序均设有审判监督程序，可以避免"一裁终局"的弊端，"几乎所有非洲国家都有上诉法院和最高法院（或与此等同的法院）"，[①] 审判监督程序的设置更有利于公正的实现。

2. 诉讼途径对中非投资争端解决的消极影响

由东道国法院解决争端存在一定的积极作用，但弊端也是显而易见的。尤其中国企业在非洲国家进行诉讼，所面临的困境更加突出。首先，司法不公易于发生。[②] 有关国际组织调查显示，就世界范围而言非洲许多国家仍然是腐败发生最严重的地区。[③] 其次，审理拖延，诉讼过程漫长。"即使是司法先进的非洲国家也存在延误的问题：在尼日利亚，商业案件的司法程序可能花费十年以上的时间。在埃及，执行程序通常比诉讼程序耗费更多时间。"[④] 最后，在非洲国家诉讼，法律构成的复杂性和多元性也是外国当事人面临的困难。[⑤] 非洲国家现行法律制度既深受独立前殖民国法律传统影响，又继承了一些土著部落的习惯法、宗教法。显然，非洲法律是世界法律的"万花筒"，这对我国投资者在非洲国家诉讼必然带来更多的障碍。

四　中非投资法院：完善中非投资争端解决机制构想

如前所述，政治途径作为投资争端解决手段，其适用范围较为有限。

---

① 斯蒂芬·布拉班特、约翰·奥吉威、保罗·豪吉斯：《非洲争议解决》，朱伟东、罗心甜译，转引自梁慧星主编《民商法论丛》第 61 卷，法律出版社，2016，第 254 页。

② Jacob Katz Cogan, "National Courts, Domestic Democracy, and the Evolution of International Law: A Reply to Eyal Benvenisti and George Downs", *European Journal of International Law*, 2009, 20 (1), pp. 1015-1019.

③ 根据国际透明组织（Transparency International）针对全球 177 个国家和地区发布的 2013 年全球清廉指数，许多非洲国家的排名非常靠后。参见韩良主编《非洲商事法律制度精析》，中国法制出版社，2015，第 59~60 页。

④ 斯蒂芬·布拉班特、约翰·奥吉威、保罗·豪吉斯：《非洲争议解决》，朱伟东、罗心甜译，转引自梁慧星主编《民商法论丛》第 61 卷，法律出版社，2016，第 256 页。

⑤ Leon E. Trakman and Kunal Sharma, "Jumping Back and Forth between Domestic Courts and ISDS: Mixed Signals from Asia-Pacific Region", in Steffen Hindelang and Markus Krajewski, eds., *Shifting Paradigms in International Investment Law*, Oxford: Oxford University Press, 2016, pp. 332-334.

如果通过诉讼解决争端，受制于国际法的通行原则，诉讼只能向东道国法院提起。基于非洲法院诉讼现状，中国企业在东道国法院进行诉讼确非良策。正因为如此，仲裁途径越来越被倡导，"仲裁是解决中非贸易投资争端的最佳选择"。[1] 但是，仲裁解决中非投资争端亦面临重重障碍。首先，仲裁程序存在的缺陷其实是国际社会将传统解决商业争议的程序直接套用在投资者—东道国的争端之上。以私法裁判解决公法争端，片面强调效率、保密等商事仲裁的价值，忽视了公平、公开等公法裁判的价值，从而造成了投资仲裁的合法性危机。[2] 其次，从中国与非洲国家投资争端解决的历史看，对国际仲裁接受度不容乐观。截至 2015 年底，我国投资者向国际仲裁机构提起仲裁的案件只有 8 起，其中 2 起向海牙常设仲裁法院提起，另外 6 起由国际投资争端解决中心管辖。[3] 国际投资争端解决中心自 1966 年 10 月运作以来到 2015 年 12 月 31 日，受理的国际投资争端案件达 557 起。其中，非洲国家提起的只有 2 起。[4] 上述数据对比，一目了然地说明中国与非洲国家利用国际仲裁解决投资争端的消极现状。[5] 是故，改革中非投资争端解决机制，创建新的争端解决途径——建立中非投资法院实乃箭在弦上！

（一）现行国际投资法院之借鉴

20 世纪 80 年代阿拉伯联盟首创国际投资法院，对推动国际投资争端解决机制改革具有里程碑意义。不过，阿拉伯投资法院制度与国际仲裁制度相比，改革力度太小，不能革除现行国际仲裁存在的缺陷，影响甚微。自 2015 年以来，欧盟为建立国际投资法院做出了不懈努力，并取得了显著成果。

---

① 朱伟东：《中国与非洲民商事法律纠纷及其解决》，《西亚非洲》2012 年第 3 期，第 73~89 页。

② 王彦志：《国际投资争端解决机制改革的多元模式与中国选择》，《中南大学学报》（社会科学版）2019 年第 7 期，第 73~82 页。

③ 漆彤：《论中国海外投资者对国际投资仲裁机制的利用》，《东方法学》2014 年第 3 期，第 89~96 页。

④ 朱伟东：《外国投资者与非洲国家之间的投资争议分析——基于解决投资争端国际中心相关案例的考察》，《西亚非洲》2016 年第 3 期，第 138~160 页。

⑤ Gus Van Harten, *Investment Treaty Arbitration and Public Law*, New York：Oxford University Press, 2007, p. 11.

1. 阿拉伯投资法院

阿拉伯投资法院作为先驱者于 1980 年 11 月依据《阿拉伯国家阿拉伯资本投资统一协议》（简称《协议》）而设立，1985 年随着《阿拉伯投资法院规约》生效，阿拉伯投资法院正式运行。2003 年沙特地产巨头坦米亚公司（Tanmiah）与突尼斯政府之间发生纠纷，寻求司法解决，其成为阿拉伯投资法院受理的第一个案件。[①]

阿拉伯投资法院有以下特点，第一，投资法院作出的判决在各成员国具有可执行性。《协议》规定投资法院的判决效力与各成员国最高审判机构作出的判决效力相同。第二，调解或仲裁设置为前置程序，投资法院享有强制管辖权。第三，《协议》规定了岔路口条款[②]来解决投资法院和国内法院管辖权冲突，当事人对投资法院和国内法院只能二选一。第四，受案范围特别广。法院对成员国之间的投资争端、成员国政府机构与成员国间的投资争端、不同成员国的政府机构间投资争端和成员国投资者与成员国间的投资争端都拥有管辖权。第五，实行一审终审。

阿拉伯联盟改革投资争端解决机制取得的成功之处在于，首先，裁判的可预见性有一定改善。投资法院设立的目标是建立一套一致性、综合性高的国际投资法律体系，据此法院适用法律更加明确，有利于当事人对裁判结果的预见。[③] 其次，解决了判决执行难的问题。外国法院的判决在东道国几乎不能得到执行，国际仲裁裁决在东道国执行也会受到各种阻碍，但依据《协议》投资法院的判决在成员国能够得到执行。[④]

阿拉伯联盟作为投资争端解决机制改革的开拓者，其改革是尝试性的，改革力度甚小，就改革目标而言，改革确有缺憾。首先，将仲裁设置为审判的前置程序，改革目标无法实现。《协议》规定：一个案件可先进行仲裁，仲裁失败，再进行审判。该模式将仲裁和诉讼置于同一程序，仲裁和审判交织，审判程序基本沿袭仲裁程序的模式，使投资法院设立的目的落空。其次，未设上诉审程序。上诉程序的缺失是造成仲裁裁决不一致的重要根源，阻碍了仲裁公正的实现。建立投资法院的目的是利

[①] 朱伟东：《"一带一路"背景下中阿投资争议的解决途径》，《西亚非洲》2018 年第 3 期，第 3~22 页。

[②] 《阿拉伯国家阿拉伯资本投资统一协议》第 31 条。

[③] 《阿拉伯国家阿拉伯资本投资统一协议》前言。

[④] 《阿拉伯国家阿拉伯资本投资统一协议》第 34 条。

用诉讼的上诉审程序优势来消除仲裁的弊端。从国际投资法院设立的宗旨看，阿拉伯联盟的改革是不彻底的，与改革初衷相去甚远。

2. 欧盟投资法院

欧盟委员会于 2015 年 11 月首次在《跨大西洋贸易与投资伙伴关系协定》（TTIP）中设立了两审终审的投资法院制度。随后，又相继在《欧盟—加拿大全面经济和贸易协定》（CETA）、《欧盟—越南自由贸易协定》（EVFTA）、《欧盟—新加坡投资保护协定》（EUSIPA）和《欧盟—墨西哥全面经济伙伴协定》（EUMTA）等文件中进一步推广了投资法院制度。2018 年 3 月，欧盟对外公布了《制定一个建立解决投资争端的投资法院国际公约的协商指令》，由此将建立双边投资法院向建立多边投资法院推进。目前，欧盟的改革已经取得了瞩目的成就。

第一，提升了裁决的一致性和可预见性。首先，对涉及实体问题的法律规定力求明确化。欧盟在相关协定中常常采用列举立法技术对一些问题极尽其详地细致表述，① 这种立法模式可以为法官提供相对明确的判案标准，有利于判决走向统一，也有利于当事人对争端解决结果的预见。其次，构建常设争端机构。投资法院设有初审法庭和上诉法庭，常设法庭和全职法官制度促进了投资法院前案判决对后案判决的引导，有利于建立先例制度，避免类似或相同案件自相矛盾的判决结果。

第二，通过全面改革提高公正性。首先，增设上诉程序在利于裁决一致的同时又极大提高了裁决结果的正确性。其次，欧盟对法官制度的构建是其改革投资争端解决机制的又一项重要创新，既有利于提升程序价值又能促进实体公正的实现。其一，提高法官的独立性和公正性。初审法庭和上诉法庭均设全职法官，受聘法官专职从事法庭业务，不得从事其他工作；② 法官薪酬不再与案件挂钩，聘用费为固定薪酬；③ 审理案件的法官随机分配，④ 而在仲裁程序中投资者对仲裁员的选择有较大的决定权。其二，对法官的专业素养要求高。除具备国际公法的专业知识以外，还要有用国际投资法、国际贸易法和国际投资条约或国际贸易协定

① 譬如，TTIP 建议文本第 2 章第 2 节以列举方式详细描述了违反公平公正待遇的情形；TTIP 建议文本的附件还列出了关于征收的详尽解释，并对间接征收的范围加以限定，"明确除非明显过分，一方为保护合理政策目标所采取的非歧视性措施不构成间接征收"。
② CETA 第 8.30 条第 1 款。
③ TTIP 建议文本第 2 章第 3 节第 9.11 条；EVFTA 第 8 章第 3 节第 12.13 条。
④ TTIP 建议文本第 2 章第 3 节第 9.7 条；EVFTA 第 8 章第 3 节第 9.7 条等。

解决争端所需的专门知识，特别要求上诉法庭的法官应具有本国最高司法机关法官资格或者应为公认有能力的法学家。其三，对法官的职业道德标准提出了更高要求。法官必须从具有毋庸置疑独立品格的人群中选拔；不得隶属于任何政府；不得就争端事项服从任何政府或组织的指令；不得处理有直接或间接利益冲突的争端；一旦接受任命，法官不得在未决或新的投资争端中担任律师；等等。①

第三，提高了程序的透明度。欧盟在投资争端解决程序中采用了联合国国际贸易法委员会（UNCITRAL）的《投资者与国家间基于条约仲裁透明度规则》，确保投资法院的审理过程公开、透明。欧盟对公开的内容甚至以列举的形式不厌其烦地详加叙述，比如协商请求、调解协议、对法庭组成人员提出异议的决定、合并审理的申请、专家报告、证据清单中涉及的物证等都属于公开的对象。

第四，投资法院管辖优先。投资者如果向东道国法院寻求司法救济后，又请求投资法院解决争端，那么该投资者必须放弃正在进行的其他程序。② 由此可见，投资法院不仅实现管辖权优先，而且也扩大了管辖权，管辖权规定更趋合理。

总体观之，欧盟投资法院制度可称为国际投资争端解决制度的典范。经由审慎设计的多边常设投资法院加上诉机构模式是全面平衡实现独立、问责、公正、透明度、一致性、仲裁员的独立性和公正性、效率等各项政策目标的比较理想的模式。③ 尽管令人瞩目的欧盟投资法院改革好评如潮，但是"金无足赤"。首先，它受到批评较多的是其制度的碎片化问题。随着拥有常设投资法庭条款的投资条约增多，投资法庭制度的碎片化也会日益凸显。④ 其次，投资法院制度未能完善地解决判决的执行问题。根据 TTIP 规定，当投资法院作出的裁决需要在成员国以外的第三国执行，因该第三国不是 TTIP 成员，所以它不受投资法院的裁决约束，裁决在第三国将难于被承认和执行。

---

① 　TTIP 建议文本第 2 章第 3 节第 11 条第 1 款、第 4 款；CETA 第 8.30 条第 1 款等。

② 　CETA 第 8 章第 8.22 条。

③ 　王彦志：《国际投资争端解决机制改革的多元模式与中国选择》，《中南大学学报》（社会科学版）2019 年第 7 期，第 73~82 页。

④ 　参见邓婷婷《中欧双边投资条约中的投资者—国家争端解决机制——以欧盟投资法庭制度为视角》，《政治与法律》2017 年第 4 期，第 99~111 页。

（二）中非投资法院制度的构建

综上所述，笔者呼吁中国与非洲国家借鉴阿拉伯投资法院长期的实践经验和欧盟投资法院先进的制度，建立中非国际投资法院，即建立以投资法院之司法解决为核心的争端解决机制。中国与非洲国家应通过协商自愿缔结《关于中国和非洲国家投资保护的协定》，在协定中设立中非投资法院制度。本文对投资法院的制度构想如下。

1. 法院的性质

法院设立的宗旨是通过司法程序解决各缔约国和其他缔约国国民之间的投资争端，在性质上它是一个多边投资争端解决司法组织。法院具体制度统一规定，设立统一的中非投资争端解决的实体和程序规则，这样能够防止欧盟投资法院的制度碎片化缺陷发生。投资法院由中国和非洲国家共同建设，中国和愿意加入的非洲国家为投资法院的成员国，共同遵守法院的诉讼规则。投资法院司法审级与各成员国最高司法审级相同。

2. 法院的管辖权

投资法院管辖投资者—国家之间的投资争端，但对投资者之间因投资引起的争议不予管辖。如果当事人既向东道国（为投资法院成员国）国内法院起诉又决定选择向投资法院寻求司法救济，那么投资者必须放弃在东道国的诉讼，投资法院管辖优先。

3. 法院解决争端的程序

第一，中非投资法院引入调解制度，法院在案件受理后应当首先进行调解，调解不成功即进入审判。调解为审理的先行程序，是必经程序。法院设独立的调解庭，调解庭为非常设机构，调解员临时选任，但不得从法院的法官中选任。为了便于当事人选聘调解员，投资法院可以借鉴中国国际商事法庭组建一个国际投资专家委员会，当事人可从该委员会专家成员中选择调解员。调解成功的案件，调解结果和法院的裁判具有相同的法律效力。

第二，实行两审终审制，设初审法庭与上诉审法庭。其一，初审法庭、上诉审法庭皆为常设，初审法庭依法对首次提交的投资者—国家之间的投资争端案件以及上诉法庭发回的重审案件进行审理，并作出裁判；上诉审法庭负责审理当事人不服初审法庭审判提出上诉的案件，上诉庭审理的范围不包括案件事实。其二，两法庭的法官主要由成员国选任；

少数法官向成员国之外地区招聘，初审庭和上诉庭分别招聘 3~5 人。每个案件的审判组织由 5 名或 7 名法官组成。来自当事人所在国的法官各 1 名；来自成员国外的法官 1 名，从已招聘的法官中随机选择；另外 2 名或 4 名法官从来自其他成员国的法官中随机选择。其三，诉讼程序的设置应当公开、透明，而且透明度不得低于 UNCITRAL 的《投资者与国家间基于条约仲裁透明度规则》及《投资者与国家间基于条约仲裁透明度公约》的要求。

第三，法官任职制度。除在成员国之外地区招聘法官，其他法官从所有成员国中选拔，每个成员国根据法官任职条件从本国选聘 2 名法官，一名加入初审庭，另一名加入上诉庭。欧盟投资法院对法官任命的资格条件、程序和法官的道德要求规定相当严格，对此中非投资法院应当借鉴。

第四，判决的执行。欧盟投资法院制度对执行问题未能很好地解决，这会在投资法院将来实施中留下隐患，削弱投资法院的影响力。对此中非投资法院应引以为戒，可以借鉴阿拉伯投资法院关于该问题的解决方法，投资法院作出的生效判决对成员国都有约束力，所有成员国的法院对投资法院作出的判决应当予以执行，不享有审查权。

4. 中非投资法院和成员国国内法院的衔接制度

为了解决这一问题，本文建议在中非投资法院之外专设一个司法协助庭。当投资争议案件在某一成员国国内进行诉讼时，需要另一成员国提供司法协助，而该两国之间没有相关的民商事司法协助条约，此时争端解决法院可以向中非投资法院提出申请，由投资法院将司法协助请求向另一成员国转交，另一成员国收到请求后经过审查，如果司法协助内容不违反国际法和本国公共利益，原则上应当执行。简而言之，司法协助庭依照规定在两个成员国之间架起桥梁，成为提供双方司法协助的中介。目前，在中非现有的法律背景下，设立司法协助庭对中非投资争端的有效解决意义深远。时至今日，中国仅仅和 4 个非洲国家签订了双边司法协助条约，中国和众多的非洲国家缺乏民商事司法协助条约是中非民商事争议难以通过诉讼有效解决的最大障碍。中非投资法院建立司法协助制度能够完美地弥补这一缺陷，为中非民商事司法协助的全面展开提供更便捷的渠道。

对我国在非投资企业而言，中非投资法院司法协助庭的设立对其影响更是意义非凡——我国企业选择由中国国际商事法庭解决中非投资争端成为可能。最高人民法院于 2018 年 7 月 1 日分别在深圳和西安组建了最高人民法院第一国际商事法庭和第二国际商事法庭。国际商事法庭的设立为我国投资者解决海外投资争端增加了一条比较优越的备选之径。然而，目前商事法庭对中非投资争端的解决几乎难以有所作为。因为我国投资者如果选择将争端诉诸国际商事法庭，即使最终赢得诉讼，判决结果在东道国也基本无法得到承认和执行。显然，如果建立了中非投资法院，我国企业可以回避在非洲东道国进行诉讼而选择向中国国际商事法庭起诉。通过司法协助庭，商事法庭作出的判决在非洲东道国执行难的问题就会荡然无存。

结　语

从中非投资特点看，以中非投资法院解决争端为核心的机制是最佳途径，优势突出。其一，签订《关于中国和非洲国家投资保护的协定》，一个多边投资条约代替中国和众多非洲国家分别制定的双边投资条约，显然协商制定条约的时间将缩短几十倍。其二，中非投资法院制度比欧盟投资法院制度更易于实现。一方面，中非投资法院是一个统一的多边司法机构，适用统一的法律规则；而欧盟投资法院包括多个法院，既有双边法院又有多边法院。另一方面，中国与非洲国家都是发展中国家，发展背景相似，差别不太大，易于达成共识；而欧盟投资法院的成员国发展状况、历史背景参差不齐。由是观之，基于现实的考量，构建以中非投资法院制度为核心的争端解决机制才是中国与非洲国家的睿智之选。

【责任编辑】李雪冬

非洲研究　2023 年第 2 卷（总第 21 卷）

第 224—241 页

SSAP ©，2023

中非妇女交流与合作的历程、成效与展望[*]

张利萍　　刘鸿武

【内容提要】 妇女交流作为中非人文交流的重要内容，为推动中非合作行稳致远做出了重要贡献，但学界对此关注甚少。本文对 20 世纪 40 年代以来中非妇女交流与合作进行了历史考察，发现早期中非妇女交流围绕争取民族解放斗争展开；改革开放前后转向支持非洲妇女投身新独立国家的建设；中非合作论坛促进妇女交流机制化发展，非洲妇女能力建设受到重视。在构建新时代中非命运共同体背景下，为进一步深化中非妇女交流与合作，双方应进一步加强规划，推动机制建设；深化研究，强化理论支撑；拓展平台，巩固合作网络；协同创新，促进中非妇女交流与合作高质量、可持续发展。

【关键词】 中非命运共同体；中非合作；妇女交流；历史考察

【作者简介】 张利萍，浙江师范大学非洲研究院博士研究生，主要研究方向为中非人文交流；刘鸿武，浙江师范大学非洲研究院院长、教授、博导，主要研究方向为中非关系与中非合作（金华，321004）。

妇女能顶半边天。妇女问题是发展中国家实现发展的关键。新中国成立 70 多年来的一个重大成就就是实现了妇女解放，实质性地推进男女平等，这也是中国式现代化成功的重要经验。《2030 年可持续发展议程》将性别平等和妇女赋权列为 17 个目标之一，致力于推动全球妇女事业发展。性别平等与妇女赋权也是中国参与全球治理的重要议题之一，2023

＊　本文系 2021 年国家社科基金重大项目 "'五位一体'构建中非命运共同体的战略路径探索与实践创新研究"（21ZDA129）阶段性成果。

年中国发布《关于全球治理变革和建设的中国方案》，提出"推动妇女和儿童事业发展是社会治理的重要方面"，呼吁国际社会"支持联合国发挥领导协调作用，加强全球妇女儿童事业国际合作"。[①] 非洲是中国参与全球妇女国际合作的重点地区之一，中国大力支持非盟和非洲各国开展妇女领域相关工作，致力于使非洲成为"妇女可以尽情发挥潜力的非洲"。

妇女作为中非民间外交中最广泛、最活跃的群体之一，为夯实中非关系发展的民意基础做出了贡献。中非妇女交流与合作始终遵循中国对非外交政策理念，重视对非洲妇女的能力建设，推动了非洲妇女事业发展。中非妇女人口占世界妇女人口的1/3，中非妇女的发展意味着全世界1/3妇女的发展，相关合作模式可以为全球南方妇女合作提供典范。由此可见，中非妇女交流与合作具有历史与现实意义。21世纪以来，妇女议题开始深入中非更多的合作领域中，新时代的中非合作对双方在妇女领域的交流与合作提出了更高要求和更高期待。所谓"知历史方能开未来"，在更高水平上促进中非妇女友好事业全面发展、为中非命运共同体建设贡献巾帼力量任重道远，对中非妇女交流历史的回溯是一项基础工作。

然而，当前学界对中非妇女交往的关注甚少，相关内容仅散见于全国妇联[②]发布的一些外事活动报告[③]中，所占篇幅极少。一些学者在考察妇女外交历史时，对非洲妇女略有关注，但着墨不多。[④] 也有学者探讨了蔡畅与新中国妇女的国际交往，[⑤] 其中有关第三世界妇女的内容对我们了解新中国成立前后中国妇女对非交往背景有一定帮助。近年来，在构建

---

① 《关于全球治理变革和建设的中国方案》，中华人民共和国外交部，2023年9月13日，https://www.fmprc.gov.cn/web/wjbxw_new/202309/t20230913_11142009.shtml，最后访问时间：2023-10-16。

② 中国妇女第一次全国代表大会通过的章程规定：妇女联合会名称为"中华全国民主妇女联合会"；中国妇女第三次全国代表大会改名为"中华人民共和国妇女联合会"；中国妇女第四次全国代表大会改名为"中华全国妇女联合会"。本文统一简称为"全国妇联"。

③ 参见全国妇联联络部《深化国际交流合作 共建共享美好世界——全国妇联妇女外事70年历程回顾》，《中国妇运》2019年第11期；全国妇联联络部《砥砺奋进谋发展 对外交往谱新篇——全国妇联妇女对外交往工作五年回顾》，《中国妇运》2018年第10期；等等。

④ 和建花、杨玉静：《新中国70年中国妇女外交的优势和特色》，《中国妇运》2019年第12期；张迪：《改革开放30年中国妇女民间外交回顾》，《当代世界》2009年第2期。

⑤ 姬丽萍、刘璇：《蔡畅与新中国妇女国际交往的开拓》，《南开学报》（哲学社会科学版）2020年第6期。

新时代中非命运共同体背景下，学界开始关注中非各领域合作历程研究，在医疗卫生①、教育②、体育③、青年④等领域已有所成果，但妇女领域研究依然匮乏。鉴于此，本文对 20 世纪 40 年代以来中非妇女交流与合作的历程与成效进行考察，以期进一步完善过去 70 余年有关中非各领域合作的历史概貌，为新时期深化中非妇女交流与合作提供参考。

一　中非妇女交流与合作的发展历程

中国对非洲妇女的关注始于 20 世纪 40 年代，彼时亚非拉地区妇女正在积极为争取民族解放而斗争。历经 70 余年，从支持非洲妇女争取民族解放斗争，到支持非洲妇女参与新独立国家的社会变革和经济建设，再到支持非洲妇女能力建设，鼓励妇女成为实现非盟《2063 年议程》和构建中非命运共同体的重要力量，中非妇女交流与合作始终在发展与变化中不断回应着中国与非洲国家的现实需求，于无声中推动中非合作稳步向前。本文将中非妇女交流的历程划分为三个阶段。

（一）起步阶段：20 世纪 40~70 年代

二战以后，世界局势发生巨大变化，亚非国家民族独立运动风起云涌。国际民主妇女联合会（Women's International Democratic Federation，简称"国际妇联"）⑤ 对力求摆脱殖民主义的亚非各国妇女予以极大关切，中国妇女通过国际妇联开始关注为争取民族解放而斗争的非洲妇女。1948 年 12 月，蔡畅在国际妇联第二次代表大会作《关于亚非各国妇女民主运动发展的报告》，揭露了帝国主义者在殖民地造成的悲惨状况，指出

---

① 王涛、刘肖兰：《中非卫生安全合作 60 年：历程、成就与展望》，《西亚非洲》2023 年第 2 期；卓振伟、赵磊：《从援助到合作：中国对非卫生外交六十年历程》，《中国非洲学刊》2022 年第 4 期。

② 李玉洁：《中非教育交流与合作的多重视域考察》，《中国非洲学刊》2021 年第 4 期。

③ 刘官元：《中非体育互动 60 年历史演进与现代意义》，《武汉体育学院学报》2019 年第 7 期。

④ 张利萍、王珩：《中非合作进程中的青年角色探析》，《中国非洲学刊》2021 年第 4 期。

⑤ 1945 年 12 月 1 日，国际民主妇女联合会正式成立，欧仁妮·戈登（Eugenie Cotton）为首任主席，总部设在巴黎。它的宗旨和任务是：加强全世界妇女的友谊与团结，完全消灭法西斯主义，保卫妇女的政治、经济、法律和社会权利，保卫儿童的健康。

二战以后亚非妇女已日益明晰自己在解放运动中的任务，逐渐走向斗争最前列。蔡畅号召亚非妇女团结在国际妇联旗帜下，争取和平及真正的民族独立与自由。① 1949 年，首届亚洲妇女会议在北京举办，吸引了来自阿尔及利亚、马达加斯加和象牙海岸②三个非洲国家的来宾。蔡畅介绍了中国妇女解放斗争的艰难历程，对广大亚非妇女起到了激励作用。③

万隆会议被认为是中国与非洲国家建立现代关系的真正起点。④ 在万隆精神⑤影响下，亚非妇女合作更为密切，这也为中非妇女提供了更多接触机会。1956 年，国际妇联理事会在北京召开，非洲六国⑥代表出席，会议强调要继续发扬万隆精神，通过的《告亚洲、非洲妇女书》指出，在妇女积极参与下，亚非许多国家的人民已从殖民主义支配下获得自由，这些胜利也鼓舞了亚非其他地区尚未获得自由的姐妹们。⑦ 此后，亚非妇女先后于 1958 年在锡兰⑧、1961 年在埃及召开两届亚非妇女会议，全国妇联派代表团出席。在第二届会议上，各国代表共同制定了反殖民议程，强调妇女在争取民族独立和维护和平斗争中的作用，将加强亚非妇女在解决她们共同问题斗争中的团结一致。⑨

从解放运动中走出来的中国妇女对非洲妇女参与解放斗争的经历感同身受，因此除了在国际会议上对非洲妇女予以关注和支持，中国妇女也十分重视与非洲妇女的直接往来。1950 年 2 月，蔡畅就通过国际妇联致函科特迪瓦非洲民主大会妇女部，声援非洲人民和妇女的英勇斗争。⑩这是新中国成立以来中非妇女组织间的首次联系。此后，全国妇联与非洲许多国家的妇女组织取得了联系，积极支持她们反对帝国主义和殖民

① 邓颖超：《妇女运动的先驱——蔡畅》，中国妇女出版社，1984，第 132~133 页。

② 象牙海岸，即今科特迪瓦。

③ 刘芳莲、刘琨编著《八位革命女前辈的故事 1：蔡畅的故事》，中共党史出版社，1996，第 61 页。

④ 刘鸿武、林晨：《中非关系 70 年与中国外交的成长》，《西亚非洲》2019 年第 4 期，第 53 页。

⑤ 万隆精神，指反对帝国主义、殖民主义、种族歧视、争取自由和独立的精神。

⑥ 出席此次会议的六个非洲国家：埃及、马达加斯加、塞内加尔、突尼斯、尼日利亚和科特迪瓦。

⑦ 《告亚洲、非洲妇女书》，新华社，1956 年 4 月 30 日。

⑧ 锡兰，即今斯里兰卡。

⑨ 《第二届亚非人民团结大会文件汇编》，世界知识出版社，1960，第 63 页。

⑩ 全国妇联国际联络部编著《全国妇联对外活动大事记（1949 年至 1994 年）》，内部资料，1995，第 4 页。

主义，争取民族独立与解放的斗争。1954 年 7 月，南非非国大妇女代表团访华，成为中非妇女代表团互访的先行者。自 1956 年开始，迎来非洲妇女代表团访华的第一个高潮。据统计，1956～1967 年，先后有 33 个非洲国家和组织的 63 个妇女代表团访华，毛泽东、周恩来等党和国家领导人多次亲自接见来访代表团。相比之下，这一时期中国妇女代表团访非次数较少。

总体而言，这一时期的中非妇女交往围绕民族解放斗争展开，中国通过多种途径声援非洲妇女，在一定程度上提振了非洲妇女的信心，推动了非洲大陆的民族解放和国家独立。20 世纪 60 年代，非洲许多国家迎来了斗争胜利，仅 1960 年就有 17 个非洲国家取得独立，这一年因此被称为"非洲独立年"，到 80 年代末期，绝大多数非洲国家已经取得民族独立。

（二）发展阶段：20 世纪 70 年代至 20 世纪末

1971 年中国重返联合国，非洲国家起到了重要的推动作用，毛泽东形象地称是"非洲兄弟把我们抬进了联合国"。[1] 1974 年，毛泽东在会见赞比亚总统卡翁达时提出了著名的"三个世界"划分理论，指出亚洲除了日本都是第三世界，整个非洲和拉丁美洲都是第三世界。[2] "三个世界"划分理论为这一时期中国妇女的对非交往提供了根本遵循。1978 年全国妇联恢复工作后，中国妇女加强了与第三世界妇女的团结合作，始终坚持与第三世界妇女站在一起。共同的历史遭遇和价值追求，使中非妇女在国际交往中具有更多的交流与合作空间。

1975～1995 年，联合国召开了四次世界妇女大会，有力推进了第三世界妇女事业的发展，中国积极参与其中并为第三世界妇女发声。1975 年，第一次世界妇女大会宣布 1976～1985 年为"联合国妇女十年"，其主题为平等、发展、和平。[3] 中国妇女认为该主题反映了世界各地区妇女尤其是发展中国家妇女的共同愿望和要求，[4] 积极支持"联合国妇女十年"相关活动。在 1980 年第二次世界妇女大会上，全国妇联主席康克清指出，

---

① 舒运国：《泛非主义史（1900-2002 年）》，商务印书馆，2014，第 280 页。
② 中华人民共和国外交部、中共中央文献研究室编《毛泽东外交文选》，中央文献出版社、世界知识出版社，1994，第 600～601 页。
③ 贾秀总：《世界妇女大会与世界妇女问题》，中国妇女出版社，1995，第 3 页。
④ 《当代中国妇女》编委会编《当代中国妇女》，当代中国出版社，2020，第 526 页。

实现"联合国妇女十年"的行动纲领应把重点放在第三世界。1985 年，国务委员陈慕华率团出席第三次世界妇女大会，中国代表团在发言中表示积极支持第三世界妇女反对侵略、争取民族独立的正义斗争，支持广大发展中国家妇女关于建立国际经济新秩序、促进南北对话、加强南南合作的合理要求，支持南部非洲妇女反对南非当局的种族主义政策和非法占领纳米比亚的斗争等。① 1995 年第四次世界妇女大会吸引了 16 个非洲国家②的总统夫人和重要代表参加，③ 通过了《北京宣言》《行动纲领》。其中，《行动纲领》列举了 12 个妇女关切领域，具体阐述了各国妇女面临的主要问题，把发展中国家最关注的问题放在突出位置。④ 此次会议在北京召开，展示了中国在参与发展中国家性别平等与妇女发展方面有了更多的话语权和合作可能性。

改革开放为中国妇女恢复和进一步发展对外交往创造了有利条件，中非双方开始继续派遣代表团互访，访问规模扩大，层次有了很大提升。在交流互访中，全国妇联越来越明晰非洲妇女的困难和发展需求。20 世纪 80 年代，应一些非洲国家妇女组织的要求，全国妇联开始向非洲国家提供小额物资援助，用以支持非洲妇女的生产生活。与之同时起步的，还有全国妇联与非洲驻华使节夫人们的往来。1981 年非洲驻华使节夫人小组（简称"夫人小组"）正式成立后，全国妇联第一时间将面向夫人小组的工作提上日程。当年 12 月，双方便开始互动往来。23 日，全国妇联代表团出席夫人小组在加蓬使馆举行的招待会。29 日，夫人小组出席全国妇联举行的电影招待会。

总的来说，这一时期中非妇女交流的主题开始转向对妇女权益的争取和生产生活的支持。四次世界妇女大会为中非妇女在国际舞台上的交流沟通提供了平台。随着非洲国家的相继独立和中国改革开放的持续推进，双方在妇女领域的合作有所拓展，物资援助为非洲妇女参与生产生活提供了基本保障，与夫人小组的往来为夯实中非友好关系的民意基础

---

① 《当代中国妇女》编委会编《当代中国妇女》，当代中国出版社，2020，第 528 页。
② 包括乌干达、坦桑尼亚、贝宁、博茨瓦纳、布隆迪、中非、吉布提、埃及、赤道几内亚、冈比亚、加纳、尼日利亚、苏丹、南非、斯威士兰和莱索托。
③ 第四次世界妇女大会、'95 北京非政府组织论坛丛书编委会编《第四次世界妇女大会新闻概览》，中国妇女出版社，1998，第 174 页。
④ 全国妇联妇女研究所国际妇女研究室：《国际妇女运动和妇女组织》，中国妇女出版社，2002，第 88 页。

提供了助力。

（三）全面深化阶段：21 世纪以来

21 世纪以来，中非合作论坛推动中非关系不断迈上新台阶，妇女交流在内容、规模和层次上都取得很大进步。除了延续和发展中非传统的妇女交流形式，如中非妇女代表团互访、对非洲妇女提供小额物资援助及与夫人小组往来以外，双方开始探索更多的交流与合作模式，中非妇女交流开始走深走实。

机制化发展是 21 世纪中非妇女交流发展的主要趋势。2006 年，在中非合作论坛北京峰会上首次将妇女交流纳入中非交流整体框架内，希望通过多种形式加强妇女交流与合作。当年发布的《中国对非洲政策文件》也提出要鼓励并积极引导中非民间团体交往，加强妇女交流。[①] 举办"中非合作论坛——妇女论坛 2009"（简称"妇女论坛 2009"）是一次有益尝试，被誉为"中非妇女交流史上的新里程碑"。[②] 2023 年 6 月，为落实习近平主席有关加强全球妇女事业合作[③]及举办中非青年服务论坛和妇女论坛[④]等重要讲话精神，首届中非妇女论坛在长沙举行。此次论坛以"凝聚中非女性力量 共促妇女全面发展"为主题，200 多名来自非洲和中国各地的妇女代表围绕妇女教育与减贫、妇女与经济、妇女创新创业等话题展开对话交流，共商机遇对策。

"夫人外交"也在这一时期提上了新高度，高层往来更加频繁。2002年，非洲第一夫人发展组织（Organization of African First Ladies for Development）[⑤] 正式成立，中国积极与非洲第一夫人发展组织开展合作。党的十

---

① 《中国对非洲政策文件》，《人民日报》2006 年 1 月 13 日，第 3 版。
② 陈至立：《在"中非合作论坛—妇女论坛 2009"开幕式上的致辞》，《中国妇女报》2009 年 10 月 15 日。
③ 习近平：《促进妇女全面发展 共建共享美好世界——在全球妇女峰会上的讲话》，《人民日报》2015 年 9 月 28 日，第 3 版；习近平：《在联合国大会纪念北京世界妇女大会 25 周年高级别会议上的讲话》，《人民日报》2020 年 10 月 2 日，第 2 版。
④ 习近平：《同舟共济，继往开来，携手构建新时代中非命运共同体——在中非合作论坛第八届部长级会议开幕式上的主旨演讲》，《人民日报》2021 年 11 月 30 日，第 2 版。
⑤ 2002 年，非洲第一夫人抗击艾滋病组织（Organization of African First Ladies against HIV/AIDS）正式成立，其目标是为非洲最易受感染的公民发出统一的声音。2019 年，该组织更名为非洲第一夫人发展组织，旨在建立"一个发达的，妇女、儿童和青少年拥有健康和权利的非洲"。

八大以来，习近平主席夫人彭丽媛也积极参与涉及文化教育、妇女儿童、健康公益等议题的对非交流活动。抗击艾滋病是重要合作议题，2015 年，彭丽媛女士同加纳等 10 个非洲国家元首夫人发布《中非携手迈向没有艾滋病的未来》联合倡议。① 2018 年，彭丽媛女士又与 37 位非洲国家元首、政府首脑夫人共同发布《中非艾滋病防控主题会议联合倡议》。②

支持非洲妇女能力建设是 21 世纪中非妇女交流与合作的重点。全国妇联积极帮助非洲国家妇女建设学校、妇女培训中心等，支持妇女能力建设项目的开展。截至 2021 年 11 月，中国已与 53 个非洲国家的 100 多个妇女机构（组织）建立联系和交往，在津巴布韦、毛里求斯、莱索托、苏丹和吉布提等国建立中非妇女友好交流（培训）中心。③ 这一时期，中国通过开展妇女能力研修班、提供职业技能培训等促进了非洲妇女能力的提高。2016 年，中华女子学院开始承办发展中国家"女性领导力与社会发展"在职学历学位项目，这是商务部援外培训项目中唯一以"性别平等和妇女赋权"为宗旨的项目，对非洲妇女能力提高意义深远。

总体而言，这一时期中非妇女交流与合作实现了机制化发展，开始更加注重发挥妇女的主体性和创造性，实现自我价值。在新时代的中非合作中，妇女议题开始深入更广泛领域，在基础设施互联互通、贸易投资、就业创业、减贫、农村振兴、信息和通信技术、金融科技、数字经济、电子商务、云计算、大数据和网络安全等领域都对妇女予以特别关注，并将"青年与妇女"作为人文合作的一项重要内容展开。④

二　中非妇女交流与合作的主要类型与成效

回顾历史，中非妇女交流与合作的主要类型包括中非妇女代表团互

---

①　经凯：《彭丽媛出席"中非携手迈向没有艾滋病的未来"中非艾滋病防控倡导活动》，《经济日报》2015 年 12 月 6 日，第 2 版。

②　白洁：《彭丽媛出席中非艾滋病防控主题会议》，新华网，2018 年 9 月 4 日，http://www.xinhuanet.com/politics/2018-09/04/c_1123377980.htm，最后访问时间：2023-9-27。

③　中华人民共和国国务院新闻办公室：《新时代的中非合作》，《人民日报》2021 年 11 月 27 日，第 6 版。

④　《中非合作论坛——达喀尔行动计划（2022-2024）》，中华人民共和国外交部，2021 年 12 月 2 日，http://cja40.fmprc.gov.cn/wjbzhd/202112/t20211202_10461174.shtml，最后访问时间：2023-10-16。

访、为非洲妇女提供小额物资援助、开展非洲妇女能力建设项目、与非洲第一夫人和驻华使节夫人交流往来及落实联合国对非妇女工作等。70 余年来，中非妇女交流与合作已经取得了一定的历史成就。

（一）面对面、心连心的中非妇女交流

代表团互访始终是中非妇女交流的基本形式之一。新中国成立初期，中非妇女代表团互访围绕民族解放斗争而展开，当时非洲许多国家争取民族独立的斗争都是在十分艰苦的条件下起步的，如阿尔及利亚、津巴布韦、莫桑比克、安哥拉、几内亚和纳米比亚等。全国妇联积极与这些国家的妇女组织取得联系，互派代表团访问，支持非洲妇女反对帝国主义和殖民主义，争取民族独立与解放的斗争。例如，20 世纪 50 年代流亡海外的阿尔及利亚妇女组织负责人玛米亚·山杜芙夫人对中国进行访问，进一步加深了中、阿妇女间的战斗友谊。阿尔及利亚独立后，全国妇联先后于 1962 年和 1983 年出访，受到了阿尔及利亚妇联组织和广大人民群众的热情欢迎，称"中国是最早也是在阿尔及利亚人民最困难的时候给予支持的国家"。[①] 党和政府对非洲妇女参与解放斗争极为支持，毛泽东和周恩来曾亲自接见苏丹妇女代表团（1956）、几内亚妇女代表团（1963）、西南非洲[②]妇女代表团（1964）[③] 等。1963 年 5 月，毛泽东在与几内亚妇女代表团谈话时强调，"我们同所有非洲国家人民的关系都是好的"。[④] 1964 年，西南非洲妇女代表团来华访问，就妇女参加武装斗争问题学习中国妇女的经验，得到了毛泽东等领导人的亲自接见。毛泽东还请她们在人民大会堂给首都的青年和妇女介绍斗争的生活和情况，起到了相互支持、鼓舞的作用。[⑤] 独立以后，中国也派妇女代表团赴非访问，受到了非洲领导人的高度重视，阿尔及利亚总统本·贝拉（1963）、几内亚总统杜尔（1964）、加纳总统恩克鲁玛（1964）、坦桑尼亚总统尼雷尔（1964）、刚果（布）总统马桑巴-代巴（1967）等多位非洲国家领导人曾亲自接

① 《当代中国妇女》编委会编《当代中国妇女》，当代中国出版社，2020，第 500 页。
② 西南非洲，即今纳米比亚。
③ 全国妇联国际联络部编著《全国妇联对外活动大事记（1949 年至 1994 年）》，内部资料，1995，第 33、71、82 页。
④ 中华人民共和国外交部、中共中央文献研究室编《毛泽东外交文选》，中央文献出版社，1998，第 490 页。
⑤ 《当代中国妇女》编委会编《当代中国妇女》，当代中国出版社，2020，第 500~501 页。

见中国妇女代表团。①

改革开放后，中非妇女代表团在规模上有所扩大，在数量上有所提升，尤其体现在中国妇女代表团访非次数的增多和规模的增大上。据统计，1979～1994 年，中国妇女代表团访非次数高达 63 次，足迹遍布 42 个非洲国家。② 尤其是 1982 年，中国妇女代表团到访非洲国家 13 次，足迹遍布多哥、加蓬、喀麦隆、马里、突尼斯、埃及、摩洛哥、津巴布韦、赞比亚、肯尼亚和马达加斯加等 11 个非洲国家。进入 21 世纪，中非合作论坛的成立进一步提升了中非妇女代表团互访的频次和层次。一方面，高级别代表团互访次数增多；另一方面，随着地方妇女组织的加入，互访频次也有所提升。可以说，中非妇女代表团互访是一种面对面、心连心的交流类型，极大地促进了中非民心相通，在任何一个历史时期都具有重要意义。

（二）非洲妇女能力建设项目下的中非妇女合作

20 世纪 80 年代，全国妇联开始向非洲国家提供小额物资援助，帮助独立后的非洲妇女投身新独立国家的社会变革和经济建设。据统计，1982～1994 年，全国妇联共向 40 个非洲国家提供了 93 批小额物资援助，总价值约 25.4 万元，约占这一时期全国妇联对世界各国妇女提供的小额物资援助的 90.7%。③ 主要援助了缝纫机、儿童玩具、打字机、服装、棉布、线、自行车等与妇女生产生活息息相关的物资，对改善当时非洲妇女的生产生活条件、提高经济收入和提升自我发展能力起到了推动作用。

授人以鱼，更要授人以渔。21 世纪，双方开始关注非洲妇女能力建设，越来越多的非洲女性通过接受教育和培训、学习职业技能等实现自我价值，在政治、经济、健康、教育等方面取得了长足进步。开展妇女研修班是促进中国与非洲国家妇女交流的积极实践，对非洲国家妇女能力提升大有裨益。据不完全统计，中华女子学院自 2013 年开始承担援外培训任务，截至 2023 年 11 月已成功举办 21 期涉及非洲妇女的援外培训项目，浙江师范大学也是承办非洲妇女研修班的重要机构，先后承办面

① 全国妇联国际联络部编著《全国妇联对外活动大事记（1949 年至 1994 年）》，内部资料，1995，第 76、77、79、91 页。

② 全国妇联国际联络部编著《全国妇联对外活动大事记（1949 年至 1994 年）》，内部资料，1995，第 98～260 页。

③ 全国妇联国际联络部编著《全国妇联对外活动大事记（1949 年至 1994 年）》，内部资料，1995，第 124～260 页。

向乍得（2017、2019）、赞比亚（2018）和发展中国家（2023）的妇女研修班。此外，截至 2021 年 1 月，"女性领导力和社会发展"在职学历学位项目已招收及培养来自 30 个国家的 97 名发展中国家女性政府官员。[①]其中，绝大部分学员来自非洲国家（见表 1）。该项目对非洲妇女能力提升起到了实质性的推动作用，这批学生已经或必将在其本国国家经济社会发展及与中国的合作中发挥重要作用。[②]

表 1　"女性领导力和社会发展"在职学历学位项目非洲学员生源国

单位：个

年级	生源国数量	非洲国家数量	非洲国家名称
2016	9	8	阿尔及利亚、埃塞俄比亚、津巴布韦、喀麦隆、马拉维、毛里求斯、南苏丹、乍得
2017	17	15	阿尔及利亚、埃塞俄比亚、博茨瓦纳、布隆迪、加纳、喀麦隆、肯尼亚、莱索托、马拉维、毛里求斯、纳米比亚、南苏丹、尼日利亚、坦桑尼亚、乌干达
2018	16	12	阿尔及利亚、埃塞俄比亚、博茨瓦纳、厄立特里亚、加纳、卢旺达、毛里求斯、纳米比亚、南苏丹、塞拉利昂、坦桑尼亚、赞比亚

资料来源：根据中华女子学院官网发布的信息整理，截至 2023 年 11 月 30 日。

除能力建设研修班，中国还积极开展对非洲妇女的职业技能培训，成效显著，菌草种植就是典型案例。目前，中国菌草已落地坦桑尼亚、莱索托、肯尼亚、卢旺达、南非、尼日利亚等多个非洲国家，[③]有力改善了非洲妇女生活。例如，中国支持卢旺达农业技术示范中心开展菌草、稻谷等种类的适应性研究、试验和示范工作，并将技术培训推广至卢旺达妇女协会等机构。[④]在中国专家指导下，卢旺达妇女成为菌草公司创始

---

① 中华女子学院：《中华女子学院这个项目被写入国务院新闻办白皮书》，中华女子学院新闻网，2021 年 1 月 15 日，http://www.cwu.edu.cn/xww//nyyw/d295baa95d2947dfa0a6fef17a279a43.htm，最后访问时间：2023-9-22。

② 李莹：《女子高校国际化建设的探索与思考——基于"女性领导力和社会发展"专业硕士项目的分析》，《中华女子学院学报》2020 年第 6 期，第 16 页。

③ 邹松、龚鸣：《中国菌草是我们的"幸福草"》，《人民日报》2023 年 3 月 26 日，第 3 版。

④ 中华人民共和国国务院新闻办公室：《中国的对外援助（2014）》，《人民日报》2014 年 7 月 11 日，第 22 版。

人，并举办培训课程，惠及 5000 多名当地农民尤其是妇女。^① 国家菌草中心在南非开创了"10 平方米菇农场"，所有妇女都能参与并受益。^② 可以说，为非洲妇女提供如"菌草种植"等适合她们的职业技能培训，可以大大提升她们参与经济社会发展的能力。

（三）"夫人外交"引领下的中非妇女交流

"夫人外交"主要指以第一夫人和外交官夫人为主的外交活动。通常认为，女性具有温柔、亲切、细致、关爱、坚韧、友善等特质，在交流与合作中更具亲和力和凝聚力，可以达到"润物细无声"的效果。^③特殊的政治身份及女性特有的亲和力，使夫人们在中非民心相通和涉及文化教育、妇女儿童、健康公益等议题上更具优势。据统计，1981~1994 年，全国妇联与夫人小组的往来至少有 43 次。^④ 一方面，全国妇联多次组织夫人小组参观中国的工厂和学校、观看中国电影、游览中国著名景点和举办新年等中国传统节日招待会。另一方面，全国妇联也积极参与夫人小组举办的各类活动，如非洲手工艺品展览会、非洲食品烹调表演等。进入 21 世纪，全国妇联与夫人小组的往来日益走深走实。全国妇联多次组织夫人小组考察中国新农村，重点分享中国基层妇女组织带领妇女脱贫致富的相关经验。夫人小组也积极开展为中国妇女儿童事业筹集善款活动，用于建设中非春蕾小学、妇女脱贫小额贷款等项目。^⑤

非洲第一夫人发展组织成立后，中国积极与该组织开展合作，抗击艾滋病是重要合作议题。此外，中国还积极与该组织在其他领域开展合作，支持非洲妇女发展。例如，中非民间商会通过非洲第一夫人发展组织

① 邹松、龚鸣：《中国菌草是我们的"幸福草"》，《人民日报》2023 年 3 月 26 日，第 3 版。
② 赵嘉伟：《推动中非经贸合作巨轮再次起航——写在第三届中国—非洲经贸博览会闭幕之际》，《光明日报》2023 年 7 月 3 日，第 3 版。
③ 赵少华：《中国妇女民间外交工作面临的机遇、挑战及发展前景》，《理论前沿》2006 年第 6 期，第 9~11 页。
④ 全国妇联国际联络部编著《全国妇联对外活动大事记（1949 年至 1994 年）》，内部资料，1995，第 109~260 页。
⑤ 丁逸旻、陈公正、冯康：《陈至立：我们致力于推动中非妇女友好交流》，中国人大网，2009 年 10 月 14 日，http://www.npc.gov.cn/zgrdw/npc/xinwen/syxw/2009-10/14/content_1521391.htm，最后访问时间：2023-10-16。

为非洲妇女提供就业机会,[①]《中非民间友好伙伴计划（2018—2020）》推出 30 项中国与非洲民间合作项目，其中 5 个项目[②]与妇女发展直接相关。[③] 疫情期间，彭丽媛女士通过非洲第一夫人发展组织对非洲国家在疫情防控艰难时刻积极支持中国人民表示感谢。此后，中国通过非洲第一夫人发展组织向 53 个非洲国家捐助抗疫物资，帮助非洲妇女、儿童和青少年。

（四）联合国框架下的中非妇女合作

非洲是联合国开展妇女工作的重点区域，中国积极在联合国框架下开展对非妇女工作。2015 年 9 月，中国与联合国妇女署共同举办全球妇女峰会，习近平主席提出一系列全球合作倡议，大力支持联合国妇女署开展对非工作。其中，"在发展中国家实施 100 个'妇幼健康工程'"就是一个例证。据悉，非洲国家如果不做出加速降低孕产妇死亡率的努力，将有 29 个国家不能实现联合国可持续发展目标。[④] 为帮助非洲加快实现联合国 2030 年可持续发展目标，中国陆续在塞拉利昂、马拉维、佛得角等非洲国家实施"妇幼健康工程"，保障当地妇女基本医疗卫生服务。[⑤] 此外，中国也在联合国维和行动中积极促进非洲性别平等和妇女儿童权益保障，中国维和官兵遍布苏丹、马里、利比里亚、刚果（金）、南苏丹、中非等非洲国家。相比于男性维和官兵，女性维和官兵更容易接触社区，接触到妇女和儿童等群体。例如，在禁止妇女与男性交谈的国家，

---

① 刘采薇：《非洲第一夫人的公益事业》，《中国妇女报》2020 年 8 月 5 日，第 7 版。

② 5 个项目包括：（1）在埃塞俄比亚开展妇女培训项目；（2）爱德基金会开展埃塞俄比亚贫困单亲妈妈培训项目，帮助单亲妈妈提高收入；（3）中国计划生育协会开展"中非携手与爱同行"项目，资助 2~5 个国家，用于青少年生殖健康、艾滋病防治和孕产妇保健项目；（4）全国妇联继续加强中非民间友好团体在性别平等领域的交流与合作，鼓励并支持开展中非高层女性对话、友好往来、专题考察及能力建设等活动，共同促进中非妇女全面发展；（5）北京市妇女联合会与埃及驻华使馆合作，开展中埃专家对话、中埃妇女交流、埃及文化展览和文艺演出等活动。

③ 宋晨：《〈中非民间友好伙伴计划（2018-2020）〉发布》，人民网，2018 年 7 月 24 日，http://cpc.people.com.cn/n1/2018/0724/c164113-30167068.html，最后访问时间：2023-10-16。

④ 鲁新、冯宁、魏玮：《100 个"妇幼健康工程"》，《中国投资》2017 年第 8 期，第 30~31 页。

⑤ 中华人民共和国国务院新闻办公室：《新时代的中国国际发展合作》，《人民日报》2021 年 1 月 11 日，第 14 版。

女性维和官兵可以通过与妇女互动发挥作用，从而获取一般情况下难以得到的重要信息。女性官兵在维和行动中，可以在地方社区建立信任和信心，有助于促进并激励妇女在和平与政治进程中扮演重要角色。过去30多年，先后有1000余名女性官兵参与促进性别平等、保护妇女儿童等工作。[①] 中国女性维和官兵在非洲维和行动中发挥了特殊作用，与当地妇女儿童建立了良好关系。例如，中国赴刚果（金）医疗分队与驻地布卡武市"国际儿童村"结成对子，用真情传递爱心和温暖，当地孩子们亲切地称中国女官兵为"中国妈妈"，这一爱心接力棒已经接续了17年。

三　深化中非妇女交流与合作的思考

上文对20世纪40年代以来中非妇女交流与合作的历程、类型与成效进行了详细考察，从中我们可以对中非妇女交流与合作的历史有一个系统、全面的了解。第一，中非妇女交流与合作始终坚持遵循中国对非外交政策和理念，服务于中非外交大局，夯实中非友好合作之基础。第二，中非妇女交流与合作始终坚持回应非洲国家的现实需求，在不同历史时期根据非洲妇女发展的特点给予不同的支持，推动非洲妇女事业发展。第三，中非妇女交流与合作始终坚持落实联合国发展目标，在联合国舞台上积极争取和保障第三世界妇女权益，助推全球性别平等与妇女发展。

妇女是物质文明和精神文明的创造者，是推动经济社会发展和人类文明进步的重要力量。[②] 党的十八大以来，习近平主席对妇女国际交流提出了许多新观点和新论断，为新时期的中非妇女交流工作提供了根本遵循和行动指南。中非关系的快速发展吸引越来越多的妇女参与到中非合作项目中，妇女主体性和创造性不断提升，在构建中非命运共同体的进程中发挥了巨大的活力和潜能。无论是中国妇女还是非洲妇女，都开始从考虑"中非合作能为我带来什么"转变为主动思考"我能为中非合作做什么"，不断谋划中非务实合作新内容、新渠道，切实为中非合作提质增效、转型升级贡献巾帼力量。

---

① 中华人民共和国国务院新闻办公室：《中国军队参加联合国维和行动30年》，《人民日报》2020年9月19日，第5版。

② 习近平：《促进妇女全面发展，共建共享美好世界——在全球妇女峰会上的讲话》，《人民日报》2015年9月28日，第3版。

回顾历史，我们可以发现中非妇女交流与合作具有深厚的历史基础
与现实需求，对中非关系和非洲妇女事业的发展都产生了深远影响。妇
女问题是发展中国家实现发展的关键，然而，当前非洲妇女事业发展在
很大程度上依然落后于世界其他地区，[①] 非洲国家要实现《2030 年可持
续发展议程》和《2063 年议程》中关于性别平等与妇女赋权的目标依然
困难。中非妇女占全球妇女的 1/3，新中国 70 多年来的一个重大成就就
是实现了妇女解放，实质性地推进男女平等，这也是中国式现代化成功
的重要经验，可以为非洲妇女发展提供一定助力。在构建新时代中非命
运共同体背景下，中非各领域合作持续推进，双方对妇女领域的交流与
合作也有了更高要求和更高期待，在更高水平上促进中非妇女友好事业
全面发展任重道远，具体而言，可以从以下四个方面加以推进。

（一）加强规划，推动中非妇女交流与合作的机制建设

"妇女论坛 2009"和中非妇女论坛推动了中非妇女交流的机制化发
展，为中非妇女搭建了对话平台。然而，当前的交流机制仍然缺乏系统
性和连续性，中非妇女交流可持续发展有赖于成熟的妇女交流机制，具
体而言，可以从以下几个方面加以努力。一是做好顶层设计，制定科学
规划。以中非命运共同体理念为指引，在广泛调研基础上制定中非妇女
交流与合作中长期规划，有计划地开展中非妇女论坛，围绕非洲妇女发
展需求，科学设置历届妇女论坛议题。二是对接全球和区域妇女发展机
制。非洲妇女发展受到国际社会广泛关注，非盟通过了《非洲性别平等
庄严宣言》《非洲女性权利协议》等重要文件，以保障非洲妇女的发展权
益。非洲次区域组织如西非国家经济共同体，逐步形成了促进地区性别
平等的体系。[②] 要积极对接联合国、非盟和非洲次区域组织等有关非洲妇
女发展的政策机制，提升中非妇女交流机制的国际影响力。三是在继承
现有机制的基础上发展与创新。首届中非妇女论坛已经产生了一定影响，
要在总结中非妇女论坛相关成就与经验的基础上，筹备第二届中非妇女
论坛，并逐渐建立中国与其他非洲国家或次区域的妇女交流机制。建议

---

① Lohini Moodley and Mayowa Kuyoro et al. , "The Power of Parity Advancing Women's Equality
in Africa", McKinsey Global Institute, November 2019, https://www.mckinsey.com/fea-
tured-insights/gender-equality/the-power-of-parity-advancing-womens-equality-in-africa.

② 李东旭：《西共体推进性别平等的举措探析》，《法语国家与地区研究》2021 年第 4 期，
第 17 页。

由全国妇联牵头，支持各省级妇联与非洲国家开展结对合作，打造妇女交流品牌项目。

（二）深化研究，强化中非妇女交流与合作的理论支撑

知者行之始，加强理论研究是指导中非妇女交流与合作实践的基础性工作。然而，当前我国有关非洲妇女研究的理论成果是不全面、不深入的，相关研究主要着眼非洲大陆整体层面，或聚焦南非、尼日利亚和坦桑尼亚等国别。同时，妇女问题十分复杂，但现有研究缺乏跨学科、跨领域的综合性分析和广泛深入调研。要有效指导中非妇女交流与合作向高水平发展，需从以下三方面加强研究。一是加强对非洲妇女的区域国别研究。既要从非洲整体层面加强妇女研究，把握非洲妇女发展共性，结合国际妇女发展趋势，立足中国妇女事业的可持续发展，形成具有中国特色的理论观点和主张，并以此指导我国对非妇女政策的制定和对非妇女工作的实践；也要加强对非洲具体国家的妇女研究，建立相关数据库和资料库，鼓励研究者深入考察非洲国家妇女发展，获取一手资料，为中国各省区市与非洲国家开展妇女交流结对工作提供理论支撑。二是加强对非洲妇女的跨学科研究。妇女问题纷繁复杂，学科交叉研究势在必行。要支持社会学、教育学、心理学、政治学、历史学等更广泛学科领域的研究人员从事非洲妇女研究，为他们提供良好的科研平台和足够的经费支持，鼓励他们开展"两头落地"的研究，既了解中国妇女发展经验，又熟知非洲妇女发展需求。三是加强对后备研究力量的培养。当前国家高度重视区域国别学科建设，许多高校已经开始招收区域国别学本科生。可以结合学生兴趣，为学生配备相关导师，鼓励有志者从本科阶段就开始关注非洲妇女问题。非洲小语种专业本科生也是重要的研究后备力量，要鼓励他们考研深造，努力成长为既通晓非洲语言文化又关注非洲妇女问题研究的专门人才。

（三）拓展平台，巩固中非妇女交流与合作的关系网络

从由国际民主妇联牵线的间接联络，到中非妇女论坛的直接对话，中非妇女交流与合作历经70余年的发展形成了一定的关系网络，妇女交往的"朋友圈"不断扩大。巩固中非妇女交流与合作的既有成果，维系其中的关系网络，有赖于中非妇女之间持续深入的对话，使双方获得心与心的共鸣，建议从以下三个方面拓展平台，增进对话交流。一是加强

关键人物对话。要继续推动中非妇女代表团互访，发挥"夫人外交"优势，增进高层女性对话，加强与非洲重点国家、重点机构和组织、重点人物的对话，发挥各界女性领导在促进妇女交流与合作中的特殊作用。建议在 2025 年全球妇女峰会期间举办中非妇女领导人论坛、中非妇女对话会等高层对话平台。二是拓展妇女民间对话平台。从中非妇女交流的类型来看，中非妇女对话平台主要为官方平台，如代表团互访、妇女论坛等。建议进一步拓展妇女民间对话平台，由媒体、中资企业等牵头举办交流活动，鼓励和支持中非更广泛阶层的女性参与对话交流，结合自身经历，发挥女性优势，用好女性视角，在对话中找准观点交汇点和情感共鸣点，提升对话效力和影响力。三是在对话中设置女性议题。对话的目的在于增进理解，促进合作，巩固中非友好关系。因此，要在对话内容上下功夫，设置贴近中非妇女发展现实需求的议题。要突破传统性别关系中对女性的定位，即妻子或母亲的家庭角色，更多地关注女性在本国经济社会发展和中非合作进程中扮演的重要角色。

（四）协同创新，促进中非妇女交流与合作可持续发展

随着全球化的不断发展和地缘政治的不断变化，中非妇女之间的联系越来越紧密，合作空间也越来越大。新时代的中非合作提出要发挥中非合作论坛的引领作用，推动"一带一路"建设走实走深，不断推动中非全面战略合作伙伴关系向更高层次、更广领域发展。具体而言，可以从以下三个方面加强合作。一是加强妇女在传统领域的合作。健康、教育、减贫等是中非妇女合作的传统领域，也是关键领域，要进一步加大政策和资金支持力度。以教育合作为例，首先，要为非洲女性提供更多奖学金机会，增加非洲来华留学生中女性的数量；其次，要进一步加强非洲女性职业技术教育，尤其重视对非洲妇女职业技术教育的定向培养，提高对非洲人力资源培训的准确性和适用性，加快培养一批符合中非发展现实需求的高素质女性技能人才，服务中非"一带一路"建设。二是重视妇女在新兴领域的合作。时代发展要求妇女因时而进、因势而新，非洲现代化发展尤其需要女性在科技创新、互联网和数字经济等新兴领域承担更多使命、发挥更大作用。建议加强中非在 STEM（即科学、技术、工程和数学）领域的合作，启动针对非洲女性的 STEM 人才培养专项资助计划，提升女性参与 STEM 领域的能力，激发女性参与经济社会发展的内在潜力。三是构建互利共赢的合作模式。坚持"和平、发展、公

平、正义、民主、自由"的全人类共同价值，在中非合作论坛框架、"一带一路"倡议和金砖合作框架下纳入妇女发展议题，寓妇女交流于政治、经济和文化交流之中，尤其关注妇女在健康、教育、政治、经济、文化、旅游、环境、卫生、青年、减贫等领域的交流合作，坚持互利互惠、合作共赢，加快实现性别平等、促进全球妇女事业发展，为构建人类命运共同体贡献巾帼力量。

【责任编辑】 王珩

非洲研究　2023年第2卷（总第21卷）
第242—257页
SSAP © , 2023

来华非洲留学生校外聚居区协同治理研究[*]

——以 Z 大学周边社区为例

徐　薇　麦晓晴　廖思傲

【内容提要】 新时期的中非合作、交往交流面临很多新问题和挑战，特别是 2020 年初新冠疫情的暴发，对中国基层社区的国际移民治理提出了更加严峻而紧迫的挑战。本文基于对来华非洲留学生校外聚居社区的实地调研，呈现来华留学生在社区中的"悬浮"状态以及我国基层社区治理中对境外人员的管理模式，探讨两者的互动关系，结合本次公共危机的考验，提炼具有新时期中国特色与优越性、可操作的基层社区境外人员治理新方案。

【关键词】 非洲留学生；社区治理；境外人员管理；协同治理

【作者简介】 徐薇，浙江师范大学非洲研究院研究员，人类学博士，博士生导师，主要研究方向为非洲区域国别学、非洲人类学；麦晓晴，法国社会科学高等研究院人类学、历史学与社会学比较研究专业硕士；廖思傲，浙江师范大学非洲研究院讲师（金华，321004）。

在习近平总书记"真实亲诚"对非理念政策的指导下，中非合作迈上新的台阶，来华非洲留学生数量亦创新高。2018 年来华非洲留学生总数为 81562 人，同比去年增加 9.86%，占来华留学生总人数的

---

* 本文系 2023 年国家社会科学基金重大项目"中国新移民海外聚居点调查研究与动态数据库建设"（23&ZD206）的阶段性成果。本文是集体成果，在此感谢浙江师范大学非洲研究院 2019 级、2020 级硕士生张玉婷、张书林、刘文桐、刘晴、董锐的调研。

16.57%。① 以 Z 大学为例，全校共计留学生（长短期）3000 余人，其中非洲学生有 1700 人左右，占比为 55%～60%，来自非洲 50 余个国家。②随着来浙留学交流的非洲学生与日俱增，围绕非洲留学生的教学与管理亦产生了一系列新的问题与挑战。

本文聚焦 Z 大学周边社区里的非洲留学生及其与社区的互动，出于建构自我、社会与情感空间的需要，越来越多的来华非洲留学生选择居住在校外，直接催生了 Z 大学周边非洲留学生社区的产生。然而，中国的基层社区准备好接纳在肤色与文化上有巨大差异的非洲留学生了吗？与此同时，在语言和对当地文化价值认同上存在较大适应困难的非洲学生，有融入中国社区的需求与意愿吗？2020 年初暴发的新冠疫情，对全球人口流动产生严重影响，也给基层社区治理防控带来了挑战，特别是对外国人，我们有行之有效的治理方案吗？在全球化与移民化时代，积极提供基层社区治理服务与进行创新实践，帮助诸如非洲留学生等境外人员融入中国社会已然成为基层治理主体和参与者无法回避的重要问题。

一 在华非洲留学生研究综述与问题的提出

随着我国高等教育走向世界和对外教育合作与交流工作的不断深入，加之中非关系的日益紧密与升级，特别是中非合作论坛框架下对中非人文交流的日益重视，非洲来华留学生的数量在逐年增加，规模在不断扩大，③ 成为来华留学生群体中一道亮眼而独特的风景。然而近年来，有关来华留学生的负面报道频出引起了很大的社会争议，非洲留学生出于肤色等原因在人群中具有"高识别度"，并且数量众多，很容易引起各界关注。李安山、沈晓雷就非洲留学生在中国的历史与现实做过系统的梳理与思考，④ 蒋华杰从政治身份认同视角分析了 20 世纪 60 年代在华非洲学

① 《2018 年来华留学统计》，中华人民共和国教育部，2019 年 4 月 12 日，http://www.moe. gov. cn/jyb_xwfb/gzdt_gzdt/s5987/201904/t20190412_377692. html，最后访问时间：2020-3-14。
② 数据来源于 Z 大学国际处，访谈时间为 2019 年 12 月 20 日。
③ 李安山、沈晓雷：《非洲留学生在中国：历史、现实与思考》，《西亚非洲》2018 年第 5 期，第 61~89 页。
④ 李安山、沈晓雷：《非洲留学生在中国：历史、现实与思考》，《西亚非洲》2018 年第 5 期，第 61~89 页。

生的"退学现象"。① 从 20 世纪 50 年代至今，中非教育交流与合作从互派留学生的单一形式发展到多层次、多领域、多形式的新阶段。② 在新时期，需要建立双边合作交流机制，加强中非留学生交流。③ 与此同时，在非洲留学生教育培养方面存在认识度不高，品牌、特色不明显，经费资助渠道单一，宣传力度不够等问题。④ 在非洲留学生跨文化适应研究上，大多数研究采用问卷调查与统计等量化研究方法，探讨影响留学生跨文化适应的各种因素。⑤ 事实上，非洲留学生在学习当地语言和当地文化价值观上都存在较大困难，⑥ 在专业学习和人际交往上也面临挑战，⑦ 中非学生的时空观与家庭观的差异在跨文化活动中带来了误解与冲突。⑧ 由此，对来华非洲留学生的管理给高校带来了难题，高校与留学生沟通的广度和深度不够，缺乏其信息的持续跟踪与反馈，非洲留学生时常处于被动管理状态。⑨ 随着非洲留学生数量的逐年增长与其活动范围的扩大，管理主体也应呈现多样化，而不再仅仅只局限在学校。除了留学生在校管理与学业适应性问题，留学生的校外生活以及逐渐形成聚居区所带来

---

① 蒋华杰：《二十世纪六十年代在华非洲学生"退学现象"分析》，《党史研究与教学》2016 年第 2 期，第 52~62 页。

② 贺文萍：《中非教育交流与合作概述——发展阶段及未来挑战》，《西亚非洲》2007 年第 3 期，第 13~18 页。

③ 楼世洲、徐辉：《新时期中非教育合作的发展与转型》，《教育研究》2012 年第 10 期，第 28~33 页。

④ 程伟华、董维春、刘晓光：《非洲来华留学研究生教育问题与对策》，《学位与研究生教育》2012 年第 8 期，第 54~58 页。

⑤ 参见孙茜《"一带一路"背景下非洲在辽留学生跨文化适应研究》，《大连大学学报》2019 年第 2 期，第 133~136 页；吴燕萍：《非洲来华留学生的学习适应研究》，《邢台职业技术学院学报》2018 年第 5 期，第 44~47 页；陈秀琼、龚晓芳：《来华非洲留学生跨文化学业适应调查与分析》，《教育评论》2018 年第 9 期，第 55~59 页；肖娴、张长明：《非洲来华留学生跨文化适应问题与对策》，《高教学刊》2016 年第 15 期，第 9~10 页。

⑥ 易佩、熊丽君：《非洲来华留学生跨文化适应水平实证研究》，《沈阳大学学报》（社会科学版）2013 年第 3 期，第 364~368 页。

⑦ Ismail Hussein Hashim et al. ，"Cultural and Gender Differences in Perceiving Stressors: A Cross-Cultural Investigation of African and Western Students at Chinese Colleges"，*Psychological Science*，2003，Vol. 26，No. 5，pp. 795~799.

⑧ 叶帅：《非洲留学生与中国学生在时间观、家庭观方面的跨文化对比研究》，《科教文汇》（上刊）2011 年第 10 期，第 30~31 页。

⑨ 曹洁、闫妍、李薇：《文化管理视角下的非洲来华留学生管理问题研究》，《农村经济与科技》2017 年第 4 期，第 233~234 页。

的挑战开始受到关注。郑江华等就天津职业技术师范大学非洲留学生的管理实践提出了对高校外国留学生社区系统的管理，① 然而非洲留学生必然与校园以外的社会有所接触，在此过程中，社会各界的参与显得尤其重要。事实上，针对非洲人聚居区与社区治理模式，学者们已经做出了许多有益的探讨，此处不再赘述。2007 年全国第一个外国人管理服务工作站②在广州设立，其作为信息联网的一部分，起到了更精细地对外国人进行管理、降低外国人主动或被动参与犯罪比例的作用；同时，它也向外国人提供信息与服务，帮助他们适应中国生活。③ 与此同时，非洲留学生作为来华非洲籍外国人的一部分，也催生了非洲留学生校外聚居区这一稍有特殊性的社会空间，这也带来了中方大学对留学生管理模式的转变——传统上中方大学对来华留学生家长式的管理接待模式逐步转变为监督注册和信息收集，而公安、社区等学校外的部门则更多地加入共同管理中。④ 我们可在外国人社区管理经验的基础上，聚焦非洲留学生校外日常生活与基层社区国际移民管理实践，积极探索来华非洲留学生聚居区的社区管理道路。

近年来，有学者逐渐关注非洲留学生社会生活。S. A. 卡基在其博士学位论文中着重研究了喀麦隆留学生在中国的学习与生活。在田野调查期间，作者居住在浙江师范大学附近的社区，并将这些空间视为非正式交往的重要场所。⑤ 但遗憾的是作者没有对这个社会空间中所发生的社会关系与互动进行深入分析。事实上，中国基层社区里的非洲留学生群体研究是一个长期被忽视的问题，这与不同规模、发展阶段的城市建设紧密相关。比较而言，在北京、上海等特大城市里，因为房租成本高，非

① 郑江华等：《高校外国留学生社区系统管理的构建——以天津职业技术师范大学非洲留学生的管理实践为例》，《职业技术教育》2013 年第 23 期，第 66~68 页。
② 外国人管理服务工作站是直接由街（镇）级分管政府成立的，主要职责包括：对辖区内外国人居住情况和涉外机构的摸查，提醒外国人到期办理临时住宿登记，发现过期未办理签证或属于"三非"的外国人及其他可疑人员时，立刻通知当地派出所进行处理。服务站还会将所有涉外人员的基础数据录入电脑，实施对外国人的信息化管理。
③ 周博：《在华非洲人管理新模式：广州外国人管理服务工作站》，《广西民族大学学报》（哲学社会科学版）2016 年第 4 期，第 129~134 页。
④ 赵芸：《外国留学生社区管理模式探析——以北京市海淀区五道口留学生聚居区为例》，《辽宁警专学报》2013 年第 5 期，第 54~57 页。
⑤ Severin Aleance Kaji, "Student Migration from Cameroon to China: Government Rhetoric and Student Experiences", Ph. D. diss., University of Cologne, 2022, p. 43.

洲留学生难以形成一定规模的聚居区，多数仍选择住校或分散在城郊相对便宜的社区里，隐匿在茫茫人海中，对社区治理的影响较小。然而在一些中小城市中，比如笔者所在学校——位于浙江省中部小城的 JH，因其周边城中村的快速发展，很容易形成留学生群体聚居区，进而给基层社区治理带来新的问题与挑战。本项研究即对非洲留学生与基层社区治理关系的调研与探讨，笔者将研究对象聚焦于非洲人中的留学生群体，以个案研究的方式，呈现接纳非洲留学生的基层社区为了适应新的发展与需要而采取的主动介入与治理办法，一方面客观描述非洲留学生在中国的生活状态；另一方面详细介绍基层社区与属地公安为了配合中国高校国际化发展战略、服务留学生管理所采取的一系列创新举措，进而对于我国高校与社区对留学生群体的治理与服务提出"接地气""有实效"的治理经验与政策建议。

二　田野点概况及其形成溯因：自我需求与有限供给

本文以 Z 大学非洲留学生校外三大聚居区（Q、G、L）为田野点，采取参与观察、质性访谈、问卷统计等方法对三大聚居区进行实地调研和访谈。由于 Z 属地公安分局于 2018 年建立了"六方协作机制"（Z 大学、街道派出所、街道办、居委会①、房东和志愿者），笔者调研时直接参与式观察了来华非洲留学生校外聚居区的形成过程以及相应机制实践的发展。

三大聚集区均分布在 Z 大学主校区周边，都与校园只有一路之隔。Q 社区位于 Z 大学东面，当年居住中国居民 1942 人，居住留学生 153 人，其中非洲留学生有 138 人，占留学生总数的 90.2%；L 社区位于 Z 大学南面，当年居住中国居民 8621 人，居住留学生 136 人，其中非洲留学生 126 人，占留学生总数的 92.6%；G 社区位于 Z 大学北面，当年居住中国居民 3291 人，居住留学生 126 人，其中非洲留学生 89 人，占留学生总数的 70.6%。② 是什么原因促使大量的非洲留学生从校内公寓搬到校外城中村出租屋呢？通过田野调查，笔者归纳为以下两点原因。

---

① 含 Q 社区境外人员服务中心。

② 此段数据均来源于属地公安内部，采访时间为 2021 年 3 月 4 日。

（一）保持母国的生活习惯，寻求更为舒适的居住体验

根据访谈我们得知非洲留学生虽喜欢邀请朋友到家里聚会，但不意味着认可多人集体公寓，相反受访的大多数留学生喜欢拥有私人空间，并不能完全适应这种与母国居住环境相似度较低的中国集体宿舍生活。"很多人在来中国之前都没有试过和同学一起住，同时我的室友只会说法语，而我的母语主要是英语，沟通也不方便"；①"到了晚上我们不能在自己公寓里大声说话，要求必须早点回到宿舍，这让我难以接受"；②"宿舍太小了，床也太小了，我们和中国人的作息时间不一样"。③"我每周都要做礼拜，而学校不可以进行，这是很严肃的事情"；④"留学生住在校外社区的最大原因是避免在公共环境中进行宗教性的行为"。⑤

公寓空间与管理、宗教信仰需求（主要指伊斯兰教）、食宿起居习惯均与非洲留学生的期待相左，导致大量非洲留学生选择居住在校外。我们无法否认趋同化管理下的中国高校已经在力所能及地为留学生创造良好环境，然而非洲学生的个人需求和期待与学校管理资源有限之间的矛盾使得他们更向往拥有能够追求个人自由的校外住宿空间，因此便出现了非洲留学生在找校外房子时强调最多的是"大的、新的、干净的"等要求，这一点校外租房能够满足他们的需求。

（二）意图建构有一定认可度的社群归属空间

非洲留学生校外居住不仅能够拥有自己的活动空间，同时也在一定程度上慢慢建立起具有一定认同感的社群归属空间。在出租房里，非洲留学生在宗教、社交、情感上的刚需得到了满足，"我可以铺上地毯，像在自己家里一样，在私人的环境里做礼拜，邀请我的朋友分享食物与故事，可以做更多自己想做的事情"。⑥ 在社区进行田野调研时，非洲留学生常有"我喜欢这里，这里让我很舒服"等诸如此类的评价。当问及聚居区的名称和方位时，因 Q 社区背靠高速公路，非洲留学生便自称住在

---

① 　C，非洲留学生，2020 年 9 月 28 日，田野访谈。
② 　X，非洲留学生，2020 年 10 月 3 日，田野访谈。
③ 　W，非洲留学生，2020 年 10 月 3 日，田野访谈。
④ 　C，非洲留学生，2020 年 9 月 28 日，田野访谈。
⑤ 　Y，留学生辅导员，2020 年 11 月 18 日，田野访谈。
⑥ 　L，非洲留学生，2019 年 5 月 30 日，田野访谈。

高速路，为自己贴上"高速路人"的标签。甚至他们还对社区辅警开玩笑说："你不是高速路人，因为不住在这里，你不是我们的人。"① 命名与属性认可的背后是非洲留学生族裔文化集群的集中体现，通过寄寓空间和聚居区社交实践，相似移民社群的强化让其获得一种异乡的精神寄托与归属感和信任。

三 来华非洲留学生日常生活状态

非洲留学生在中国本土社区中建立起自己的社区边界，接纳同族裔一起居住生活、产生联系，但并没有很好地嵌入中国社会中，反而在个人空间、情感、体制上形成"舒适区"，"悬浮"在出租屋—本地社区中，与周遭的社会生活保持最低限度的接触。本文将以 Q 社区为例深入探讨非洲留学生在本土社区中所处的具体位置，让更多人了解他们的日常生活状态。

Q 社区总占地面积 12.5 公顷，以 1956 年组成 Q 高级社而得名，村中心位于三个自然村的交界处，占据社区高地，也是该社区物理空间上的中心点，居委会与境外人员服务中心也坐落于此；户籍人口仅有 1200 人左右，且留守老人、儿童居多；社区内仅有三间小商店、两家小饭店、一个固定菜摊，许多人家在门前小地种上了蔬菜，由于社区人口较少以及相对自给自足，社区内尚未形成集市。社区居民把社区分为新村和旧村，旧村向村中心聚拢，农民工大多租住在旧村；而新村指的是环绕在旧村外围的区域，非洲留学生则大多租住在新村。在社区住了两年多的社区留学生志愿者说道："喜欢住在这边（新村）是因为安静，楼与楼之间没有那么挤，还有小公园，比较舒服，这里的房子也大一些，在非洲，我们的房子都比较大，而且空旷一些，太挤了就不太习惯。"② 来到中国后，非洲留学生在居住环境中寻找与自己家乡的相似性。同时，由于旧村房子密集，路窄且岔路多，社区内的小商店和菜摊都位于社区外围，不同的新村片区间可通过村子外围通到大路。如上所述，由于住房要求、新旧村空间分布以及缺乏进入社区核心区域的需求，留学生的活动

---

① Z 大学外的 Q 社区和 G 社区都毗邻高速路。
② A，喀麦隆人，2019 年 6 月 4 日，田野笔记。

空间基本局限在社区外围。在客观条件与主观意愿上，非洲留学生既没有动力也没有机会与本地社区及社群产生联系，这种有限的交流让非洲留学生与当地居民都生活在各自的日常话语与想象中，"外国人"与"房东"成为他们各自的代名词，两者在互相谈论时常常强调"我们和他们不一样"。

由此，非洲留学生组成了一个"悬浮"在 Q 社区中的"高速路"社区。首先，Q 社区在日常生活中是自给自足的，除了出租房屋，几乎没有与非洲留学生产生其他交易行为，而且许多房东都为家中留守老人，只有当出现纠纷矛盾时，年轻人才可能回来处理。社区缺乏与非洲留学生互动的土壤，居民与留学生交流缺位。其次，该地社区居民刻意划分自身与非洲留学生的居住空间，角色更接近于提供长租房宾馆的经营者。本地居民非常在意自己的出租行为是否影响自己在社区里的生活以及和邻里的关系，比如不少房东向笔者表示自己是不和他们住在一起的，之前是住在一起的，但后来还是发现不住在一起好。一位房东谈道："我平时都不愿意进来的，租给他们半年了，就他们太吵的时候我来过两三次，说实话，我真的不愿意进来！……我就只签三个月的合同，不行的话就让他们搬走。"① 事实上，本地社区对接纳非洲留学生处于不温不火的状态，既希望留学生带来可观的租金收入，但同时也与他们保持距离。

非洲留学生则在自己内部建立起社会网络，其中心一般是来自同一国家的同胞，但由于非洲留学生来华目标相对于来自阿拉伯地区的留学生更单纯，群体更稳定，② 群体内部人与人互动频次较低，深度也较浅，使得其聚合性较低。虽然非洲留学生聚居区尚未发展成熟，但笔者认为非洲留学生已经在本地社区中形成一定意义上的共同体，并且在这个共同体范围内处于"悬浮"的生活状态，"高速路"成为非洲留学生悬浮在中国实际生活情境之上的浮板。他们在空间、市场、社交、时间等方面与中国社会有一定的距离，与社区日常生活只保持最低限度的接触。

---

① 　P，房东，2019 年 6 月 11 日，田野笔记。

② 　在调研期间，笔者遇到许多来自阿拉伯地区的留学生，他们的来华目标除了学习以外，还要从事跨国贸易，他们常说选择 N 大学的原因之一是离货源集散地近，方便拿货。而且与大多数非洲留学生独自一人来华不一样，阿拉伯留学生往往有家属遍布广州、佛山、义乌、山东等地。

　　非洲留学生之间有内部交易市场，每当毕业生回国前，会在有着几百人的非洲留学生微信群里发布出售信息；也有留学生中途回国后再次来华时，便会带上当地特有的香料专门出售给非洲留学生。一位留学生安迪曾经向笔者展示 500 毫升的矿泉水瓶里装着的红色液体，"这在喀麦隆卖两块钱，但是来到中国就要 45 块，虽然很贵但是这是一道喀麦隆菜的必需品，只能由喀麦隆人带过来"。① 值得一提的是，安迪受中国外卖行业迅速兴起的启发，在自己的出租屋里做起了外卖，他做了一张海报，上面除了菜品的图片外，还有微信和支付宝的付款码；笔者参与了他创业的过程，外卖群从只有几个人发展到现在有 200 多人，但笔者发现外卖群里几乎都是非洲人。我们不难发现非洲留学生在学习与实践中国发展经验，但其日常生活却没有嵌入中国社会，仅仅是群体内部的互动。非洲留学生自发举办的聚会与活动，几乎没有见到过中国人的身影。笔者第一次被邀请到一场几十人的非洲留学生烧烤聚会时，其他非洲留学生见到笔者时无不感到诧异。此外，非洲留学生常常用 Facebook、WhatsApp 等在母国常用的社交软件与父母、朋友保持联系，关注发生在非洲大大小小的事，对中国本地新闻却极少关注。

　　在与非洲留学生和社区居民的访谈中，关于"时间"上的区隔总是会被提起，留学生"悬浮"的生活状态还反映在时间感上，他们往往生活在"非洲作息时间"里，社区居民常常抱怨"主要是我们有时差，他们经常大晚上的还不睡觉"。而非洲留学生认为在非洲大家都这么晚睡的，即使吵到别人了，他也不能责怪，这是他自己的问题。在工作与学业方面，非洲人更愿意慢下来享受"悬浮"的生活，普遍存在"过客"心理。在与诸多非洲学生的交流中，笔者发现他们很多人都有"叶落归根"和"回乡创业"的想法，他们在自己的家乡有土地，他们想回国工作，服务自己的家庭与国家，相信自己的母国有更好的发展才是出国大学生应该有的心理状态。笔者认为，中国的发展路径以及当前的移民环境——相比较其他传统的移民国家来说——并没给旅华非洲籍人士灌输非洲完全没有发展希望的观念，而欧美国家传统移民研究中大规模背井离乡式的移民案例实际上是饥荒、战乱、社会动荡下的产物，并不值得推崇。而且事实上，这种对传统大家族的依赖和对故土的执着，与中国人对"家与根"的信仰并无二致。

---

① 　A，喀麦隆人，2019 年 6 月 19 日，田野笔记。

四　基层社区境外人员治理的有效探索：
以六方协作机制为例

在一定程度上，非洲留学生校外住宿是走进中国社会的重要方式，留学生聚居区逐渐形成。社区内非洲留学生与本地居民之间由于文化、生活习惯等差异引起的矛盾纠纷时有发生，也出现了房租等经济上的纠葛。各管理部门间留学生管理信息不对称，针对留学生共同管理体制机制缺位，基层社区管理人员缺乏相关培训，同时，缺乏外籍人口权益保障与社区服务。越来越多的投诉，如治安、安全、卫生等问题促使派出所、学校、居委会等各方对此做出反应。2018 年 3 月 Q 社区创新六方协作管理模式，建立境外人员服务中心，构建网格化布局机制，旨在形成共享共治的互动局面。

首先，就境外人员服务管理问题，落实学校、公安局、街道办、社区（村）居委会、出租房东、境外志愿者六方职责（见图 1）。一是警—校联合管理：公安局进行基础信息采集与住宿登记管理，与学校互通留学生校外群体活动、涉案等信息；学校建立留学生底册，及时更新签证信息并通报公安机关，对留学生采取"网格化"管理，上门走访检查，宣讲中国法律法规和学校规章制度，做到校内不松、校外不散。二是发挥街道办与社区（村）居委会基层支撑作用，同时为留学生提供服务，做好服务管理保障工作：街道办加强社区境外人员管理站建设，开展出租房屋星级评定与消防安全监督；社区（村）居委会成为房东村民与非洲留学生之间的中介，做好一线落实工作，及时向公安机关、街道办报告相关工作。三是出租房东与境外志愿者配合治理主体的管理服务工作：出租房东配合另五方主体，明确对自己出租房屋的各项责任，如出租房屋登记，协助流动人口住宿登记等；留学生志愿者发挥翻译员、宣传员作用，帮助境外人员更好地融入社会管理。

其次，建立境外人员服务管理六方协作机制配套制度，构建留学生网络化管理模式，打破条块分割、被动管理的局面。一是六方协商机制，分析学校校园内及周边不稳定因素和街道范围内境外人员底数变动，对校园安全、风险隐患进行评估，及时调整各方工作安排。二是建立信息传递机制，以单线传递和小范围共享的方式为主，重要情况第一时间传

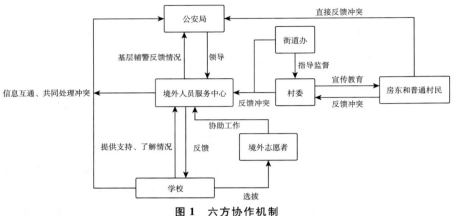

图 1　六方协作机制

递。学校留学生管理负责老师告诉笔者："以前就是各管各的，对于学校来说，可能就突然接到派出所的电话：这个学生怎么样了，因为什么事情被抓起来了，被处罚了，中间没有沟通，有些事情我们是可以避免的，现在我们通过六方就可以协商嘛，它的核心在于信息的互通，每年我们都会将（留学生）报到以后的数据和派出所进行核对，他们要核对外国人的出入境情况，我们也要核对，比如说留学生住在外面的情况等等。"①三是六方协同管理机制，2019 年 5 月下旬，笔者参与由民警（流动人口协管员）、街道社区干部、学校老师、留学生志愿者等多方组成的清查小组，对 Q 社区内的外国人居住登记情况、出租房硬件设施情况进行检查，同时对留学生进行法律法规宣传教育，在这一过程中，六方各司其职，是成功的协同管理机制落地的具体案例。四是考核奖惩机制，提高各方治理主体的积极性，尤其激发了街道综治办对社区（村）居委会的领导与激励。笔者在境外人员服务中心多次遇到上级部门来视察，甚至来自外省市的官员来参观学习，居委会书记表示："街道有综治办的呢，他要查是查得进来的，他们属于我们的上级部门，这个就是有组织，上级对这里是高度评价的，而且我们是一线的，上次在派出所里（讨论）如何加强管理六方，这个要搞一个更加完善的。"② 可见，基层社区在各方推动下有活力有动力进行基层社区境外人员治理探索。最后，针对因基层工作人员外语能力不佳而出现的语言沟通障碍问题，或出于对涉外法律不了

解，应建立教育培训机制与留学生志愿服务机制，提高工作效率和效用。

与此同时，利用科技与大数据分析的力量，引进出租房屋智能化管理系统，通过物联网技术为精准化服务管理出租房屋流动人口引入智慧门禁，提高了治理的整体信息感知能力和精确度。通过智能门禁境外人员信息录入功能，管理人员可上传境外人员护照信息、居住信息、走访日记等。笔者通过走访调研以及访谈公安局、学校等相关人员后发现要充分利用智能门禁系统仍面临挑战，如居民贪图方便不关门的现象常有发生。

学校、公安部门、街道办、社区（村）居委会、出租房东、境外志愿者等在社区开启六方协作机制，形成一套牢固且多方协作的管理网络模式。在应对矛盾冲突时，在六方协作机制下，政府、公安机关、教育部门联手对留学生进行网络化管理，已然形成应对机制和管理网络，各方发挥着不同的作用，扮演着不同的角色。就笔者观察的其中一例房东投诉留学生扰民的案例进行分析，2019 年 6 月 11 日，某房东家老太太来到境外人员服务中心向基层辅警投诉自己家的留学生房客多次半夜吵闹，经过反复劝阻，留学生仍然我行我素；同时老太太还与居委会干部反映此事；随后笔者跟随社区工作人员来到出租房，当时房东不愿意再租给他们，但留学生表示合同未到期而且很喜欢这间房子，不同意搬走，经过协商，双方决定尝试再次磨合，留学生答应如果再次吵闹打扰到房东休息，便会马上搬走。7 月房东多次投诉留学生扰民，社区工作人员与辅警多次劝说无用，决定上报学校，学校随即联系留学生，经过教育与疏导，留学生搬出该出租房。可见，冲突矛盾解决过程依托境外人员服务中心实体平台，社区工作人员和辅警作为一线人员首先协调处理冲突，并根据事件性质以及事态发展，及时上报学校或公安局。

作为六方协作机制的实体——境外人员服务中心除了配合各方管理外，还为社区内的留学生提供出入境登记、住房信息登记服务。按照公安局规定，外国人在抵达中国 24 小时之内须办理住宿登记，原本只能在公安局办理，设在社区内的境外人员服务中心则大大方便了外国留学生。服务中心在留学生签证到期前一个月通过电话或者上门走访时提醒其尽快办理新签证，避免出现因没有留意签证日期而出现逾期居留的情况，同时留学生也无须因此而被罚款。此外，该中心免费为非洲留学生提供租房信息，为留学生租房提供保障。

综上所述，Q 社区针对境外人员创新六方协作机制是基层社区境外人员治理的有益探索，尤其是在留学生校外管理与服务方面提供了一条可供借鉴但仍需不断完善的治理之路。

<h2 style="text-align:center">五　从"悬"到"融"的突破：公共
危机下的转圜与协同</h2>

　　非洲留学生在社区中的"悬浮"状态因新冠疫情暴发而有所改变。疫情之下，Z 大学周边非洲留学生所在的社区形成了一个更为紧密的社会生态。街道、居委会、派出所等工作人员第一时间上门进行地毯式排查，测量体温、核查身份、查明行迹，开展集中隔离和配套服务工作，原本仅靠房租维持单一"户主—租户"关系的房东们也开始主动向留学生了解具体生活情况以及是否需要帮助等。高校介入后他们须每日上报信息，并接受线上教学与心理疏导，各类聚居区治理主体也对他们进行安全教育与防疫政策教育。在此过程中留学生志愿者这一基层聚居区治理者的重要属性也得到彰显和放大。留学生志愿者加入了属地公安"六方协作"战疫志愿者行列，除了每天在村口排查出入人员，还要协助走访境外人员，做好语言翻译和宣传工作，志愿者在此方面发挥了很大的作用。[①]2023 年初，Q 社区经历了拆迁，随着聚居在这里的非洲留学生亦迁移到附近的其他社区，境外人员服务中心搬迁到 Z 大学北面的 G 社区，在 Q 社区形成并实践的治理机制仍旧实行。

　　在中国采取严格的联防联控举措期间，六方协作机制使得治理主体对留学生的关注达到了顶峰，从而"介入"了聚居区中非洲留学生的生活学习，彼此的交流互动逐渐打破了"悬浮"的界限。随着各方的"介入"，尽管是在疫情防控时期开展的被动式治理，但客观上为非洲留学生和聚居区治理者们提供了全新的相互接触的机会，并在一定程度上促进了治理者们的信息沟通与真正意义上的协同协作，联防联控也为六方协作机制提供了实践检验与机制完善的可能性。随着联控举措的改变，已经过时间检验的治理制度得以保留，充分体现了中国制度的灵活性和以人为本，迅速地在效率和人性化管理方面改进、优化。

　　在疫情期间对非洲留学生走访时，可以看到由于疫情外出不便，他们被迫宅在家里，学校和社区为其提供了基本食材，他们在家制作食物、

---

　　① 　L，聚居区工作民警，2020 年 9 月 27 日，田野访谈。

上网课、做礼拜以及在不断切换的 App 中保持着和家人、亲友的联系，夜晚时分在社区里活动，可见其内部社交网络依旧能够满足其需要。2020 年 5 月疫情防控常态化后，非洲学生相继回归课堂，学校与出租房的"两点一线"恢复如初。但疫情中，非洲学生与外界的情感联系明显加强，房东不仅放宽留学生交纳房租水电的期限，还和居委会一同为非洲学生赠送自家种植的蔬菜①或让专门的配送人员代买生活用品；学校也每周和留学生见面，送去牛奶等生活必需品、当时短缺的防疫用品以及留学生自身需求的物品。②

　　事实上，当面对新冠疫情这一共同的"敌人"时，疫情的暴发和防控政策的执行让非洲留学生与聚居区之间形成了一种粘连式相处形态，他们保持自己原先的习惯与特性，但与民警、社区人员、房东、学校开始产生除单一契约型关系外的联系，他们被要求跟中国人一样，做同样的事、获得同等的待遇——境外归来或从高风险地区回来须隔离、有限制的出行以及信息上报。对非洲留学生而言，他们并非生活在一个绝对真空的族群飞地（ethnic enclave）当中，③ 他们实质上相当于获得了某种同等的社会身份与认同。社区中不再以中国人或非洲人来区分每个个体，而只有未外出人员与外出归来须隔离人员，除此之外，二者也开始有了更多的互动，齐心抗疫、共克时艰的情感驱动，使之呈现一种相比之前黏性更高的交流状态，但我们仍要清楚地认识到社区尚未完全实现从"悬浮"转到"融合"的社交模式。

　　本文充分肯定 Z 大学、周边社区及属地公安在面对境外人员治理这一新问题、新难题时所做的努力和创新性举措，特别是 Q 社区先行先试的"六方协作机制"在疫情期间发挥了积极作用并受到社会各界的关注与赞誉。④ 然而我们也要了解，"悬浮"的生活状态是高校非洲留学生在中国学习、生活时普遍存在的状态。从校内到校外，看似是留学生通过校外住宿而进行在华社会化的过程，但实际上，经历了刚开始的在华生

---

①　Z 大学位于城市与农村的交界处，周围的社区几乎是从农村演变而来的，居民有自家种植蔬菜的条件。

②　Z & F，两位留学生辅导员，2020 年 9 月 27 日、2020 年 9 月 30 日，田野访谈。

③　邱昱：《清洁与危险：中-尼亲密关系里的去污名化技术和身份政治》，《开放时代》2016 年第 4 期，第 88~107 页。

④　金剑科、陈美青：《金华婺城公安：打造高校现代化治理新样板 境外人员服务管理中心"六方协作"》，《浙江法制报》2020 年 11 月 9 日，http://zjfzb.zjol.com.cn/html/2020-11/10/content_2730977.htm? div=-1，最后访问时间：2021-3-14。

活困境后，面对房东、学校、外国人登记等 "规矩"，非洲留学生 "顺势" 改变自己的一些生活方式，"顺从" 规矩，在个人空间、情感、体制上并未嵌入中国社会情境中，相反在出租屋—本地社区中形成 "悬浮" 社区，追求自由舒适的生活状态。这种生活状态可用来解释其他有着较强自身文化传统的人群在异国他乡与主流社会之间若即若离、相互转化交织的复杂状态，而这些人所处状态的强弱程度既取决于所在国家结构制度设计上对他们的包容与接纳程度，又受到个体能力差异与主观能动性的影响。

六　反思与建议

直接面对非洲学生的社区在探索辖区内境外人员治理道路时，建立了多元完备的多方协作治理网络，积极 "介入" 留学生的管理中，但对治理对象缺乏深入了解，甚至对非洲留学生有一种 "不得不管" 的消极情绪与偏见，非洲留学生在看似 "完备" 的治理网络中缺乏落脚点，因此也被架空在治理网络上，进一步加深了其 "悬浮" 的程度。如何打破 "悬浮" 状态，帮助留学生更好地适应中国社会以及基层社区，发挥好非洲留学生在中非交流中的桥梁作用呢？本文提出以下几点建议。

第一，面对非洲留学生等跨文化治理对象，应继续落实学校、公安局、街道办、村（居）委会、房东、志愿者等六方甚至司法局、外事办、信访局、团委等多方主体责任，将多元治理主体点进行线性联结从而形成平行治理面，深度淡化传统基层治理的权力特征，补齐科层制的领导与被领导管理短板，突破信息孤岛，变治理信息与资源的上下传达为多元治理主体共享，构建多元主体参与共治共管共服务的 "聚居区治理共同体"，从机制结构上极大限度地解决自上而下垂直型治理模式带来的信息不对称难题，形成内外大小循环联动、多元主体参与治理的协同式治理结构。

第二，促进社区 "内外循环" 与社交网络的缔结，激活参与主体的能动性。探索建设聚居区内部自组织和治理网络，建立聚居区包容型社会信任和开放型社会网络。① 支持建设聚居区矛盾调解中心、社区跨文化

---

① 陈捷、卢春龙：《共通性社会资本与特定性社会资本——社会资本与中国的城市基层治理》，《社会学研究》2009 年第 6 期，第 87~104 页。

组织，自下而上地促进聚居区治理水平提升，形成能"自主""自为"的聚居区自我支持系统以及资源信息获取和利益表达机制。① 同时促进"外循环"，形成非洲留学生校内管理方与校外服务方的治理合力，建立校方、警方、社区方等多方信息共享库，建立长效沟通交流机制。发挥非洲留学生的同辈治理优势，以外管外，壮大留学生志愿者队伍规模；建立非洲学生的吸纳通道，吸纳非洲学生参与村（居）委会等相关组织，实现聚居区对非洲学生吸纳的结构性覆盖，支持建成非洲留学生聚居区生存与跨文化适应融合的资源支撑网络。

第三，将协同治理思想贯穿始终，重视来华前到离华后的非洲学生全过程教育管理工作，牢牢把握非洲留学生意识形态管控高地，校警合作加强舆论引导。实现全方位深度管理，加大科技投入力度，建立治理主体信息共享的大数据平台，开发留学生管理服务 App，在重点区域建立人脸识别系统，提升身份核查、轨迹感知、风险预警能力，提升常态化与突发公共事件风险预警与应急处置能力，实施全过程"数智"深度管理。

第四，建设内涵式聚居区文化，开展丰富多样的聚居区文化活动。通过组织中国传统文化节等中非文化交流项目，开展非洲学生与中国居民交流融合的活动；继续加强"海外学子走进古村落"等留学生社会实践，为留学生了解本土自然与文化提供机会，深化"家+"模式。此外，校内外各方要注重对非洲学生协同开展跨文化心理辅导，以及为其提供就业指导，引导其正确理解中国制度、中国治理与中国文化，使之成为真正的中非文化使者。

总之，本文针对中国高校周边非洲留学生聚居区的个案研究，特别是通过比较新冠疫情前后非洲留学生的不同状态，力图充分展示非洲留学生在校园之外的日常生活及其与中国社会的互动情况，同时也展示了中国基层社会治理主体的服务意识与积极应对举措。这些努力和尝试一方面体现了新时代中国特色社会主义制度和治理体系的优越性；另一方面也在努力构建多元一体的新型国际社区，在交往交流中打破语言文化上的隔阂，消除各自的刻板印象，从而推动共筑中非高水平命运共同体。

【责任编辑】沈玉宁

---

① 　李友梅：《社区治理：公民社会的微观基础》，《社会》2007 年第 2 期，第 159～169 页。

Table of Contents & Abstracts

Abstract: The Gulf of Guinea has replaced Somalia as the new hot spot for piracy. Piracy in the Gulf of Guinea has seriously affected global energy trade and maritime transport security. Based on the multiple considerations of safeguarding and consolidating maritime economic interests, safeguarding their own security and stability, and increasing their influence, international organizations including the United Nations and the European Union, as well as extraterritorial actors, including Western powers in Europe and America, combated piracy through military cooperation and institutional improvement. Although some achievements have been made, challenges still remain, such as limited ability to coordinate the fight against piracy in the Gulf of Guinea, differences in perceptions, and difficulties in international and domestic law enforcement. Looking ahead, extraterritorial actors should foster a sense of pluralistic community in combating piracy, enhance the capacity of multi-party cooperation in combating piracy, improve relevant laws and policies, effectively safeguard regional maritime security, and promote the building of a "Security Community in the Gulf of Guinea".

Keywords: Extraterritorial Actors; Gulf of Guinea; Piracy; International Cooperation

Egypt's Regional Diplomacy in Sisi's Era: Pressures, Process and Effects

Liu Yun / 21

Abstract: This article analyzes the background of Egypt's regional diplomacy during Sisi's era, and its diplomatic practices in the Arab region and Africa. After the "Arab Spring", the internal economic and political instability and the situation in the surrounding dysfunctional countries had a huge impact on Egypt's foreign policy. Due to the severe economic crisis in Egypt, it is important to maintain strong ties and cooperation with the GCC and most importantly Saudi Arabia, the UAE, Kuwait and Bahrain. The efforts of President Sisi and his team to fully restore Egypt's leadership in the Arab world have not only affected the balance of power in the Middle East, but also the international situation in sub-Saharan Africa and North Africa.

Keywords: Egypt; Foreign Policy; Sisi; Arab Countries; Africa

Revisiting the Lessons of the Tanganyika-Zanzibar Union in 1964

Gao Tianyi / 37

Abstract: For the study of East African history and Pan-Africanism ideology, the coalition of Tanganyika and Zanzibar is a fundamental issue in academia, which focuses on the reasons, motives, and impacts of the union. Domestic and international academia's views on the Tanganyika-Zanzibar union are discussed around two major models, namely "Cold War politics" and "Pan-Africanism ideology", yet both perspectives infer the causes from the results and fail to explain the uniqueness of Tanzania as the only special case of a union between two independent sovereign states that has continued in Africa to this day. Additionally, they lack a deep understanding of the political leaders' motivations on both sides of Tanzania. The author believes that although the political leaders on both sides of Tanzania had different political goals for the union, the union not only met the political demands of both sides but also demonstrated a high degree of integration between African nationalism and Pan-Africanism in the context of the Cold War. Behind this, it revealed a turning point in African political thought during this period.

Keywords: Tanganyika-Zanzibar Coalition; Cold War Politics; Pan-Africanism; Nyerere

Can Peacekeeping Operations Shape State Capacity?
—A Comparative Case Study of Democratic Republic of Congo

Cheng Zilong / 52

Abstract: There is a linear logical relationship between public goods, state capacity and conflict resolution. State capacity is the guarantee of providing public goods, and a stable and fair supply of public goods by a government can significantly reduce the risk of domestic conflict recurrence. As an important public good of international security, the core logic of UN peacekeeping operations is that the root causes of conflicts can be fundamentally solved through capacity building of "fragile states". So, can international public goods shape the state capacity of the state concerned to supply public goods? Through comparative analysis of two UN missions in the Democratic Republic of Congo found that the UN peacekeeping operations can better play a role of temporary public sector, but not qualified enough to shape the state capacity of the state concerned. The experience and lesson are that we should attach importance to a peaceful environment as a prerequisite for peace building, actively seek support from the countries concerned for peacekeeping operations, and define the limits of peacekeeping operations. On the premise of safeguarding its core functions, UN peacekeeping operations should actively explore a national development model based on the local knowledge of the country concerned.

Keywords: United Nations; Peacekeeping Operations; Public Goods; State Capacity; Civil Conflict

Characteristics and Challenges of Ethiopia's Development Mode

Guo Fenglin, Zhai Yue / 75

Abstract: Traditionally, the "developmental state" represented by East Asian countries is considered an inevitable choice for the development of late-developing countries. At the beginning of the 21st century, Ethiopia creatively adopted a "democratic developmental state" model, established an ethnic-based democratic system under the leadership of political strongman and a strong political party, and vigorously promoted the construction and development of the national economic system through national plans, showing the effectiveness of this model. However, with the differentiation of ethnic groups and the slowdown of economic growth, Ethiopia's "democratic developmental state" faces big challenges, which requires deeper construction to its state capacity.

Keywords: Ethiopia; Developmental State; Democracy and Development

The Rise of New Landed Elites and the Perpetuation of Colonial Discourse in Kenya

Qi Tengfei, Gao Liangmin / 92

Abstract: The land system has not undergone profound changes since Kenya's independence in 1963, although British colonialism had left in a political sense. The new landed elites who capture the land benefits of independence have emerged in Kenya, and this has caused Kenyan society to rethink independence. This paper draws on White Highlands history, social structural data related to land, and stories of new landed elites in Kilifi to explain the rise of new landed elites and the underlying logic that perpetuates the colonial discourse. There are two approaches to acquire land by new landed elites: 'inheriting' Europeans and taking advantage of the government's Land Resettlement Project. The process of implementing these two approaches activated the memory of suffering by British colonization and created a pathway of colonial discourse.

Keywords：New Landed Elites；Colonial Discourse；Land System；Internal Colonialism

Influencing of Contemporary South African Criminal Law by African Traditional Culture

Guo Jiong, *Yi Kexin* / 107

Abstract：African traditional culture is a spiritual and cultural wealth created and passed down by various ethnic groups in Africa over thousands of years. Its principles of punishment and rules of criminal law exhibit a unique charm and play a fundamental role in maintaining the social structure and order of traditional African societies. In the 1990s, against the backdrop of promoting national unity and reconciliation, the abolition of the death penalty by invoking the concept of Ubuntu and the recognition of customary law as a source of criminal law in the constitution marked the resurgence of African traditional culture in South African criminal law and began influencing the law that had been damaged by colonial rule and racial segregation. For more than 30 years, South Africa has been using the principles of Ubuntu and customary law in African traditional culture as a foundation to promote the localization of South African criminal law as well as create significant impact on the system of punishment and criminal offenses in contemporary criminal law.

Keywords：African Traditional Culture；South African Criminal Law；Ubuntu；Customary Criminal Law

Cattle Culture of Karamoja and Its Aberrance：A View of Understanding Conflicts of Africa

Wang Tao, *Li Haozhe* / 125

Abstract：The Karamoja's cattle-centric activities developed a unique cattle culture. In the political life of the Karamoja people, whether it is to obtain power, exercise power, or transfer power, cattle are requisite. It is even regarded as a necessary condition for the political system to functional smoothly. The traditional cattle culture of the Karamoja people changed with the British colonial conquest and the introduction of the market economy. In the new era, although cattle are still important to the tribe, the past cattle grazing model began to shift to the cattle plundering model, which became the connotation of ethnic conflict. The cattle-raiding activities of the Nilote ethnic groups, typical of the Karamoja people, constitute the economic reasons for ethnic conflicts in East Africa and Northeast Africa. This helps to transcend the tribalism paradigm that explains ethnic conflicts.

Keywords: Karamoja; Cattle Culture; Wealth; Cultural Totem; Cattle Raid

Multidimensional Space Wanderings and Its Political, Cultural Metaphors in *Season of Anomy*

Gao Wenhui / 144

Abstract: Soyinka described the hero, Ofeyi's several trips in hyperspace such as African Utopia, extraterritorial world, different internal regions and mythological prototype world in *Season of Anomy*. Ofeyi's wanderings had abundant political and cultural metaphor connotations. Soyinka emphasized wandering's political moral in the first half of the novel. There were not only the construction of utopian social with Marxist tendencies, but also the exposure of neo-colonialism in Africa and the violence of African dictatorships, and even more realistic references to Nigeria, which fell into political chaos before and after the civil war in Biafra. While the wanderings in the second half of the novel turned to cultural metaphors mainly. The Correspondence between Ofeyi's roaming to rescue his lover and Orpheus and Ogun's mythological patterns not only symbolized the salvation of the shackled artistic creativity and social hope, but also deeply demonstrated the concept of regeneration cycle that existed in the depths of national cultural consciousness and the expectation of rebuilding the social order. So Ofeyi experienced the transformation from a practitioner with Marxist political ideals to a tragic hero with individualistic characteristics.

Keywords：Soyinka；*Season of Anomy*；Multidimensional Space；Wanderings；Political and Cultural Metaphor

The Narrative Poetics of Adichie's Trauma Novels

Huang Xia / 159

Abstract：Trauma narrative is the strategy of intervention in reality by Nigerian third-generation female writer, Chimamanda Ngozi Adichie. In Adichie's trauma novels, the body narrative visualizes, substantializes and symbolizes the abstract and disembodied traumatic memories at the level individual and collective consciousness through the physical marks. The non-linear narrative fits the characteristics of trauma memories such as fragmentation and disorganization which explores the complex changes of the traumatized subjects in different space-time dimensions. As for the witness crisis of trauma narrative, Adichie takes the unreliable narrative to present ethical thinking from the perspective of post-trauma. Based on the Nigerian and African society, Adichie reflects on the traumatic events such as domestic violence, civil war and racial discrimination in the history by the trauma narrative, in order to reconstruct the narrative discourse system about Africa in world literature which highlights the mission and responsibility of African writers.

Keywords：Adichie；Trauma Narrative；Body Narrative；Non-linear Narrative；Unreliable Narrative

Review and Prospect of the Development of Chinese Language Schools in Africa

Zheng Song / 174

Abstract：Chinese language schools in Africa are an important part of the global Chinese language spreading network. At present, the development environment of African Chinese language schools is favorable, and their development shows a trend of diversification and localization. However, their geographical and spatial distribution is not balanced, and their educational level is on the low side. In particular, it is difficult to meet the educational needs of the vast number of new overseas Chinese in Africa. China is the motherland of Chinese language, and international education of Chinese language is the key support for the construction of China's international communication system. Therefore, the Chinese government is duty-bound in the top-level design of international education of Chinese language, the expansion of resource supply, and the overall planning of resource allocation. In the future, the Chinese government should make full use of the current good situation, actively plan and accurately allocate resources to build Chinese international schools for overseas Chinese in Africa, support localized African Chinese language schools to carry out Chinese language education, and guide Chinese communities and enterprises in Africa to participate in running Chinese language schools.

Keywords: Chinese Language Schools in Africa; Education for the Overseas Chinese; Education for Ethnic Chinese; Chinese Language Education

The Implications of Chinese Path to Modernization for African Development and China-Africa Cooperation

Li Dan, Wang Lijun / 191

Abstract: Development is the eternal pursuit of human society, and modernization, as one of the important dimensions of development, has played an important role in promoting global development. Chinese path to modernization has opened up a new path to realize modernization, which can provide reference for African countries that are logically consistent with China in history, reality, theory, emotion, etc. The modernization development of African countries needs to prioritize poverty reduction and industrial infrastructure as the focus, science and technology education as the support, and independent development as the driving force. From the perspective of Chinese path to modernization, to build the community with a shared future for China-Africa's development, we need to continue to explore in concrete practice, forge a closer China-Africa's development partnership, promote the integration of China-Africa's agriculture, industry and commerce industries, enhance China-Africa's sustainable development potential, and enhance China-Africa's ability to achieve leapfrog development.

Keywords: Chinese Path to Modernization; Community with a Shared Future for China-Africa's Development; China-Africa Cooperation

On the Settlement Mechanism of Chinese Enterprises' Investment Disputes in Africa

Li Zuhua, Duan Zhizhuang / 209

Abstract: With the rapid development of China's economy, foreign investment has also moved to the world rapidly, the amount of foreign investment of China has leapt to the forefront of the world at present. Since the beginning of this century, African countries have increasingly shown great market potential. They are regarded as a hot spot for investment by investors and have become one of the key areas for Chinese enterprises to invest abroad. However, there are unfavorable factors such as political turmoil, frequent terrorist activities and changeable laws in Africa, which bring many political and legal risks to Chinese enterprises' investment in the region, and investment disputes have sprung up. How to resolve disputes effectively and maximize the protection of the interests of Chinese investors is a difficult problem that China needs to face for a long time. There are three ways to solve investment disputes: political means, arbitration and domestic litigation. However, according to the practice of investment dispute settlement, it can be seen that the above dispute relief measures have various disadvantages. Based on the analysis of the advantages and limitations of three ways of investment dispute settlement, this paper puts forward a new path of Sino-African investment dispute settlement mechanism-establishing a dispute settlement mechanism with the judicial settlement of China-Africa investment court as the core.

Keywords: Sino-African Investment Disputes; Political Approach; International Arbitration; China-Africa Investment Court

China-Africa Women's Exchange and Cooperation: History, Achievements and Prospects

Zhang Liping, Liu Hongwu / 224

Abstract: Women's exchange, as an important part of people-to-people exchanges between China and Africa, which has made contributions to the sound and steady development of China-Africa cooperation, has been paid little attention to. Therefore, we conducted a historical study on China-Africa women's exchange and cooperation since 1940s, finding that struggling for national liberation is the early exchange topic. To the time of China's Reform and Opening Up, it turned to supporting African women to participate in the social transformation and economic construction of their newly independent countries. Women's exchange has been expanded in both breadth and depth and become institutionalized by FOCAC, and focused on the capacity building among African women. To build a China-Africa community with a shared future in the new era and further deepen China-Africa women's exchange and cooperation, China and Africa should strengthen planning to promote institutional building, strengthen research to provide theoretical support, expand platforms to consolidate relationships, and strengthen collaboration and innovation to promote high-quality and sustainable development of China-Africa women's exchanges and cooperation.

Keywords: China-Africa Community with a Shared Future; China-Africa Cooperation; Women's Exchange; Historical Study

Research on Collaborative Governance of Off-campus Community of African Students in China
—Take the Surrounding Communities of Z University as an Example

Xu Wei, Mai Xiaoqing, Liao Siao / 242

Abstract: China-Africa cooperation and exchanges in the new era face many new problems and challenges. In particular, the COVID－19 outbreak at the beginning of 2020 poses a more severe and urgent challenge to the governance of international migration in China's primary level communities. Based on the field survey of the off-campus community of African students in China, this paper presents the "suspension" status of international students in the community and management mode of overseas personnel in China's primary level community governance, and discusses the interaction between the two. Combined with the test of the COVID－19, extracting a new management scheme for overseas personnel in primary level communities with Chinese characteristics, superiority and operability in the new era.

Keywords: African Students; Community Governance; Management of Overseas Personnel; Collaboration Governance

本刊宗旨与投稿体例

《非洲研究》创办于 2010 年，由浙江师范大学非洲研究院主办，是刊发非洲研究成果、探讨非洲问题的综合性学术集刊。本集刊 2015 年入编中国知网、中国学术期刊网络出版总库辑刊，2021 年入选中文社会科学引文索引（CSSCI）来源集刊、《中国学术期刊影响因子年报》统计源期刊。

本集刊秉持浙江师范大学非洲研究院"非洲情怀、中国特色、全球视野"之治学精神，坚持"求真创新、平等对话、沟通交流"之创办方针，致力于搭建开放的非洲学术交流平台，致力于打造独具非洲特色的人文社会科学出版物，荟萃学术思想与观念之精华，努力推动中国非洲研究事业的进步。本集刊设有"政治与国际关系""经济与发展""社会文化与教育""中国与非洲关系"等固定栏目以及"书评""海外来稿"等特色栏目。我们热忱欢迎国内外不同学科领域的学者从各自学科的角度对非洲问题进行研究，并踊跃向本刊投稿、交流观点。《非洲研究》编辑部将严格按照学术规范流程进行稿件审核，择优录用，作者投稿时应将稿件电子版发送至：fzyjbjb2016@126.com。

一 稿件基本要求

1. 来稿应注重学术规范，严禁剽窃、抄袭，反对一稿多投。

2. 来稿正文字数控制在 13000 字以内。

3. 来稿应包含以下信息：中英文标题、内容提要、关键词；作者简介、正文、脚注。中文简介不少于 200 字，英文简介不少于 150 字；关键词 3—5 个；作者简介包含姓名、单位、主要研究领域、通信地址、电话和电子邮件地址，如为外籍学者需注明国别。

4. 本刊采用脚注形式，用"①②③"等符号标注，每页重新编号。

5. 如有基金项目，请注明基金项目名称、编号。

二　引文注释规范

1. 期刊：作者，篇名，期刊名，年月，期数，页码。如：

纪宝成：《当前高等教育发展中的五大困境》，《中国高教研究》2013 年第 5 期，第 6 页。

Joas Wagemakers, "A Purist Jihadi-Salafi: The Ideology of Abu Muhammad al-Maqdisi", *British Journal of Middle Eastern Studies*, August 2009, 36 (2), p. 281.

2. 著作文献：作者，书名，出版社，年月，页码。如：

刘鸿武：《尼日利亚建国百年史（1914—2014）》，浙江人民出版社，2014，第 163 页。

C. A. 贝利：《现代世界的诞生》，于展、何美兰译，商务印书馆，2013。

Stig Jarle Hansen, *Al-Shabaab in Somalia—The History and Ideology of a Militant Islamist Group*, 2005-2012, London: Hurst & Company, 2013, p. 9.

3. 纸质报纸：作者，文章名称，报纸名称，年月，所在版面。如：

杨晔：《第二届中非民间论坛在苏州闭幕》，《人民日报》2012 年 7 月 12 日，第 3 版。

Rick Atkinson and Gary Lee, "Soviet Army Coming apart at the Seams", *Washington Post*, November 18, 1990.

4. 文集析出文献：作者，文章名，文集编者，文集名，出版社，出版时间，页码。如：

杜威·佛克马：《走向新世界主义》，载王宁、薛晓源编《全球化与后殖民批评》，中央编译出版社，1999，第 247~266 页。

R. S. Schfield, "The Impact of Scarcity and Plenty on Population Change in England", in R. I. Rotberg and T. K. Rabb, eds. , *Hunger and History: The Impact of Changing Food Production and Consumption Pattern on Society*, Cambridge, Mass: Cambridge University Press, 1983, p. 79.

5. 学位论文：作者，论文名称，所在院校、年份，页码。如：

方明东：《罗隆基政治思想研究（1913—1949）》，博士学位论文，北京师范大学历史系，2000，第 67 页。

Lidwien Kapteijns, "African Historiography Written by Africans, 1955-1973: The Nigerian Case", PhD diss. , University of Amsterdam, 1977, p. 35.

6. 研究报告：作者，报告名称，出版社，出版日期，页码，如：

世界银行，《2012 年世界发展报告——性别平等与发展》，清华大学出版社，2012，第 25 页。

Rob Wise，"Al-Shabaab"，Center for Strategic International Studies，July 2011，p. 3，http://csis. org/files/publication/110715 _ Wise _ AlShabaab _ AQAM%20Futures%20Case%20Study_WEB. pdf.

7. 网络资源：作者，文章名，网络名称，时间，网址，上网时间。如：

中华人民共和国外交部，《外交部副部长翟隽在第七届"蓝厅论坛"上的讲话》，中华人民共和国外交部，2012 年 7 月 12 日，http://www. mfa. gov. cn/chn/gxh/tyb/zyxw/t950390. htm ，最后访问日期：2015 年 12 月 25 日。

Tomi Oladipo，"Al-Shabab Wants IS to Back off in East Africa"，BBC News，November 24, 2015, http://www. bbc. co. uk/news/world-africa-34868114. Accessed 2015−12−25.

《非洲研究》 编辑部
2018 年 6 月

图书在版编目（CIP）数据

非洲研究 . 2023 年 . 第 2 卷：总第 21 卷 / 刘鸿武，周倩主编；单敏执行主编 . --北京：社会科学文献出版社，2024. 6. --ISBN 978-7-5228-3945-5

Ⅰ . D74-55

中国国家版本馆 CIP 数据核字第 20249KZ179 号

非洲研究 2023 年第 2 卷（总第 21 卷）

主　　办／浙江师范大学非洲研究院
主　　编／刘鸿武　周　倩
执行主编／单　敏

出 版 人／冀祥德
责任编辑／宋浩敏
文稿编辑／顾　萌
责任印制／王京美

出　　版／社会科学文献出版社·区域国别学分社（010）59367078
　　　　　地址：北京市北三环中路甲 29 号院华龙大厦　邮编：100029
　　　　　网址：www.ssap.com.cn
发　　行／社会科学文献出版社（010）59367028
印　　装／三河市龙林印务有限公司

规　　格／开　本：787mm×1092mm　1/16
　　　　　印　张：17.25　字　数：286 千字
版　　次／2024 年 6 月第 1 版　2024 年 6 月第 1 次印刷
书　　号／ISBN 978-7-5228-3945-5
定　　价／98.00 元

读者服务电话：4008918866
版权所有 翻印必究